둘다 사는 길

화정

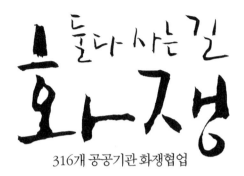

둘다 사는길
화쟁

316개 공공기관 화쟁협업

임명배 지음

집사재

둘 다 사는 길, 화쟁
316개 공공기관 화쟁협업

초판 1쇄 인쇄 | 2016년 1월 10일
초판 1쇄 발행 | 2016년 1월 15일

지은이 | 임명배
발행인 | 최화숙
편 집 | 유창언
발행처 | 집사재

출판등록 | 1994년 6월 9일
등록번호 | 1994-000059호

주소 | 서울시 마포구 서교동 377-13 성은빌딩 301호
전화 | 335-7353~4
팩스 | 325-4305
e-mail | pub95@hanmail.net / pub95@naver.com

ⓒ 임명배 2016
ISBN 978-89-5775-169-5 03340
값 15,000원

고난 많은 우리 민족의 근현대사는 온갖 풍상과 격변의 과정을 거치면서도 결코 이에 굴하지 않고 분단의 어려움 속에서조차 대한민국 사회를 힘차게 그리고 굳건히 성장시켜 국제적 찬사와 존경을 받고 있습니다.

그러나 우리 사회는 세계사적인 거대한 변화의 물결 속에서 여전히 각종 첨예한 대립들이 엄존해 있고 일상 삶의 가치관마저 혼돈스런 상황에 놓여 있는 것 또한 부정할 수 없는 현실입니다.

이러한 처지에 놓인 우리 사회의 현재 문제를 점검하고 발전적 대안을 적극적으로 모색하는 것은 누구에게나 필요하고 의미 있는 작업이 아닐 수 없습니다.

不時一番寒徹骨 차가움이 한번 뼛속을 사무치지 않았다면
爭得梅花撲鼻香 어찌 매화꽃이 코 찌르는 짙은 향기 얻으리

우리 조계종단도 그간 종단 내부적 상황으로 인해 우리 사회 발전에 충분히 기여치 못해 왔음을 반성하며 '자성과 쇄신'이라는 종

도의식개혁운동을 추진해 오고 있습니다. 이는 국민과 불자들로부터 사회적 신뢰를 회복하고 구성원 저마다의 정진이 큰 성취가 되어 이 모든 공덕이 이웃에게 행복으로 나눠지길 발원하며 지난 2011년부터 중단없이 추진해 오고 있습니다.

저자는 조계종 중앙신도회 직능조직부위원장, 불자 지도자 네트워크 '불교포럼' 집행위원, 사부대중 100인 대중공사위원으로도 활동하고 있는 신심 깊은 불자입니다. '생각이 바뀌면 세상을 바꾼다'는 간단한 진리를 실천해 저자가 근무한 한국자산관리공사를 환골탈태시킨 그간의 경험을 토대로 이를 공공기관 전체로 확산시켜 더 나은 대한민국을 꿈꾸는 저자의 열정과 노고에 아낌없는 격려를 보냅니다.

특히 저자가 이 책에서 제시하고 있는 14가지 화쟁협업 과제와 화쟁빈도운동은 불교가 사회와 소통할 수 있는 길을 찾을 뿐만 아니라 불교가 현대사회의 문제를 해결하고 미래사회를 이끌어 갈 수 있는 대안을 찾는 하나의 시도로서 그 의미가 크다 하겠습니다.

우리 국민과 불자들은 각자가 처한 가정과 직장, 단체와 지역에서 대한민국과 공동체 구성원들의 행복하고 안온한 미래를 위해 부처님의 가르침과 화쟁정신을 적극 실천해 가길 기원합니다.

대한불교 조계종 총무원장
자 승

| 차례 |

환희와 굴곡의 대한민국 근·현대사 파노라마를 불자의 일심(一心)에 담아 장차 대한민국 316개 공공기관의 청량한 위상에 화쟁(和諍) 한 점 그리려 이 글을 쓴다.

화쟁(和諍, Harmonization)[1]의 앞 글자 화(和)는 '서로 뜻이 맞아 사이좋은 상태'로서 연기, 조화, 공존, 평화를 뜻하고, 뒤의 쟁(諍)은 '꽹과리, 쇳소리'의 뜻이니 겉 뜻은 일방에서 두드리는 꽹과리 소리, 일방적 주장, 논쟁, 다툼, 간언(諫言) 등을 말하는 것이지만 그 속뜻은 풀어내야 할 문제, 고(苦), 사건, 사태 등을 의미한다.

"화쟁이란 '(직면한) 문제의 조화로운 해결'의 일, 또는 그 일을 위한 사상(논리)이라 해석된다."

　　　　　　　　　　－화쟁 : 인류의 미래를 여는 아름다운 몸짓.
　　　　　　　　　　　　　　　대한불교조계종 화쟁위원회

1　또는 화쟁사상(Thought of Harmonization), 화쟁논리(Logic of Harmonization), 화쟁이념(Idealogy of Harmonization) 또는 화쟁(HwaJaeng).

화쟁은 마음의 독수리이다. 광대무변한 우리 마음이 독수리 모양으로 둔갑했을 때, 갖가지 화쟁이 말발굽 아래 먼지 일 듯 세상에 드러나고 번쩍인다. 아득한 절벽 위에 앉아 아래의 만물을 내려다보는 독수리의 눈, 핵심을 향해 쏜살같이 내리꽂히는 솔개의 몸짓, 저 푸른 하늘을 유유히 나는 매의 날개이기도 한 것이 바로 화쟁인 것이다.

"모든 논사(論師)들 주장이 다 맞고(皆是), 또한 다 틀렸다(皆非). 왜? 부처님 성품(佛性)은 원래 '그런 것'(然) 아니기 때문이며, 동시에 '그런 것이 아닌 것'(不然)도 아니기 때문이다. '그런 것' 아니기 때문에 주장이 다 틀렸다(皆非)이고, 또한 '그런 것 아닌 것'(不然)도 아니기 때문에 주장이 다 맞다(皆是)."[2]

한민족의 지적 영웅 원효대사(元曉大師)[3]의 대표 사상이라 할 이 화쟁 논법은 불교 내부의 사소한(?) 이론상 차이를 회통(會通)[4]하고자 생겨난 한 조각 작은 논리 방편에 불과하다고도 생각할 수도 있다. 하지만 그럼에도 그것이 담고 있는 의미가 결코 만만치가 않다. 자칫 오늘날 우리 인류가 겪고 있는 온갖 복잡다단한 대립과 갈등

---

2 此諸師說 皆是皆非 所以然者 佛性非然 非不然故 以非然故 諸說悉非 非不然故 諸義悉是 - 〈원효, 열반경종요(涅槃經宗要)〉
3 대사(大師) : 승려의 존칭. 나라에서 덕이 높은 스님에게 내리던 이름.
4 회통에서 '회'는 뜻이 같은 것에 서로 맞추는 것(會義同), '통'은 글이 다른 것을 서로 통하는 것(通文異)이다. 즉 '회통'은 (글이) 다른 것을 통하게 해서 (뜻이) 같은 곳에 모이게 하는 것을 가리킨다.

을 '한방에' 날려 버릴 잠재력을 가진 핵폭탄보다 더 위력적인 '금강의 긴 칼'이 될 여지마저 있다. 만약 세간에 '화쟁 운동'이 크게 일어나는 날엔 이 세상 단숨에 고요 속 적적한 평화에 깊이 침잠하고 말 것이기 때문이다.

그런데 '화쟁 이론'의 그 어마어마한 위력은 오늘날 가치 혼돈의 세계사 속에서 새삼 주목을 받고 있는 불교적 가치로부터 결정적으로 기인한다고 생각할 수 있다. '화쟁' 탄생의 배경이기도 한 한국불교의 위대한 성취의 몇 가지 단편을 현대적으로 해석하여 오늘날의 숱한 반목과 갈등을 풀어가는 말머리로 삼기로 했다. 그것이 서문에서 시작된 제1장까지의 주된 내용이 된다. 장차 이로써 공공기관의 새 위상 정립을 위한 화쟁 정진(精進)을 성공적으로 달성하기 위해서 필요한 부분이다.

다음으로 우리들에게 있어 가장 긴급하고 근원적인 화쟁의 사례인 한반도 통일과 관련된 구체적인 사례로서 북한의 생각(김일성의 비밀교시), 분단 원인에 대한 전체적인 외적 이해(스탈린 정체성), 분단 원인에 대한 내적 시각(분단일지), 분단 현실에 대한 이해(이산가족찾기), 분단의 상처(제주 4.3과 이덕구) 등에 관한 지식을 통해 분단 극복에 있어 대한민국 및 그 공공기관이 해야 할 화쟁의 중요성을 생각하는 기회를 가져본다. 이어 제3장에서는 원효 화쟁사상의 깊은 뜻을 현대적으로 재음미하여 분단 극복에 필요한 각 단위의 기관 및 개인의 화쟁 역량을 증진시키기 위한 방편을 모색해 본다. 그리고 마지막으로, 준비된 화쟁역량을 현실의 대한민국 및 공공기관에 적용하여 구체적인 14가지 화쟁과제를 드러내 보이고, 이를 위한 화쟁빈도운동을 제안하면서, 그 작은 씨앗 경험인 캠코(한국

자산관리공사) 사례를 소개하게 된다.

　　못내 아쉬운 점은 '대한민국, 하나된 공감'에서 밝힌 14가지 화쟁
과제를 성취하기 위한 해법을 보다 구체적이고 심도 있는 단계로까
지 나아가지 못했다는 사실이다. 다음에 그 기회를 마련하기 위해
더욱 정진하고자 한다. 이 책을 엮어 내기까지 많은 분들의 도움이
있었다. 금산사 조실 월주 큰스님의 가르침과 조계종 총무원장 자
승스님, 화쟁위원장 도법스님, 성월·성주스님을 비롯한 문중스님
들의 지도로 발심하게 되었다. 물론 이 모든 것은 은사이신 정대스
님의 거둠과 자애로운 보살핌이 없었다면 시작되지도 않았을 것이
다. 더불어 '근현대사 화쟁연구회' 도반들과의 토론과 다른 모든 선
연들의 조언에 힘입은 바 컸음을 밝혀둔다.

　　우선 여기 서문에서부터, 한국불교의 위대한 성취의 한 단편을
잠깐 맛보면서 화쟁의 본격적인 맥락을 짚어나가도록 하자.
　　현대 심리학에서는 인간의 정신 상태를 크게 세 가지 단계로 나
눈다. 지금 우리가 이렇게 글이나 말로써 이야기하는 것은 의식상
태이다. 그런데 이 의식상태 안에는 잠재의식이라는 것이 살아 움
직이는 것이며, 또 그 잠재의식 속에 무의식 상태가 꿈틀대고 있다.
이때 무의식은 의식이 완전히 끊어진 상태이다.[5] 더 정확히 말하자

---

[5]　심리학의 창시자라 할 지그문트 프로이트(Sigmund Freud)는 잠재의식은 어지
간히 연구하였지만 무의식에 대해서는 별로 공을 세우지 못했다. 즉, 잠재의식이
의식에 미치는 영향은 많이 연구하였지만, 잠재의식으로 무의식을 지각해 내는 일
에는 접근을 못했다. 불가는 이를 오래전에 해결해 놓았다.

면 우리의 의식이란 잠재의식의 바다 위에 떠 있는 섬들(잠재의식의 극히 일부가 경계 지어져 뭉쳐진 것)에 불과하며, 잠재의식 역시 무의식의 바다 위에 떠 있는 섬들과 같은 모습을 한 형상이 바로 이 글을 읽고 있는 현재 우리의 정신 상태라고 할 수 있는 것이다.

심·의·식 가운데 의(意, manas)에 해당하는 잠재의식(말라식)[6]은 무의식(아뢰야식)에 개인 도장을 새기는 식(마음 작용)이다. 의식은 이 새겨진 도장만을 인식할 뿐이다. 그러므로 아치(我癡, tmamoha, 광기)[7] 아견(我見, tmadrsti, 아집)[8], 아만(我慢, tmamna, 자만)[9], 아애(我愛, tmasneha, tmatrsn, 애착)[10]와 혜(慧, 이해 타산)[11]을 제어해야만 잠재의식을 통솔할 수 있다. 요컨대 진실을 바로 볼 수 없는 이유는 '무아의 진리'를 모르는 근원 무지(不共無明)가 우리의 내부에 존재하기 때문이다. 불공무명[12]은 의식의 차원을 넘어 참으로 은밀히 미세하게 항상적으로 활동하면서 끊임없이

---

6 불교에서 잠재의식은 의식의 의근(意根)이면서 무의식의 본체를 탐구하는 감각이기도 하다.

7 자기의 (마음) 실태를 알지 못하는 무지. 이는 자기 자신을 너무 불 밝힘으로써 본질인 아뢰야식(無我)를 가려 버리는 무명(無明)이다.

8 실태(자아)가 아닌 법을 망령 분별해 실태(자아)인 법으로 삼는 무명

9 집착한 실태(자아)를 실체로 믿고 부리는 교만. 남보다 낫다는 아승만(我勝慢), 고귀하다는 아등만(我等慢), 마음속으론 자신이 고귀·훌륭하다 생각하면서도 겉으로 겸손한 체하는 아열만(我劣慢) 등 3가지

10 집착한 자아에 애착하는 마음, 아탐(我貪), 탐욕, 아애가 사라지지 않는 한 죽음의 공포도 사라지지 않을 것이다.

11 헤아림, 골라서 분별, 대상을 선택하며 나누는 은밀히 미세한 항상적인 마음의 작용

12 불공무명은 독행(獨行不共無明)과 항행(恒行不共無明)으로 나누어지는데 제7 말나식이 항상 아집을 일으키게 되는 것은 후자의 무명 때문이다. 당연하다 여겨지는 것을 항상 의심해 볼 필요가 있다는 말이다.

진실을 가린다.

불가에서는 이처럼 이미 2600년 전 벌써부터 제7식(第七識) 말
라식(末那識, 잠재의식)과 제8식(第八識) 아뢰야식(阿賴耶識, 무의
식)을 자각하여 왔는데, 그리 놀랄 일이 아닌 것이 마음으로 세상을
보았기 때문이다. 마음(心)이 곧 제8식인 아뢰야식이다. 마음으로
세상을 보면 제7식과 제8식이 환히 다 보인다. 상대방의 마음을 읽
으면, 즉 마음으로 상대방을 보게 되면 상대방의 무의식의 세계까
지 훤히 볼 수 있음은 당연하다. 또한 마음으로 역사를 읽으면 베일
뒤에 가려진 진실이 선명하게 조명되면서 입체적으로 '사실(fact)'이
무대 위로 여지없이 출현하게 된다.[13] 그래서 사실은 스스로 움직이
며 드러나고, 진실은 스스로 빛을 낸다고 말하는 것이다. 드러내고
불 밝힐 이유가 없는 것이 우리 마음인 것이다.

만약 우리가 '마음의 눈'으로 세상 삶을 살지 않고 오로지 육감
(六感)[14] 내지 육식(六識)에만 의지해 살아왔다면 지금까지 우리가
경험해 온 것은 전체(本質)의 사분지 일이 채 못 되는 '피자 한 조각
의 인생'일 뿐이고, 설령 그 천재성으로 제7식인 말라식(잠재의식)
까지 맘껏 동원해 살아왔다면 그것은 '사분지 일 쪽짜리 인생'이 되
는 것인데, 왜냐하면 제8식인 아뢰야식(무의식=마음)을 통해서 보
는 완전함에 가까운 나의 식(識), 그것조차도 본체(원래의 전체)의

---

13   사실 마음으로 한국의 역사를 읽는 것이 이 책의 주요 문제의식 중에 하나이
다.

14   오온(五蘊 ; 시·청·취·미·촉각)의 식과 의식(意識)을 합한 것이 육감이다.
온(蘊)은 쌓다, 저장된다는 뜻.

절반만을 채 못 보는 '반쪽짜리 인생 진리'에 불과하기 때문이다. 그
것은 또 우리가 마음으로 인식하는 것에서조차도 존재는 그 진상의
절반만 드러내기 때문이다.[15] 그래서 시간과 공간 속 '생명 수수께
끼'의 해답은 시간과 공간 바깥에 있는 것이며, 보이는 것은 보이지
않는 것의 드러남이고 보이지 않는 것은 보이는 것의 깊이가 되는
것이다.[16]

흔히 안식(眼識)·이식(耳識)·비식(鼻識)·설식(舌識)·신식(身
識)·의식(意識)이라는 육식(六識)과 제7말라식(第七 末那識, 잠재
의식)에서 일어나는 번뇌를 추번뇌(序煩惱, 육신에서 일어나는 번
뇌)라 하고 제8식(第八識) 아뢰야식(阿賴耶識)에서 일어나는 번뇌
를 세번뇌(細煩惱)라고 한다. 추번뇌가 생겼다 사라지는 생주이멸
(生住異滅) 과정을 거치는 것과는 달리 세번뇌는 '불쑥' 일과성(一過
性)으로 뾰족하게 튀어나오는 특성(特性)을 갖고 있다. 살다보면 왜
불쑥 그런 마음이 들 때가 있질 않는가.[17]

이상과 같이 물질과 정신, 즉 드러난 것과 보이지 않는 실체가
둘이 아니라 하나라는 일원론(一元論)적인 인식이 불교의 바탕에

---

15 해탈은 그 보이지 않는 반쪽까지 환히 보는 것, 즉 안 보고도 훤히 보는 단계.
16 사실 제8식을 포함한 모든 식(識, 분별)은 번뇌(사람이 하는 모든 생각)를 낳
게 되는데, 그 번뇌란 우리들이 식(識, 분별)한 그 어느 것도 언제나 그 본질(실체)
의 절반을 결코 넘지 못함을 우리 마음이 원리적으로 이미 잘 알기 때문에 저절로
일어나는 '생각(마음 작용)'인 것이다. 즉, 식으로부터 일어난 그 '생각'이란 것은 불
완전함과 완전함 사이의 생기는 번뇌(불안) 내지 갈등(부조화)에 다름 아닌 것이
며, 또한 자신을 초월하여 완전함이 되고자 향하는 불완전함의 정당한 욕망이라고
도 할 수 있다.
17 특히 세번뇌는 변증법적으로 잘 설명되지 않는다.

깔려 있는 것이다.

"존재(色)의 진상은 공간적으로 복수의 대치(對峙)관계(상호 質로 의지ㆍ대립ㆍ보완하는 상대적인 관계)의 일항(一項)으로서만, 또한 동시에 그 대치관계 변동[18]이라고 하는 (흔히 시간적이라고 말하는) 운동ㆍ변화ㆍ생멸하는 유한한 사물로서만 드러날 뿐이다."

그러므로 내가 '존재 본질!' 그것을 관조한다 함은, 가령 한민족 역사를 일심으로 관조한다 함은, 마치 내가 작은 연구실이 아닌 지구 바깥 인공위성 무궁화호 위에서 정좌한 채 5천 년 녹화된 한반도를 내려다보는 일과 유사한 것이어야 한다. 그렇게 해도 오래전에 해탈 경지의 관조를 이미 달관하지 않은 다음에야 이쪽 아닌 지구 저편 감춰진 부분에서 스며드는 기운(한반도의 변동을 일으키는 바깥 원인)은 아예 깜깜인 채로 알 수 없는 것이다. 내가 설령 직접 보이는 것들만이라도 완전하게 알아낸다 하더라도 그 절반 밖에 모르는 것이 세상 이치인데, 나의 주장함의 정당성을 밝히려 한다면서 그 무게의 위중함을 어찌 그땐 미처 몰랐다는 그런 방식으로 변명할 수가 있겠는가?

---

18 시간은 무상(無常)이다. 즉, 실체가 없다. 시간은 공간과 따로 존재하는 것이 아니라 공간상 대치관계의 변동을 포착하는 식(識)의 결과를 개념화한 것일 뿐이다. 우주의 바다에서 일어나는 움직임을 바라보는 우리의 식이 곧 시간이라는 개념을 낳은 것이다. 그러므로 시간은 연기(緣起)의 상대요 절대가 아니다.

천안통(天眼通)에는 도가 반 밖에 안 되고
천이통(天耳通)에는 도가 완전하다.

보이지 않는 모든 것을 듣는 힘에 달관하지 않음에, 나의 주장함이 가하는 세상 파동의 힘을 어찌 고려하지 않겠노라고 감히 말할 것인가. 나의 주장이 그 파동에 의해 일어난 것이며, 나의 주장에 의해 다시 그 파동이 변화하는 것이므로, 또한 모든 위대한 주장은 존경받아 마땅한 위대한 선조들의 생명력 긴 파동 전달로 인해 비로소 가능한 것이므로, 그 위대한 파동에 공명해야 할 정정당당한 나의 주장함이란 참으로 신중하고도 신중하지 않을 수 없는 것이다.

현대 심리학이 최근에야 밝혀내 정립하기 시작한 무의식 등 정신의 상태에 관한 이론을 이미 2600년 전에 불교에서 이처럼 자세히 알고 있었다는 사실에서부터, 많은 현대철학자들이 마치 전가의 보도인 양 휘두르는 헤겔[19]식 변증법 논리가 불교 이론의 아주 작은 변견(邊見)에 불과하다는 사실까지 등등 사람들은 간혹 불교의 진리를 보고는 놀라는 경우가 있다. 하지만 그럴 필요가 없다. 우리 중생들의 본래 마음은 그것보다 훨씬 위대한 진리를 한없이 품고 있으며 또한 항상 부지런히 실어 나르는 큰 수레이기 때문이다.

사미가 스승에게 물었다.

---

19 헤겔은 서양선교사들을 통해 불교를 접하는데, 부처를 마치 예수와 같은 신으로 파악한다. 코끼리 다리를 만진 것이다. 사람의 본심(本心)이 부처임을 알지 못했던 것이다.

"부처는 누구입니까?"

스승이 되물었다.

"너는 누구냐?"

제1장

거시세계와 미시세계

21세기 인생관을 위한
한국불교의 보탬

지금 하나의 대승(큰 수레)를 그려보도록 하자.

상당 기간 인류의 미래, 후손들의 앞날, 우리 자신 삶의 비전이 마치 어두운 칠흑 밤중과 같이 느껴질 때, 이 어둠 속에 넘어지지 않고 바른 길 찾아 정진하려면 과연 어떻게 처신해야 하는 걸까?

"(충고는 쉬우니) 너 자신을 알라!"

칠흑같이 어두운 밤중에 제자가 스승께 물었다.

"이 어둠 속에서 바른 길 찾으려면, 넘어지지 않으려면 어떻게 해야 합니까?"

스승은 길 묻는 제자에게 대답했다.

"네 발 밑을 살펴라(照顧脚下, 조고각하)!"

즉, 발밑을 비추어 살피는 안개등이 필요하단 말씀이시다. 오늘날 불가의 '화쟁'이 그 안개등이 된다. 소크라테스 말처럼 '나 자신'을 알게 한다.

또한 화쟁은 장차 전조등이 되고, 디지털 카메라 부착된 블랙박스도 된다.

내가 그 화쟁의 전체 과정(process)을 일통한 다음에 온갖 무거운 주장들을 양익에 거뜬히 달고서 독수리로서 '방향성 있게'(목표한 곳을 향해) 쏜살같이 날아오를 때 화쟁은 전조등이 된다. 부전승(不戰勝)의 금강이 된다. 이때 화쟁은 민주주의이다.

내가 그렇게 한 것처럼 나의 자비로 하여금 상대방마저 화쟁의 독수리가 되어 하늘 높이 날아오르게 할 때, 화쟁은 오감의 눈, 8식의 귀가 부착된 블랙박스가 된다. 이때 화쟁은 인권이 된다.

모두가 내가 되고 내가 모두가 되어 원융무애(圓融无涯)함으로써 모든 독수리 날아오르고 일체가 매화가 되어 익을 때, 화쟁은 빛이 되고, 인드라망의 보석이 되고 그 향기 그윽한 연꽃이 된다.

"일체 만물은 하나이다."

이때 화쟁은 평화가 된다. 그리하여 화쟁으로 인해 나 자신과, 민주, 인권, 평화가 단박에 하나가 되는 순간 그 화쟁은 적적한 고요 속의 해탈이 된다.

발밑을 비추는 등불과 관련하여, 그리스 로도스 섬의 아폴론 신전 입구에 "너 자신을 알라!"라는 글귀를 처음 새겨 넣은 서양철학의 시조 탈레스에 관한 철학자[1] 플라톤의 다음 이야기는 그야말로 철학적이다.

"탈레스가 별을 관찰하면서 하늘만 바라보고서 걷다가 그만 웅덩이에 빠져 버렸다. 그러자 익살스럽고 똑똑한 트라키아 출신 하녀가 깔깔 웃으며 '자기 발밑도 못 보면서 하늘의 일을 알려고 하다니!' 이렇게 비웃었다."

그러나 플라톤은 웅덩이에 빠진 '철학자 사건'을 사뭇 진지한 방향으로 몰고 간다.

"그와 똑같은 조소는 철학하는 모든 사람에게 적용된다. 사실 철학자는 가장 가까운 친척이나 이웃이 무얼 하는지, 심한 경우에는 자기가 인간인지 아니면 어떤 다른 존재인지조차 모르기 때문이다. 철학자가 법정이나 다른 어떤 곳에서 자기 발밑이나 눈앞에서 무슨 일이 벌어지고 있는지를 이야기해야 할 때, 그는 트라키아의 하녀뿐 아니라 다른 여러 민족에게도 비웃음을 살 것이다. 그는 경험 부족으로 웅덩이뿐 아니라 헤어날 길 없는 온갖 어려움에 빠진다. 그의 서툰 행동은 정말 놀랄 만하고 우둔한 인상을 불러일으키기에 충분하다."

결정적인 말은 이제부터이다.

---

[1] 지혜를 벗으로 삼은 자

"그러나 철학자는 인간이 무엇인지, 인간이라는 존재가 다른 존재와 달리 무엇을 해야 하고 어떤 일을 겪어야 하는지를 탐구하고 또 그렇게 하려고 노력한다."

이제 상황이 역전된다.

"즉 정의의 본질이라든가 다른 온갖 본질적 물음이 문제될 때, 다른 사람들은 제대로 알지도 못하여 그런 물음들을 웃음거리로 만들고 말지만 바로 이때 철학자의 시간이 시작된다."

플라톤이 바로 이 밀레토스의 탈레스를 왜 최초의 철학자라고 일컫는지를 이해할 수 있는 대목이다. 그가 '만물의 근원은 물이다'라고 말했기 때문에 철학의 시조가 된 것이 아니다. 그건 아무나 할 수 있는 말이다. 하나의 사상을 성취한 철학자란 그 과정의 전체 면모로서 드러나는 것이다. 플라톤은 탈레스의 삶 자체가 철학으로 점철되어 왔음을 지적하고 있는 것이다.

대한민국 및 그 한 공공기관 고유의 철학이 만들어지는 과정도 이와 비슷할 것이다. 그 공공기관의 과정 전체를 일목요연하게 정립한 면모로서 선명히 드러나게 되는 것이 그 기관의 철학이라고 생각할 수 있다. 사람이든 기관이든 지나오는 과정에서 장단점이 없을 수 없다. 잘못도 있고 잘 할 수도 있다. 잘한 것이 없는 사람, 잘못한 것이 없는 사람은 없다. 그것들은 과정을 살아왔다는 훈장이며 '영광의 상처'인 것이다.

"현자에게 잘못이 없다면 어리석은 자는 절망할 수밖에 없을 것
이다."   －괴테

잘못한 것도 솔직히 드러내어 "미안하다. 앞으로 더 잘해 잘못을
만회하겠다.", 잘한 것도 드러내어 "덕분이다. 더 잘해 보자." 이렇
게 살아가는 과정이야말로 진정 철학적인 것이다.

삶이란 무엇인가. "지금 나는 왜 살고 있나?" 이 물음[2]에 한국불
교는 말한다.

"본래의 나를 찾기 위함이다."[3]

부처님도 서른다섯에 보리수 아래에서 정각(正覺)을 이루시고
일체만유를 둘러보시며 감탄하여 말씀하기를

기이하고 기이하구나.
일체 중생이
여래 같은 지혜덕상이 있건마는

---

2 혹은 "우리는 왜 사는 걸까?" 혹은 톨스토이 식으로 "인간은 무엇으로 사는가?"
3 혹은 "나를 찾아가는 삶의 여정!" 혹은 "진여(眞如)의 르네상스(Renaissance,
부흥)!" 2560년 전 석가가 태어나며 외쳤다는 말 '천상천하 유아독존'은 '나 혼자 잘
났다'가 아니라 '참된 나를 찾자'는 뜻이다.

분별망상으로

깨닫지 못하는구나!

했으니 이것이야말로 모든 불교의 시작이자 끝이라 할 것이었다.

그 천년이 넘은 후에 지금부터 약 1400년 전 한국불교[4] 북두칠성 원효(元曉, 617~686) 대사는 사람들이 밝게 제 스스로를 알지 못하고 온갖 그릇된 생각만을 일삼아 마치 긴 잠에서 깨어나지 못하고 있는 것과 같이 좀비처럼 산다는 사실을 불쌍히 여겨, 또한 이 우둔한 잠 속의 모든 사람들의 겪는 일이 바로 남의 일일 수 없다는 '조건 없는 사랑의 정신' 때문에 〈대승기신론소(大乘起信論疏)〉라는 해설서를 짓게 된다.[5]

지금 하나의 큰 수레를 그려보도록 하자. 거기에는 네 바퀴(輪)

---

4 우리 한민족은 세상 누구도 넘볼 수 없을 과학적인 '한국불교'라는 엄청난 유산을 물려받은 부자들이다. 가령 해인사라면 모르는 사람이 없을 명산대찰이다. 그 중에서도 팔만대장경은 세계적인 보물이 아닐 수 없다. 프랑스의 이름난 건축학자가 와서 보고 혀를 내둘렀을 정도로 건축양식이며 창문 위치, 그리고 경판고의 현재 위치 등은 현대 과학이 따를 수 없을 정도의 높은 수준이다. 그 옛날 큰스님들과 조상들의 지혜는 감히 상상을 초월하는 경계임에 틀림이 없다. 현재 팔만대장경판고의 위치는 가야산 700m 고지. 가야산 높이가 1,430m이니 바로 산의 중간 지점이다. 그러니 산위의 찬 공기와 산 아래의 따뜻한 공기가 정확히 교차하는 곳인 셈이다.

5 "그리하여 만약 독자가 한 학자라면 이 한권을 펴봄으로써 대장경의 모든 교훈의 요지를 두루 다 알 수 있고, 또 그 독자가 한 수도승이라면 객관세계의 모든 것에 대해서 일어날 수 있는 좋지 않은 생각을 영원히 끊어버리고 마음의 근원으로 되돌아갈 수 있게 하고자 함이다." -〈대승기신론소〉

가 있고, 그 바퀴들에게는 열 개의 복(輻, 바퀴살)이 있고, 또 바퀴마다 곡(轂, 속바퀴)이 있고 못, 굴대빗장, 그밖에 여러 쇠붙이들이 달려 있다. 이 수레에는 잘 길든 좋은 흰소가 멍에채를 매고 서 있다. 좋은 어자(御者)가 채찍을 들고 그 수레에 올라타 가슴걸이(鞅)에 연결된 끈을 쥐고, 소를 몰아 움직이게 한다. 수레에 매달린 깃발이 나부끼고, 평평하고 바른 길을 발걸음도 가볍게 착실히 앞을 향해 나아간다. 이렇게 갈 때 이 큰 수레는 그 목표한 저쪽 언덕에로 틀림없이 도달하고야 마는 것이다.

위의 글[6]을 바탕으로 비유된 것들을 도표화하면 다음과 같다.

〈표 1〉 원효가 설명하는 인생관

비유	본 뜻	내용
큰 수레(大乘)	마음(心)	한없이 크고 넓어 모든 진리를 빠짐없이 싣고 나르는 일심(一心, 본래 마음)
네 바퀴(四輪) : 4가지 덕(德)	보시(布施)	인색(이기심) 경향을 마음에서 죽인 다음에 탐욕 않고 베풀기
	애어(愛語)	거짓말·모함 않고 오로지 자비로운 마음에서 우러나는 이야기
	리행(利行)	사람이 본연의 참된 모습으로 되돌아가게 할 참된 이익을 주는 일
	동사(同事)	더불어 기쁨과 슬픔을 나누며 같이 일하기
* 이 4가지 덕으로써 세상 사람들은 능히 모두 하나가 될 수 있다. (四攝法, 四攝事)		

---

6 허무장경(虛無藏經)에 있는 글을 본 따 원효가 독창적으로 비유한 내용이다.

비유	본 뜻	내용
열 바퀴살(十輻) :십선업(十善業)	살생·도적질·간음·망언·욕설(매도)·이간·빈말·탐욕·분노·아집	10선업(악업); 放生(殺生), 布施(偸盜), 淨行(邪婬), 正語(妄語), 和語(兩舌), 愛語(惡罵), 眞語(綺語), 知足(貪欲) 喜樂(瞋恚), 智慧(邪見)

* 이 10가지 착한 일(十善業, 열 악행 부정 그 이상)을 토대로 4가지 덕이 비로소 펼쳐진다.
** 10 무기(無記) : 不殺生, 不盜, 不邪淫, 不妄語, 不惡罵, 不兩舌, 不綺語, 不貪, 不瞋, 不邪見

비유	본 뜻	내용
속바퀴	온갖 착한 마음	바퀴를 수레에 굳건히 연결시키는 그밖의 인류의 모든 착한 마음들로, 특히 굳은 결심, 소박한 마음씨, 한결같은 의지 등이 있어야 한다.
다른 쇠붙이들	유무형 조건들	바퀴를 튼튼하게 하는 인류의 온갖 지혜와 유무형의 올바른 조건들
좋은 휜소(善調)	사무량심 (四無量心)	자애롭기 한량없는 마음(慈), 고난을 나누는 마음(悲), 항상 기쁜 마음(喜), 집착 버린 마음(捨), 사무량심(四無量心)은 마음 산란함이 사라진 한량없는 자유 상태에서 나타날 수 있다. 이것이 멍에채를 맨 잘 길든 좋은 휜소이다.
멍에채	선정(禪定)	소의 멍에채(말의 고삐), 즉 마음을 명경처럼 고요히 가라앉히는 일.
좋은 어자(御者)	선지식	수레 끌고 가는 소를 부리는 어자는 선지식(善知識, 즉 스승)이다.

비유	본 뜻	내용
채찍 : 법(法, 실체)	무상(無常)	우리의 모든 행위가 영원불멸과는 거리가 멀다(無常)
	고(苦)	인생은 고통스러운 것이 정상(苦)
	공(空)	세상 모든 현상은 인과관계 속에 얽혀 확고부동한 실체가 없다(空)
	무아(無我)	심리적 감각적 물질적 요소로 구성된 '나'는 이름뿐으로 진정으로 '나'라고 부를 만한 것은 본질상 아무것도 없다는 사실(無我)
수레에 올라 : 법(法)의 적용	변통	이제 세상만사와 자신의 참 모습 깨닫고자 할 때가 오면 소는 수레를 끌고 갈 것이다.
가슴걸이(靷)	일곱 개 금줄 : 념·택법·정진·희·경안·정·사	기억해 생각하기(念), 사물 분석하며 진리 탐구(擇法), 부지런히 노력(精進), 부드럽고 환희에 넘치는 일(喜), 심신을 고요하고 경쾌하게 하기(輕安), 산란한 마음 집중(定), 집착 않기(捨)
깃발	대자대비	대자대비를 이상으로 표방하는 상징. 수레의 뒤턱에는 부단한 노력을 다짐하는 횡목(橫木)이 차체를 굳건히 유지하고 있다.
바른 길 8정도(八正道)	正一見·思·語·業·命·勤·念·定	그밖의 온갖 덕목을 실천하며 8정도(八正道, 八聖道)로 바로 달려간다. 올바로 보고(正見), 생각하고(正思), 말하고(正語), 일하고(正業), 살고(正命), 부지런하고(正勤), 기억하고(正念), 마음을 정한다(正定).
저쪽 언덕(彼岸)	본각(本覺)	속진·세진을 초월하여 다시 대승이 되어 피드백을 개시한다.

〈이기영저, 「원효사상 I(홍법원, 1989년)」을 참고하여 재구성함.〉

이것을 풀이하면 다음과 같이 된다.[7]

"본래부터 모든 진리를 담고 있는 큰 수레인 내 마음을 크게 한 번 들여다보기로 하자. 그것은 보시(布施), 애어(愛語), 리행(利行), 동사(同事)라는 네 바퀴로 굴러가는데, 그 바퀴는 각각 몸, 혀, 뜻(드러난 마음)으로 짓는 3신업(身業 : 放生·布施·淨行), 4구업(口業 : 正語·和語·愛語·眞語), 3의업(意業 : 知足·喜樂·智慧)이라는 10가지 청정 행위, 즉 십선업(十善業)이 살처럼 떠받치고 있다. 또한 그 큰 바퀴마다 인류의 모든 착한 마음들, 특히 굳은 결심(信心), 소박한 마음씨(謙心), 초지일관(한결같은 의지) 등이 속바퀴되어 큰 바퀴를 수레에 굳건히 연결시키며, 그 외에 바퀴를 튼튼하게 하고 원활하게 하는 인류의 온갖 지혜와 유무형의 여타 조건(부품)들이 잘 갖추어져 있다. 이렇게 진리를 져다 나르는 큰 수레 앞에는 사무량심(四無量心 : 慈·悲·喜·捨)이 선정(禪定)해 있고 선지식(善知識, 스승) 때맞춰 무상(無常)·고(苦)·공(空)·무아(無我) 4개의 가죽으로 만든 한 채찍 들고 제일 먼저 사무량심의 희(喜)·사(捨)의 금줄(가슴걸이)부터 움켜쥔 다음에 기억해 생각하기(念), 사물 분석하며 진리탐구(擇法), 부지런히 노력(精進), 심신을 고요하고 경쾌하게 하기(輕安), 산란한 마음 집중(定)의 5금줄을 더한 7금줄 고삐 쥔 채 대자대비 깃발 나부끼며 8정도(八正道)[8] 길을 발걸음 가볍게 나아

7 개인 차원이 아닌, 모든 마음이 모인 공동체, 전 인류 마음을 모은 현대식 풀이는 각자 확장해 볼 일이다.

8 사성제와 팔정도 : 초기 불교는 고도의 지성(知性)과 수행력을 갖춘 부처님의

가 진여(참된 나인 본심, 참된 자아)에 도달하고야 마는 것이다."

이처럼 '대승 − 사무량심 − 선정 − 선지식 − 때(변통) − 법 − 고삐 − 대자대비 − 8정도 − 피안 − (다시 대승)'이라는 피드백 시스템을 매순간마다 찰나적으로 윤회하는 것이 바로 우리네 삶의 실체요, 이유요, 궁극 목표요, 원하는 바 참된 지향이라고 해도 무방할 것이다.

이렇게 부처는 활같이 말씀하시고, 조사들은 활줄같이 말씀하셨도다!

직계제자들에 의해 전승되었는데 삼법인(三法印), 사성제(四聖諦), 팔정도(八正道), 오온(五蘊), 십팔계(十八界), 연기(緣起)의 법, 중도(中道) 등과 같이 불교교리의 기본 골격을 전하는 전승(傳承)의 가르침, 아함경의 가르침이 그 전형이다. 그 중 부처님께서 성도 직후 녹야원에서의 초전법륜의 근간을 이루는 내용은 '네 가지의 성스러운 진리'라고 불리는 사성제(四聖諦)의 교법이다. 사성제는 먼저 고(苦)에 관한 진리(苦聖諦), 고의 원인에 관한 진리(苦集聖諦), 고의 소멸, 니르바나에 관한 진리(苦滅聖諦), 니르바나에 이르는 여덟 가지의 성스러운 길(苦滅道聖諦)이 그것이다. 성스러운 길 팔정도는 차례로 ① 정견(正見 바른 관점) ② 정사유(正思唯 바른 결심) ③ 정어(正語 바른 말) ④ 정업(正業 바른 행실) ⑤ 정명(正命 바른 생활) ⑥ 정정진(正精進 불굴의 실행) ⑦ 정념(正念 바른 기억) ⑧ 정정(正定 바른 선정 : 산스크리트어의 완전한 침묵, 완전한 정적이라는 뜻으로 삼매(三昧)라고 한다.)으로 계(戒), 정(正), 혜(慧)의 세 단계로 나누어진다. 계(戒)는 몸과 입으로 행하는 건전하지 못한 행동을 삼가는 것이고, 정(正)은 주의력을 모아 자신의 정신을 조절하고 결정하는 것이며, 혜(慧)는 그 자신의 본성을 꿰뚫어보는 통찰이다. 사성제의 교법은 부처님 당시의 인도의 의학적 치료방식과 밀접한 관계가 있다고도 한다. 사성제(四聖諦)는 ① 고(苦): 병자(病者)의 상태 ② 집(集): 병의 원인, 근거 ③ 멸(滅): 병의 원인이 없어진 상태(回復) ④ 도(道): 회복으로 이끄는 치료방법(治療).

그러므로 가끔씩이나마 '살아 있는 진리의 기능'을 직접 접할 때 우리 마음은 저절로 그것에 공명과 공감의 박수를 보내지 않을 수 없게 된다. 그 까닭은 바로 우리 각자 인간의 마음 깊은 곳에서는 진리의 샘이 있어 언제나 펑펑 지혜를 솟아내고 있는 때문이다. 보고 듣고 체험한 것과 생각하는 것이 완전히 일치하는 데서 오는 법열이 활과 활줄처럼 온 세상에 퍼져나가 '나와 우주'가 하나됨을 확연히 느낄 수밖에 없는 까닭이다. 사람이 야수되기는 쉬우나 참 사람되기는 어려운 이유는 이와 같은 참으로 자연스러운 마음의 도리를 잘 모르기 때문이다. 그럼에도 마음이라는 수레는 참으로 한결같이 큰 것이다. 그래서 능히 속세와 중생의 진리가 아니라는 진리까지 포함해서 온갖 진리를 다 싣고 나른다. 이런 이유로 우리는 진실처럼 들리는 거짓말을 충분히 많이 할 줄 알지만, 그러나 우리는 원하기만 하면 진실도 노래할 줄 아는 것이다.

　현대인은 물질, 지식, 자식을 통해 더 행복해지려고 애를 쓰고 있으나 결국 물질, 지식, 자식 때문에 더 괴로워하고 있다. 오늘날처럼 내가 왜(why) 사는 것인지 심각하게 질문을 던진 적이 인류사에 있었을까? 이 현대적 윤리위기는 삶의 해석과 행위에 있어 철학적·도덕적 지침의 세계적 파탄의 결과임이 분명하다. 이러한 위기 상황에서 한국불교의 지혜와 인생관이 조금이라도 도움이 될 수 있으리라 믿고 싶다. 왜냐하면 오늘날의 윤리적 위기는 삶의 의미와 가치에 대한 위기에 다름 아니며, 이는 인간에 대한 기본 가정의 재정의를 통해서만 궁극적으로 해결될 것이기 때문이다.

물론 한국불교의 '나의 본심 귀의' 인생관이 만병통치약은 될 수 없다. 세상 그런 진리란 어디에도 존재하지 않으며, 오늘날의 인간 삶의 의미와 가치 위기는 하루아침에 해결될 성질의 것도 아니기 때문이다. 부처님은 득도하고서도 그것을 무(無)라고 갈파했다. 즉 리셋(reset, 초기화)하셨다.[9] 그렇지만 득도한 후의 공(空)은 새 출발점이 된다는 면에서 색(色)이기도 하다. 그러므로 우리들 인생의 무수한 의미와 가치의 목록 가운데 한국불교의 21세기 과학적 '인생관'을 하나 추가하는 것이 결코 마이너스는 아니 될 것임은 거의 확실하다.

---

[9] 석가모니가 마지막 순간에 깨침을 얻었을 때 누군가 그에게 질문을 했다. "스승이시여, 대관절 무엇을 얻었습니까?" 그러자 석가가 대답하였다. "아무것도 얻은 게 없다. 모든 것은 이미 내 안에 있었던 것이다. 나는 다만 그것을 모르고 있었다가 이제 알게 된 것뿐이다. 깨달음이라는 것은 바로 그와 같은 것이다. 절대 밖에서 얻어지는 것이 아니다."

대한민국 역사의 가을,
그 산문(山門) 앞에서

인생관 다음은 언제나 역사관이다. 처음 인생에 마음의 눈을 바르게 뜨는 순간부터, 저 장대한 강물처럼 흐르는 나를 포함한 이 모든 존재들이 어디에서 와서 어디에 위치해 있으며 어디로 가는지를 적적히 보게 되는 일이다. 그렇게 해서 마음의 관조는 진정한 철학이 되어 다시 삶으로 되돌아오는 것이다. 그러한 삶의 가장 치열한 최전선 중의 하나가 대한민국의 316개 공공기관이므로, 또한 그러하기에 치열한 역사의식(국가 정체성)[1] 없는 공공기관이란 앙코 없는 찐빵에 불과한 것으로 참으로 허무한 허구 중의 맹랑한 허구이게 된다. 그래서 기존의 인식 위에다 불자의 역사인식 한 점을 보태 각자의 브랜드를 화쟁적으로 한번 빗고자 하는 것이다.

---

1 국가란 역사성 그 자체라고 할 수 있다. 온갖 업보가 쌓이고 쌓여 연기가 모이고 모여 하나의 국가 정체성을 이루기 때문이다. 대하(大河)처럼 흘러내린 정체성으로 인류사라는 대양(大洋)에 합류하게 되는 것이다.

윤회로 보아 지금 대한민국의 계절은 가을임이 거의 확실하다.

한민족 윤회 5천년 역사를 오늘에 회고함에, 그 새 기운이라 할 대한제국(1897-1910)의 봄은 불과 13년, 너무 짧았다. 게다가 봄 같지도 않은 봄이었다. 그 뒤를 곧장 이어 1910년 8월 29일부터 개시된 유례없는 한반도의 '근현대사 폭염' 속에 고난 많은 한민족은 일제식민지, 3.1운동, 광복과 분단, 대한민국 건국, 6.25동란, 4.19와 5.16, 유신헌법, 5공화국, 6.10항쟁, 문민정부, 1994년 9월 김일성 사망(49년 집권), 국민의 정부, 참여정부, 이명박 정부, 2011년 12월 김정일 사망(17년 집권), 3대 세습정권 김정은[2] 정부(66년+? 집권), 박근혜 정부 출범 등등 역경과 개척의 105년 파노라마를 연출하여 왔다. 그리고 105년 세월이 지난 2015년 말, 박근혜 정부 3년차, 김정은 세습권력 4년차, 그리고 세월호의 참극도 여느 스쳐간 숱한 사건들처럼 어느덧 1년 7개월이나 지났다. 이제는 마치 낙엽 뒹구는 가을 산문 앞에 선 우리 조국 대한민국 머리 위로 청량한 바람 한 점 스치운다. 열 식히는 대한민국의 사색을 재촉이나 하려는 듯이!

"아미타불, 가을바람 속 대한민국 중생에게 부디 행복 있으라."

---

2 김정은 외가는 제주도 조천이다. 외할아버지 고경택이 조천에서 일본 오사카로 가서 낳은 아이가 김정은의 어머니 고경희이다. 외증조할아버지 고영옥(고경택의 부친)은 제주 4.3 당시 산군인(공산당 무장게릴라 포함)에게 살해되었다. 끈질긴 인연의 업보가 아닐 수 없다.

8.15 광복의 정상에서부터 점점이 물들어 산등성이 가로지르며 아래로 흘러 분단·미군정기·제1~6공화국 대한민국 현대사 염색 바랜 광목처럼 펼쳐지고, 때마다 수놓아진 단풍 숲의 띠들, 그들 숲 속 각양각색의 단풍 위로 가을바람 불 때마다 낙엽 우수수 수해(水海)처럼 떨어져 내린다. 땅에 구르다 발목에 감긴 45년 신의주 학생 의거(11월 23일, 임시정부 환국일)[3], 두만강, 47년 여순 반란, 태백 산맥, 48년 제주 4.3, 50년 해주학살,[4] 68년 1.21 청와대 기습, 80년 서울의 봄, 83년 〈생방송〉이산가족찾기[5], 88올림픽, 여소야대,

---

3 1945년 11월 23일 평안북도 신의주에서 중학교 학생들이 '공산당 타도'를 외치며 벌인 반소(反蘇)반공(反共) 시위. 신의주학생의거, 신의주학생반공의거라 한다. 1945년 11월 16일 평안북도 용암포에서 열린 기독교사회민주당의 지방대회에서 평북자치대 용암포 대표가 기념사를 통해 폐교조치된 수산기술학교 복구를 요구하고 공산당 용암포 대장 이종흡의 만행 등 공산당의 불법을 규탄하자, 이를 지지한 학생들이 만세를 부르며 '학원의 자유'를 부르짖은 것이 사건의 발단이 됐다. 11월 18일 용암포 제일교회에서 소련군과 조선공산당의 실정과 횡포를 비난하는 시민위원회 주관 '인민위원회 지지대회'가 열릴 때, 소련군과 공산당이 경금속 공장직공을 동원해 이들을 기습 점거하고 간부들을 폭행한다. 소련군이 평안교회의 장로 홍씨를 현장에서 죽이고 학생과 시민들에게 중상을 입히자, 이에 격분한 신의주시의 6개 중학교 학생자치제 대표들과 학생들 5천여 명이 시위를 했다. 학생들은 '공산당을 몰아내자!', '소련군 물러가라!', '학원의 자유를 쟁취하자!'는 등의 구호를 외치면서 시가지를 행진했으며, 공산당 본부, 인민위원회 본부, 보안서 등을 습격했다. 이에 11월 23일 시위대를 향한 공산당의 보안대와 소련군의 무차별 사격으로 24명의 학생이 피살됐고, 350여 명이 중경상을 입었으며 1천여 명의 학생과 시민이 체포되어, 그중 200여 명이 시베리아로 보내졌다.
4 황해도 해주는 이승만, 김구, 안중근의 고향이다. 6.25 당시 해주는 공산당에 의해 무참히 학살된 지역이다.
5 1983년 대한민국을 울렸던 '〈생방송〉 이산가족찾기'에 1.4 후퇴 후 서울에서 신문배달을 하다 실종된 14세 아들 이대식을 찾는 노파가 출연했었다. 그리고 32년이 지난 2015년 3월 28일자 〈그것이 알고 싶다 '소년북파공작원─우리는 총알받이

삼풍백화점 붕괴, IMF, 서해교전, 북핵 실험, 천안함 폭침, 세월호 참사 등의 온갖 낙엽들이 흐르며 역사의 지나가는 발길에 함부로 으스러진다. 부서지는 온갖 현대사 낙엽들에서 피어나는 구구절절한 한민족의 애환과 약동을 사색하며 산정 아래 커다란 바위를 돌 때, 유난히 파란 하늘 아래로 끝없이 펼쳐진 울창한 수림이 시야에 들어오고, 그 수림 사이에 파묻힌 듯 자리 잡고 있는 산사 몇 채 전각을 보는 순간 문득 새삼스럽게 깨닫게 되는 우리들 나라, 대한민국 가을, 혹자는 말한다.

"20세기를 우리는 끔찍한 고통 속에 보냈다. 백 년 동안 우리 민족은 너무 많이 헤어졌고, 너무 많이 울었고, 너무 많이 죽었다."[6]

틀린 말은 아니건만 참된 말은 정말로 아니다. 질병 없는 몸, 무지하지 않은 영혼, 사치하지 않은 배, 든든한 치안, 조화로운 가정들이 엮어 나가는 민족의 역사 앞에 항상 담대해야 한다. 희망과 밝은 미래에 대한 국민들의 믿음만큼 감동적인 것은 없다. 역사는 결코 사바세계 속의 종교가 아니며 고로 선악의 대상이 아니다. 도리어 역사는 '헛된 편 가르기의 사악한 선악의 견강부회'를 단죄할 만

였다〉 방송에서 밝혀낸 바로는 소년 북파공작원으로 이용되어 북으로 보내졌다고 한다. 그리고 실종 60년 만에 국가에선 1952년 사망으로 통보한다.

6　선은 악에 졌다. 독재와 전제를 포함한 지난 백 년은 악인들의 세기였다. 이렇게 무지하고 잔인하고 욕심 많고 이타적이지 못한 자들이 무리지어 번영을 누렸던 역사는 없었다. 지난 긴 세월의 적들과 우리는 그만 헤어져야 한다. ─조세희 당대비평 창간사

큼 막강하게 공명정대해야 할 '화쟁의 금강(金剛)'이어야 한다.

역사탐구같이 사람들 마음에 큰 자국을 남기는 일에 있어 함부로 경중을 뒤집거나 인과를 뒤집는 일은 무섭고도 엄중한 죄업이다. 특히 그 일을 감시하고 감당해야 할 역사학자가 역사를 함부로 재단하여 국민들에게 강요하는 일은 마치 군인이 그 무기로 국민을 쏘는 것과 같다. 그럼에도 오늘날 그러한 죄업을 사람들이 자청해서 함부로 뒤집어쓰는 일이 없는 것보다 오히려 더 많은 것은 조급한 마음에 선과 악을 견강부회하기 때문이다. 진리 뒤집는 일과 관련하여 옛이야기 하나가 있다.

옛날 한 도인이 높디높은 소나무 가지에 대롱대롱 매달려 있었는데 그 매달려 있는 모습이 좀 특이했다. 이빨로 소나무 가지를 물고 있었던 것이다. 그 밑에서는 한 스님이 그 도인이 진짜로 깨달은 자인지 흉내만 내는 자인지 시험을 하고 있다. 스님이 도인에게 물었다. "당신 이름이 무엇이오?"

놀랍게도 대한민국 현대사 전공자들이 이빨로 대한민국 가지를 물고 거꾸로 대롱대롱 무리지어 매달려 있다. 내용은 분명 좌파적인데, "당신 좌파?" 대답을 못한다. 지금은 좌파라고 잡아가지 않는다. 내용은 분명 우파적인데, "대답을 안 한다." 우파라고 나쁠 일 없다. 나치와 스탈린 치하에서도 창조의 꽃은 피고, 요순시대에도 악의 나무는 자라고 악의 시대에도 선한 마음의 강물은 흐르는 것이다. 불교 가르침에 따르면 역사적 사실은 여전히 '게

매'[7]요 '거시기'하다. 다 맞는 말이므로 개시개비(皆是皆非)이다. 다 틀린 말이므로 개비개시(皆非皆是)이다.

하나가 맞고 다른 것이 틀렸다면 사건은 아예 발생도 않았을 것이다. 다 맞고 다 틀렸으므로 이 대립을 해결하기 위한 진리는 그 대립 상황을 초월한 곳에서, 더 본질적이고 높은 가치로부터 끌어내 와서 현실에 천착해야 하는 것이다. 가령 5.16 군사정변이 좋다 나쁘다 하는 단죄론적 논법은 문제의 본질이 아니다. 문제는 5.16 같은 대사건이 왜 일어나게 되었는가 하는 점에 있다. 일어나지 않았다면 따위의 가정은 필요 없다. 왜 일어나지 않으면 아니 되었던가? 그리고 그것이 어떻게 전개되었으며 그 결과가 어떠했던가? 이처럼 전말이 일관성있게 설명됨으로써 사람들이 그 5.16을 더 공명정대하게 이해할 수 있도록 돕는 것이 역사적 논법의 가치요 역사가의 본질적인 사명인 것이다.[8]

그러므로 우리의 역사적 눈은 천리안처럼 크고 공명정대해야 한다. 역사가는 역사적 실체를 드러내기 위한 단순 봉사자가 되어야 한다. 그러므로 비록 한반도 역사의 하늘은 낮게 깔리고 어두웠지만, 견디어 내지 못할 폭풍우까지는 오지 않았다. 우리 근현대사, 바

---

7 '글쎄'의 제주 방언
8 내가 알기로 지금까지 나온 5.16에 대한 가장 공정한 판단은 "형식은 쿠데타이나 내용은 혁명이었다." 즉, 혁명을 위해 쿠데타를 한 것이라는 판단이다. 그러므로 이런 경우엔 5.16 쿠데타 무혈혁명이라 함이 옳다. 이러한 사실은 5.16세력이 그 정당성을 인정받아 선거를 통한 집권을 했고 나아가 오늘날 대한민국 역시 그 5.16세력의 업적 위에 살아가고 있음이 잘 증거하고 있다. 마찬가지로 레닌이 일으킨 10월 혁명은 10월 볼셰비기 반란 유혈혁명이다.

위 옆 잠시 걸음을 멈출 때에 시원한 바람 날려 목 휘감던 세월도 많았다.

1910년 당시 우리 민족은 1천 7~8백만, 1945년 해방직후 인구 3천만, 2015년 현재 남한 5천만, 북한 2천8백만, 해외동포 5백만 해서 총 8천3백만으로 백 년간 무려 5배 이상 증가했다.[9] 그 5배만큼(사실 규모는 시너지 효과를 낳긴 하지만) 20세기 근현대사 폭풍우를 헤쳐 나가는 사공과 같은 나름의 행복들도 넘쳤다고 인정해도 되지 않을까? 지난 백 년 동안 우리 민족은 저 통한의 헤어짐보다 5배나 많이 만났고, 더 오래 웃었고, 더 알차게 생활해 오기도 했다.

아래의 〈참고 1〉은 그 단편 중에 단편 몇 조각 모은 것에 불과하다.

〈참고 1〉 무한경쟁 시대 속의 대한민국 국가 상황 스케치

- 2014년 IMD(국제경영개발연구원) 국가경쟁력 26위(61개국, 공공부문 고용 3위)
- 2014년 OECD(경제협력개발기구) '삶의 질' 순위 25위(36개국)
- 2015년 WEF 국가경쟁력 26위(140개국, 인프라 13위, 노동 83위, 노사관계 132위)

---

9 이 기간 동안 소련처럼 인구가 감소한 나라도 많다.

- 2014년 5월 말 외환보유액 3,715. 1억 달러(세계 6위)

- 2013년 무역규모 1,180조원(1조 715억$) (7위)

- 총인구 5,100만(27위)

- 2013년 영리법인 전체 기업(50만6천개) 총 자산 7,552조원

- 2010년 상위 1% 부유층 소득 비중이 전체 소득 16.6% 차지[10]

- 2010년 법인세 감면액 7조원

- 2015년 2월 취업자수 2,520만

- 2014년 세금 낸 임금근로자수 1,870만

- 2012년 3월 현재 비정규직 노동자 590만(전체 1/3)

- 2015년 청년 고용률 40% 수준[11]

- 2014년 65세 이상 인구비율 12.7% (2000년 7%)

- 2014년 출산율 1.21명 (1970년 4.53명)

- 2014년 노조조직률 10.3% (OECD 평균 17.8%)

- 2013년 자살자 1만4천271명 (OECD 1위)[12]

- 조선업 세계 1위, 선박보유량 세계 5위, 해상물동량 세계 5위

- 전체 에너지원의 96% 수입

대한민국에 관한 몇 가지 단편적 지식과 숱한 역사적 사건의 목

10　OECD 국가 중 가장 불평등도가 높은 미국(17.7%) 다음으로 높은 수준. 중간 소득 절반에도 못 미치는 빈곤층 비율도 14.7%(2010년)로 1992년 7.7%에 비해 두 배 가량 증가.

11　2011년에서 2015년 사이 청년취업자 5만 6천 청년실업자 12만 9천 증가

12　국회 안행위 2015. 9.28 경찰청 자료. 남성 9,920(70%), 여성 4,346명(30%), 성별 불상 5명. 무직자 6,733(47%), 자영업 899(6%), 회사원 848(6%). 정신과 4천 11건(28%), 질병과 경제 2천905건(20%).

록 속에서 특히 2012년 박근혜 정부의 탄생은 참으로 의미심장하다. 그것도 지난 백 년의 굴곡의 근현대사 속에 한민족의 정기가 흐트러질 대로 흐트러진 민족혼의 절대적 열세 상황에서 이루어진 결과라는 점에서 한 줄기 기적과도 같은 일대 변곡점처럼 여겨지기도 한다. 그 변곡점이 역사의 계절을 순환시켜 대한민국 가을바람을 몰고 오는 듯하다. 박근혜 정부가 들어서지 못했다면 대한민국의 가을은 결코 오지 못했을 것이다. 역사교과서 대논쟁도 없었을 것이다. 전쟁상태임에도 진행된 안보의식의 해체 속에서 서서히 달궈지는 가마솥 속의 개구리 신세를 면치 못하고, 친북한 교과서에 모두가 세뇌되어 서서히 달아올라 필경 망하고 말았을지도 모르겠다.

이제 때가 되었다. 때가 왔을 때 나서 바로 잡지 못하면 죄업을 짓게 된다. "그것이 남에서 부는 바람이뇨, 북에서 부는 바람이뇨, 왼쪽에서 부는 바람이뇨, 오른쪽에서 부는 바람이뇨, 천지사방에서 부는 바람이뇨, 한 동굴 깊은 곳에서 부는 바람이뇨?" 풍향을 정확히 읽어내야 한다.

역사와 관련하여 우리는 공명정대함 위에다 언제나 현재의 진실을 냉철·정확히 이해해야 한다. 한말의 저 못난 우리네 조상들처럼 다툼의 내분 속에 오로지 주관적으로만 살다가 나라를 망쳐 버리면 결코 안 된다. 위대한 문화민족의 국가였던 조선이 저 야만에 가까운 왜인에게 잡아먹힐 것이라 당시에 그 누가 상상이나 했겠는가? 구중궁궐 불타기 시작하여 이미 화염에 휩싸이려는데, 심처 안

방에서 천진난만하게 뛰노는 어린애들처럼 세상천지도 모르고 파당심에 내편 유리하게 하려고 당시 무식쟁이 왜놈들 유리하게 이용이나 해먹자고 하지 않았던가?

거의 흡사하게 오늘날 우물 안 개구리처럼 우리가 북한을 흡수통일 할까 말까 걱정하는 이들에게 묻고 싶다. 그것은 속된 말로 라스베가스에서는 상상도 할 수 없는 일임을, 현실에서는 꿈조차 꿀 수 없는 일임을 정말 모르시고 하는 말씀인가?

그릇이 똑같아[13]

하루는 성철스님께서 금강산에 있다는 마하연 선방에 대해 말씀해주셨다.

"마하연 선방은 아랫목에 앉은 사람이 윗목 앉은 사람 얼굴을 보면 가물가물할 만큼 컸다. 그리고 겨울에는 어떻게나 눈이 많이 오는지 앉아서 참선하는 시간보다 눈 치우는 시간이 훨씬 많았지. 눈이 엄청나게 와 겨울 나는 일이 정말 힘들었어."

스님의 말씀을 들으니, 나도 그곳에서 한번 참선해 보고 싶은 생각이 들었다. 그래서 여쭈어 보았다.

"스님, 저희들도 금강산 마하연 선방에서 참선할 날이 있을까요?"

그러자 스님께서는 혀를 끌끌 차셨다.

"글쎄다, 둘 다 똑같으니……"

---

13   원정, 「침묵의 깊은 뜻을 마음으로 보게나」, 맑은소리

그 말씀은 남쪽이나 북쪽이나 모두 똑같다는 뜻이었다. 옆에서 그 말을 듣고 있던 시자가 물었다.

"스님, 통일은 언제나 될까요?"

그러자 스님은 평소 생각하신 통일관에 대해서 말씀하셨다.

"서로들 자신들의 이익만 생각하고 고집을 부리면 통일은 어려워. 서로의 그릇이 똑같아서는 안 되지. 큰 그릇이 작은 그릇을 담을 수 있을 때 비로소 통일은 가능한 법이야. 서로가 넓게 포용하는 마음이 없으면 백 년이 흘러도 허송세월이야."

스님 말씀을 들으니 마음이 답답해졌다. 시자가 다시 말했다.

"스님이 대통령 한번 하시면 어떨까요?"

"이 자식아, 그런 소리 하는 게 아니야."

스님은 이렇게 껄껄 웃으셨는데, 그 눈에는 금강산 마하연을 그리는 빛이 역력했다.

완전은 불완전을 포함한다. 불완전은 완전을 향해 자신을 초극한다.   ─데카르트

일이 잘 풀릴 때의 정황도 다음과 같다.

"꿀을 얻을 때는 면도날에 묻은 것을 혀로 핥듯 해야 한다."

이치가 이러함에도 도리어 떡줄 사람은 생각도 않는데, 대한민국의 많은 사람들이 착각들 하면서 흡수통일이니 통일비용이니 경거망동을 하지만, 실상은 전혀 그렇지가 못하다. 우리는 현실을 직

시해야 한다. 그것이 진정한 용기와 결단이다.[14]

현재 대한민국의 실상은 미국의 힘에 의지해서야 겨우 북한과 군사적 균형을 이룰 정도로 여전히 허약하다고 생각된다. 왜 그런가?

해방 이후 일제의 붕괴와 동북아에 있어 공산권의 절대우세 상황, 한반도 여론의 사회주의적 경도(보통 7대 3으로 추산), 일본제국주의 말엽 미국과 전쟁을 하면서 조선인을 세뇌시킨 일본식 반미감정(당시 조선인은 미국을 악마의 나라로, 미국인을 악귀로 생각), 장차 한반도 재진출을 위한 일본의 대 한반도 분열이간정책,[15] 30% 전후에 불과한 자유민주 진영들에게서마저도 일천했던 민주주의 운영 경험, 분단에 대한 민족적 거부감(북한은 광복 4개월도 안 된 46년 2월 선거를 통해 실질적인 단독정부를 구성해 소련 지시에 따른 꼭두각시 행정을 실시), 세계사적 흐름을 도외시한 채 성급하면서도 과대포장된 각 정파의 비과학적이고 무책임한 전략전술, 욱일승천하는 중국공산군의 기세 등등의 광복직후의 분단 상황이 낳은 역사적 결과의 연속선상에서 우리가 여전히 벗어나지 못하고 있기 때문이다. 특히 타 분야에 비해 대한민국 정치 분야는 70년간 요지부동이기 때문이다.

---

14   경거망동은 구한말 한 번의 역사적 경험으로도 족하다. 우린 아직 그 후유증조차 극복 못하고 있다.

15   소련이 2차 대전 말기에 일제와의 소일중립조약(1941년)을 파기하고 8월 8일 '참전'을 선언한 것은 1945년 3월 13일 완성된 당시 일본 해군 소장 다카키 쇼키치의 〈중간보고 초안〉에 의거한 전략 때문. 일본이 8월 8일 이전에만 미국에 항복했더라도 한반도는 분단될 수 없었다.

어쨌든 대한민국은 건국되었고, 6.25 민족상잔을 겪으면서 살아남았고, 이후 신고(辛苦) 속에서 산업화와 민주화를 성공적으로 발전시켜내지만, 여전히 남한이 아닌 북한에 정통성을 두고 동조하는 친북좌파 경향이 강하게 남아 있는 것을 부인할 수 없는 상황이다. 그것이 소위 야권연대를 매개로 북한과 결합하게 되면 해외동포를 제외한 한반도 전체 7천8백만 가운데 북측이 4천3백만, 남측이 3천5백만 정도로 열세를 보이는 것으로 추측하는 사람들도 있는 까닭이다. 아마도 유비무환을 염두에 둔 듯하다. 입으로만 떠들던 그 잘난 인민해방의 북한이 폭삭 망한 속에서도 역사적 후과는 이처럼 60년 이후에도 계속되는 것이다. 망친 정치를 회복하는 데에는 그 열배의 힘이 드는 법이며, 조각상 다듬기는 어려워도 부수기는 너무 쉽기 때문이다. 허무이기 때문이다.

또한 한반도 주변의 국제 현실을 보건데, 1990년 공산권 붕괴 이래 현해탄 건너 일본이 남한을 폄하하고 북측을 은근히 지지하는 것은 이미 공공연한 사실이 되어 있다. 왜냐하면 대한민국이 자신들의 직접적인 경쟁 상대로까지 성장하였기 때문에 깎아내리려는 것이다(통일 이후 대한민국의 거대한 국력에 대한 두려움이 더 큰 이유일지도 모른다). 아마도 대한민국 국민 가운데 최소 5% 정도는 일본의 영향력 아래 있을 것으로 추정된다.

"하늘은 어디를 가나 푸르다는 사실을 알기 위해 세계일주 여행을 할 필요는 없다."
　　　　　　　　　　　　　　　　　　　　　　　　　　　　　　　－괴테

또한 중국이나 러시아가 북한을 지지하는 것은 불문가지이다.

각종 유무형의 거래관계 속에서 저들의 영향을 받아야 하는 한국인들 또한 적지 않다.

"불에 뛰어들어 봐야 뜨거운 것을 아는 것은 지혜가 아니다."

−피타고라스

오로지 미국만이 다소 맥이 빠진 채 대한민국을 돕는 형국인데, 더군다나 최근에 이르러 좌파성향은 거의 50%로 늘어났다고 생각하는 사람이 적지 않은 까닭이다.[16] 지난 2012년 12월 선거는 가히 5천3백만 대 2천5백만의 대결, 거의 2대 1의 대결이라고까지 걱정했던 정황이었다. 그런데 기적적으로 박근혜 후보가 당선되었으니 과연 대한민국 국운의 신기라 할 것이다. 만일 김정일이 그 1년 전에 사망하지 않았다면 결코 일어날 수 없는 친북좌파 진영 간의 내부적 대립, 북한 김정은 정권 자체의 서투름, 5.16 및 유신을 포함한 박정희 전 대통령의 정책과 노선에 대한 강렬한 국민적 부활 열망, 시대착오적인 좌파적 사고에 대한 국민적 불안감 등등이 아마도 그러한 결과를 낳은 이유로 대두될 것이다.

어쨌든 이러한 박근혜 정부의 출범 결과, 좌파 경향은 다시 30%로 졸아들고 각종 국제적·사회경제적 격차로 인하여 북한의 남한에 대한 영향력도 더 많이 감소되어 '미국군사력+대한민국 정통세

16　대구가톨릭대 장우영 교수의 논문 '이념갈등 극복과 국민합의의 모색'을 보면 2005년부터 2008년까지 자료를 보면 우리나라 국민들의 민주주의 지지도가 77.1%로 매우 낮다. 나머지 22.9% 국민들이 민주주의가 아닌 다른 이념을 따르고 있다는 이야기인데, 드러난 부분만 이러하니 심각하지 않을 수 없는 일이다.

력'과 '북한+남한좌파 및 주변 3국의 심정적 지지'가 지금은 거의 균형 상태를 이루는 것으로 판단된다.

바로 이러한 온갖 정황들이 대한민국의 가을을 서서히 불러오고 있는 것이다. 사람들이 정신 차리기 시작한 것이다. 내 꼴을 보기 시작한 것이다. 시각(始覺)한 것이다. 게다가 최근의 고무적인 일 한 가지는, 대한민국 자유민주세력이 자기 혁신을 더욱 선호하게 되면서 점점 더 국민적인 대의를 얻어나가며 혁신적 보수로 강화되고 있다는 사실이다. 또한 좌파 안에서도 점점 많은 부분이 합리적 진보로 나아가려는 경향(열등감이나 앙심이 아닌 가치로서 사회민주주의적인 경향)을 보인다는 사실과, 그 결과로서 분단 이래로 지금까지 계속 진화되어 온 혁신적 보수와 합리적 진보의 양분이 더욱더 분명해지고 있다. 이는 조만간에 북한의 영향력을 거의 종속 변수(남한의 추종세력 없는 북한의 앞날은 그야말로 절벽)로 만들어 놓을 가능성이 있다.

여기에다 '자본주의를 초월하는 중심축은 민주주의'라는 라이트의 일반 명제가 점점 세계적인 윤리로 정착·강화되면서, 오늘날 민주주의란 권력자 자신들이 자기네 권력의 정당성을 스스로 확보하는 종류의 모든 행위(정치체제)에 반대되는 가치 개념(권력에 독립된 절차의 존재 여부가 민주성)으로 정립되고 있기 때문이다. 그리하여 결국 오늘날 민주주의는 단순 정치체제로써가 아니라 자유와 평등이라는 양 날개를 필요로 하는 가치로서 격상되는 바, 정권의 정당성을 결국 자신들 스스로에서 찾을 수밖에 없는 북한이나 사회주의적 일당독재 정치체제의 경우에는 정권을 심판할 자유란 아예 생각조차 할 수 없기에 민주주의에의 결정적인 결함을 노정하고 있다는 점이다. 또한 자본주의 자체도 진화한다는 이론이 대세로 가고 있기 때문에 이러한 혁신적 보수와 합리적 진보로의 양분 경향은 더욱 힘을 받을 전망이다.

이러한 제반 요소들이 모여 2014년 4월 세월호 참사[17] 이후 대한민국 안에서의 가을바람을 휘날리고 있는 것이다. 우리들로 하여금 사색의 계절을 맞이하라 요구하고 있는 것이다. 그리하여 낙엽 뒹구는 가을 산문(山門) 앞에 선 대한민국 머리 위로 선선한 바람이 때론 스산하게 때론 청량하게 불게 하고 있다.

이 선선하게 불어오는 청량한 바람을 맞으며 오늘의 우리는 지난 1990년을 전후한 동구권 국가의 붕괴, 특히 소련의 붕괴를 목격한 바 있으며 지금도 시리아 및 중동, 아프리카, 발칸반도 등의 많은 나라에서 국가의 근본이 흔들리고 무너지고 요동치는 것을 목격하고 있다. 이에 우리는 지난 IMF 경험까지 포함해서 국가란 만들기는 어려워도 부서지기는 참으로 쉽다는 교훈을 새삼 반추할 필요가 있는 것이다.

특히 1945년 이래 근 반세기를 미국과 어우러져 세계를 양분해

---

17   왜 하필 세월호냐? 그때 대한민국은 백주대낮에 우리 청춘들을 수장시키는 '어떤 힘'을 너무도 분명히 목격하게 되었기 때문이다. '흉적'이라 부를 수밖에 없는 아직은 손에 잡히지 않는 저 '어떤 힘'의 정체를 밝혀 섬멸 않으면 대한민국의 미래가 없음이 너무나도 분명해졌다. 그동안의 무한질주를 멈추고 지금 우리나라가 서 있는 자리를 다시금 확인하고, 나아가 지난 시절을 총체적으로 파악해야 할 때임을 깨닫게 된 까닭이다. 저 대한민국의 암덩어리 같은 '흉적'을 완전히 도려내는 순간 죽은 아이들 원혼이 천 개 만 개의 청량한 바람이 되어 대한민국을 날아다닐 것이다. 대한민국을 뒤집어엎으려는 오래된 흉적의 실체를 분명히 드러내고, 사려 깊은 안목으로 실질적으로 개선할 수 있는 것과 대한민국 조건 자체에 고유한 것들을 분리시켜 과학적인 전략으로 수술해 들어가야 하는 것이다.

왔던 소련의 돌연한 붕괴는 참으로 교훈적이다. 이에 잠깐 그 교훈을 짚어보면, 국가 시스템의 종합 점검의 '골든타임'이 얼마나 중요한지 그 반면교사로 삼게 된다. 지금 우리가 비슷한 물길로 접어드는 형국이 되지 말란 법이 없기 때문이다.

원래 돌연한 국가적 붕괴 현상은 뿌리 깊은 완충계층의 부재, 메말라 버린 균형수의 빈곤에서 기인하는데, 구(舊)소련의 경우 노동자 아니면 비노동자로 사회가 단순 양분된 결과였다. 마치 무한질주하는 궤도 위에 놓인 열차와 같았다. 아무도 국가의 장래를 진지하게 생각하지 않았고, "될 대로 되라."는 식의 케세라 세라였다. 즉, 구소련의 가장 큰 문제점은 시스템 전체의 진화를 고려한 혁신성이 시스템적으로 메말라 버렸다는 현실에 있었다.[18]

1960~80년대 소련 노동자들의 삶은 제도적으로 보장받았다. 문제는 이런 좋은 복지제도를 지속적으로 유지하기 위한 생산성 혁신이 제자리걸음을 걸었다는 점에 있다. 아무래도 세속 인간인 중생은 이기심의 존재를 해탈하지 못했기 때문에 '사회주의' 같은 추상적인 목표를 가지고 열심히 일하는 것도 스탈린 시절 잠시였다. 잘하나 못하나 똑같은 봉급받으니 게으름 피우는 것은 당연한 일인지도 모르겠다. 1960년대부터 성과급 제도도 도입해 보았지만 그것도 잠시 뿐이었다. 어차피 일을 대충대충한다 해도 대놓고 봉급이 크게 떨어진다거나 하지는 않았으니까 말이다. 우리의 미하일 고르바초프도 저서 '페레스트로이카'에서 이런 현실을 개탄하면서 이들

---

18 스탈린에 의해 추진된 소련의 공업화는 인민을 갈아 넣어 만든 공업화였다. 이런 측면에서 지난 1960년대 대한민국의 공업화는 가히 무혈의 공업혁명이라고 불러도 손색이 없을 정도이다.

이야말로 사회주의를 좀먹는 반동이라고 비난한다. 그리고 뿔난 고르바초프는 이런 문제 개선을 위해 급진적인 시장경제를 도입(여기가 골든타임)했으나, 치밀한 계획 없는 시장경제 도입은 동맥경화 상태였던 유통-배급 시스템을 붕괴시켜 버렸고, 대책 없던 인민의 삶은 수렁으로 굴러 떨어졌다. 개선된 사회주의가 아니라 막장자본주의 국가가 되어 버린 셈이다.

우리의 진정한 교훈은 지금부터이다. 고르바초프의 개혁개방 노선과 그 저항으로써 보수파 쿠데타를 바라보는 여러 관점이 생겨났다. 이 중에는 아예 당시의 소련은 '능력 따라 생산하고 기여만큼 소비하는' 사회주의 체제에서 '능력 따라 생산하고 필요 따라 소비하는' 공산주의적 이상이 완성되는 사회로 넘어가는 과도기에 있었는데, 그 과도기적 문제를 지나치게 심각하게 받아들인 고르바초프가 호들갑 부려 다 말아먹었다는 극단 주장까지 등장한다. 문제는 한국에서도 대학 교수 중에 이런 괴상한 주장을 하는 사람들이 더러 있다. 얼핏 보면 종북주의자들이나 할 주장 같지만 정확히 말하면 주로 80년대 후반 소련 말기 개혁개방기에 유학 갔던 사람들이다. 어쨌거나 소련 붕괴 이후 러시아인들의 삶의 질은 소련 시절보다 훨씬 열악하고 그나마 좀 나아진 것도 블라디미르 푸틴 집권 뒤의 일이다. 현실을 직시하기 시작한 덕택이다.

우리도 현실을 직시해야 한다. 20세기 후반의 최고 폭염의 역동적 근현대사를 달려온 한민족에게 지금은 분명 대한민국의 가을이다. 가을이어야 한다. 시스템을 종합적으로 점검할 때이다.

동서를 바라보면 남북도 유정하건만 70년 세월을 칼 시퍼렇게 들고서 때를 따라 살리고 죽이려던 우리들, 저 뜨거웠던 우리네 70

년 무한경쟁 돌격행진도 이제는 가을 산문 앞 스산한 바람 앞에서 먼 산도 보려 하고 산사 안도 보려 하나니, 천지가 하나로 순수하게 융합하는 듯하다.

그렇다! 지금은 분명 대한민국의 가을이다. 질식할 듯한 폭염 속에 알알이 영근 온갖 열매들이 가을 들판에 주렁주렁 흩어져 그것 갈무리하고 겨울을 지새우며 역사의 새봄 맞게 해야 할 때. 바야흐로 지난 여름을 회고하고 겨울을 준비하고 봄을 기약해야 할 때이다.

과연 이것이 맺음인가 풂인가? 모임인가 흩어짐인가? 가는 것인가 오는 것인가? 새것인가 옛것인가? 변하는 것인가 변하지 않는 것인가? 화쟁을 중심 삼아 대한민국 공공기관을 향해 말해 보려 하는 그 이야기는 맺음이라고도 풂이라고도 할 수 없으며, 모임이라고도 흩어짐이라고도 할 수 없다. 가는 것이라고도 오는 것이라고도, 새것이라고도 옛것이라고도 할 수 없다. 변하는 것이라고도 할 수 없고 변하지 않는 것이라고도 할 수 없다. 그 무엇이라고도 할 수 없는 것이라면 결국 무엇이던고? 뭇 귀머거리 모두 귀가 열리게 하는 것이 바로 부처님 지혜이므로, 원덕을 믿고 극히 조심하되 눈 치켜뜨고 가능한 자세히 들여다보려 하는 것이다.

미시세계와 거시세계의 부조화 극복
: 일심(一心)

우주는 질서정연함(cosmos)을 뜻한다.

세상 전체를 우주(cosmos)라 이름 지은 사람은 고대 수학자 피타고라스이다. 오늘날 마치 완전함을 참을 수 없다는 듯 무수한 인간들이 언제나 조화를 거스를 생각만 하려 하지만, 그래도 인간은 여전히 소우주이다. 피타고라스는 말한다.

"무로부터 생겨나는 것은 없다. 모든 것이 질서를 그 원인으로 가진다. 동시에 미래의 무엇을 목적으로 하지 않는 어떤 것도 없다."

"창조는 질서의 재구성이다."

"수(數)와 같은 '영원한 진리'가 세상의 근원이다. ……세상에서 가장 큰 지혜는 무엇인가? 숫자이다. 그러면 가장 큰 아름다움은 무엇인가? 조화이다. 태초 카오스에서 수들이 창조되고, 우주는 '조화'로 완성된다. 그러므로 조화란 사물 사이의 적절한 수적 비례이다. 인간 덕은 조화의 다른 말이다. 건강, 우정, 예술, 음악 등도 조화의 단편들이다."

석가모니보다 조금 앞선 시대에 살았던 피타고라스가 "만물은 수"라고 말했을 때 많은 고대의 수문맹자(Innumeracy)[1]들은 분노했다. 그러나 오늘날 모든 컴퓨터 동영상이 0과 1 이진법 숫자의 조합으로 되어 있음을 아무도 부정할 수 없다. 숫자가 그림도 만들고 음악도 만들고 있는 것이다. 그거야 어쨌든 불교에서는 피타고라스식 숫자적 실체를 연기(緣起)라 부른다. 우주세계 모든 존재들은 연기법(緣起法)[2]에 따라 각기 다양한 특징을 지닌 채 상호의존하며 존재한다. 그리하여 사람들은 서로 존중하고 조화를 이루어 협동하며 살아가고 있는 것이다.

상호의존 세계의 이 모습을 불교에서는 '인드라망(因陀羅網)'이라는 그물에 비유도 하는데, 인드라망은 제석천(帝釋天)[3]이 사용하는 무한히 큰 그물로 그물코마다 보석이 달려 있고 이 보석은 혼자 빛으로 세상을 밝히는 것이 아니라, 서로의 빛을 서로에게 반사하며 세상을 밝힌다.[4]

이에 역사적 시각(始覺)의 현관문을 열고 나와 가장 먼저 논의할

---

1 수학적 추상에 무지한 사람들, 이들은 결국 수학적 위력에 분노하여 수학을 경원시하는 경향을 띤다.
2 세상만물이 상호의존적으로 연결되어 있다는 법(法, 다르마).
3 불법(佛法)을 지키는 수호신
4 이는 곧 세상의 모든 법이 각각의 구슬처럼 개체성을 유지는 하지만, 결코 그 법조차 다른 것들과 떨어져 존재하지 않고 서로 빛을 주고받으며 하나로 조화를 이루고 있음을 의미한다.

것으로, 우리는 미시세계와 거시세계의 가장 단순한 부조화가 낳은 저 105년 전 한말의 엄청난 '골든타임의 비극'을 되풀이해서는 안 된다는 점에서부터 분명하게 상황을 관조하기로 하자. 그러다 보면 미시세계 없는 거시세계란 한 망상이요, 거시세계 없는 미세세계란 한낱 먼지이리니, 미시세계와 거시세계는 실상 하나라는 것과 한 나라의 최고 어른과 제일 밑바닥 사람이 본질적으로 합동(合同)이라는 큰 '정치적' 깨달음을 얻게 된다. 인류 역사상 최고 위인과 지금 가장 천한 사람 사이에는 종이 한 장 차이만 있을 뿐이라는 인권사상의 근본 진리를 대한민국 가을 산문 앞에서 새삼 반추하게 되리라.

"사람의 본 마음은 거울같이 투명하여 모두가 부처이다."

나 개인의 미시세계는 무엇이고 거시세계는 무엇인가? 내 가족의, 내 주변 인연의, 내 나라의, 내 민족의, 인류의 미시세계와 거시세계는 각각 무엇인가? 그 미시와 거시의 조화를 엮어낼 온갖 관계망 일체는 어떤 모습으로 짜여 있는가? 아래 〈표 2〉는 그간 생각을 종합하여 미시세계와 거시세계를 한국불교 일심의 관점으로 도표화해 본 것이다.

〈표 2〉 세계사 움직임 속의 미시세계와 거시세계 경향

구분	한말 이전	근현대 105년	오늘날
나(인간)	유·불·선	유·불·선 + 개인	개인이 소우주
신	내재신·조상신	내재신 VS 기독교	내재신 경향
가족·혈연	정체성	해체·이산·축소(핵가족)	공동체 복원·통일

구분	한말 이전	근현대 105년	오늘날
지연 · 학연	교류협력	지역패권	능력 중시
국가	임금의 땅	정체성	최고 조직체
민족	자연성	국가시스템 단위	정체성
동북아	중화(中華)	생존의 터	역내 중심국가
지구	네모	서구화	국가경쟁력
우주	기(氣), 리(理)	자연과학	정신과 물질의 융합체

건국의 시대, 산업화의 시대, 민주화의 시대 그리고 지금은 통일의 시대를 향해 가고 있는 한민족 현대사의 흐름과 종교간 융합과 불교적 성향(진리에 대한 열린 마음)이 더욱 뚜렷해지고 있는 오늘날 세계사적 흐름 위에서 저 도표로부터 얻게 될 온갖 결론들을 그 누가 전부 알 것이며 감히 다 안다고 단정하겠는가?

접고 펴는 일은 비록 저 도표 안에도 있을 것이나 거두고 제자리에 놓기는 우리들 각자의 몫일지라! 단지 그 한 결론을 방편으로써 말해 보자면, 화쟁 사상으로 무장된 한국인 한 사람 한 사람 각자가 저마다 세계 제1인자가 되어, 결국은 대한민국을 국가경쟁력 1위 반열에 놓음으로써 홍익인간 재세이화의 민족적 이념을 온 세상에 수놓는 '무한화쟁'으로서 무한경쟁을 승화시켜 내는 일이라 할 수 있다. 그때 대한민국 공공기관이 그 견인차 역할을 할 것이 분명하리라 믿게 되는 것이다.

모든 인간은 위대한 일심(一心)의 주인들이므로 본질적으로 평등하고 존엄하다. 그 일심의 근원으로 돌아가면 삶을 왜곡 · 손상시키는 온갖 차별(분별)과 부정(타락)의 경계로부터 자유롭게 된다.[5] 그때 모든 존재들이 '한 몸'으로 여겨져 자비의 염(念)으로 관계 맺는다. 그 일심의 본원으로 귀향한 사람에게는 삶의 절망적 현실조차도 외면·일탈해야 할 대상이 더는 아니다. 그 암담한 현실을 떠나서는 따로 일심의 위대한 면모를 실현할 터전이 없는 까닭이다.

마치 바람 때문에 고요한 바다에 파도가 일어나나 파도와 바다는 둘이 아니다. 우리의 일심(一心)에도 깨달음의 경지인 진여(眞如)와 무명(無明)이 동시에 있을 수 있으나 이 역시 둘이 아닌 하나이다.　　　　　　　　　　　　　　－원효 〈대승기신론소〉

위와 같이 근원된 일심을 가질 때 우리 한국인 한 사람 한 사람이 능히 제자리에서 단박에 세계 제1인자가 될 까닭에 명심 또 명심하여 홍복을 받아야 하리라.

사람 되기는 어려운데 이미 되었고
불법 듣기는 더 어려운데 이미 듣나니
이내 몸을 금생에 제도 못하면
어느 생을 기다려서 제도하리오.

일심은 동양 땅 조선에만 머무는 것이 아니라 서양에도 있다.

5　자유란 본질적으로 '경계 허무는 일'이란 뜻이다.

폭군 디오니시우스에게로 품속에 비수를 숨기고는
다몬이 살금살금 다가갔다.
포졸들이 그를 포승에 묶었다.
"비수로 무얼 하려 했는가, 말하라!"
격노한 왕은 그에게 적의를 풍기며 말했다.
"폭군으로부터 이 도시를 해방시키려 했소!"
"네 놈을 십자가에 매달아 후회막심하게 해주리라."

―독일 시인 쉴러

십자가 처형대 앞에 선 다몬은 판결에는 저항 않는다. 다만 '여동생 혼인'을 빌미로 사흘 말미를 달라고 요청한다. 만약에 약속한 시간에 돌아오지 않을 경우를 대비해 자신의 친구를 보증인으로 내세운다.

왕은 다몬이 돌아오지 않을 것으로 생각했지만 온갖 난관을 헤치고 시간에 맞춰 도착한다. 시간이 다 되어 이미 처형이 시작되었을 것이라는 두 나그네의 말과 자신 목숨이라도 건지라는 집사의 말은 '약속한 자' 다몬으로 하여금 자신의 불굴의 노력이 무의미하며 실제 목적을 이룰 수 없게 될 것이라는 확신을 주기에 충분했다. 그러나 그는 자신이 늦어 친구가 처형을 당하게 되면 자신도 죽어 "친구가 친구에게 의리를 저버렸다고 잔인한 폭군이 자랑스럽게 떠벌리게 하지 않겠다"라는 순교자로서 귀로를 더욱 서두른다.

현실 조건과는 무심(무관)하게 일어나는 그의 이러한 행동은 실제 순수한 마음에서 비롯된 것이다. 그 마음의 힘이 파장이 되어 폭군에게까지 '인간 감동'을 전하게 된다.

그리고 신의(信義), 그 단어는 헛소리가 아니구나.

나를 친구로 받아들여다오.

내 청이 거절당하지 않으면

난 너희 무리에서 셋째가 되겠다.

일심(一心)의 파동에 강타당한 폭군은 단숨에 인간적이게 된다. 흰색 바람에 마음의 먼지가 걷히니 흰색 마음(Herz)이 빛난다. 본래 인간으로 즉각 르네상스된다. 이로써 폭군은 외따로 떨어져 있는 상태에서 벗어나, '용기(Mut), 사랑, 신의'가 실현된 인류공동체로 단박에 편입된다.

이럴 경우 '보증과 약속'을 본질로 하는 신뢰야말로 자유·평등·박애의 실현 전제가 된다. 원효대사의 일심(一心)은 이러한 '신뢰'의 일반형이라 할 수 있다. 그리고 화쟁은 바로 이 '신뢰' 일반형 일심(一心)을 전제로 공기 삼아 날게 되는 사상이다. 그러므로 화쟁의 하늘 아래에서는 사람들이 신의를 중시하며 험난한 역경을 필사의 각오로 헤쳐 나간다. 모든 언행에서 정의와 신의를 떠남이 없는 그런 이름을 추앙하고 행적을 따르고자 한다.

머물 땐 외로운 학 소나무 꼭대기에 차가운 날개 쉬듯

떠날 땐 조각구름 잠깐 스쳐가듯

모든 인간은 부처이다. 사실 그 일심 속에는 자유, 평등, 자비가 다 들어 있다. 사람이 일심에 따라 살면 법(法, Dharma)에 사람을 맞추지 않고, 사람에 법을 맞추게 된다. 법이란 근본 사실은 항상 현명한 목표에 도달하게 만드는 힘이기 때문이다. 이 불가의 법이 란 물이 흐르듯 거침없는 것이므로 무엇을 버리고 무엇을 취하리 오. 그리하여 말이 중요하지 않게 되어 버리고 마는 법(法)을 실천 하고자 하는 사람은 계행을 실천하는 출발선에 선다. 계행 실천이 야말로 인생 수행의 첫 단계. 계행 실천의 이유는 자신의 본성을 꿰 뚫을 깊은 통찰을 얻기 위함이다. 그렇게 되려면 우선 마음이 고요 해야 한다. 마음이 혼란스러우면 물의 깊이를 들여다볼 수 없다. 잘 못된 행동을 할 때마다 마음은 초조함으로 넘치게 된다. 몸으로나 정신으로 모든 악을 멀리할 때 마음은 충분히 평화로워지고 그때서 야 비로소 자기를 똑바로 볼 수 있게 되는 것이다. 부처님은 한 인 간으로서 동료 인간들에게 무한한 선의와 자비심을 갖고 있는 휴머 니스트였다. 부처님의 인간선언!

나는 인간의 몸으로 태어났고
인간으로 성장하였으며
인간으로서 붓다를 이루었다.[6]

신의 아들도 아니고, 스스로 신이라고 주장한 일도 없으며, 어떠 한 신적(神的)인 권위나 강제된 교리도 설한 일이 없는 한 인간의 삶과 사상에서 불교와 같이 장대하고 깊이 있는 가르침이 시작되었 다는 것은 참으로 경이로운 일이다. 한 인간으로서 부처님 개인의

---

6 我身生于人間 長于人間 于人間得佛 - 『증일아함경』 권28

삶에서 성취된 해탈의 가르침과 숭고한 인류애는 바로 불교의 변치 않는 척도를 나타내고 있다. 불교의 가르침에 귀의했던 모든 시대의 사람들은 불교의 사상과 실천을 통해서 한층 성숙한 안목으로 자신들의 인생을 바라보게 되었고, 수많은 구원과 신앙의 보살상을 완성해 냈다. 관세음보살도, 보현보살도, 지장보살도, 문수보살도, 대세지보살도, 인로왕보살도 모두 불교의 영원한 인간상을 전형적으로 보여 준다.

냉전체제의 붕괴, 자본주의의 세계적 확산, 급속한 전지구화, 국가의 권위와 유효성이 크게 떨어진 세상, 여전히 굳게 쳐진 국경과 초소를 거침없이 넘고 삼엄한 입국심사대를 보란 듯이 통과하는 자본, 기술, 문화의 턱없이 빠른 유속, 인연의 거품이 맘껏 부풀어 대륙과 대양을 가로질러 이동하는 이민과 이산의 지구적 양상은 우리가 '흐르는 삶(liquid life, Zygmunt Bauman)'을 살고 있음을 상기시켜준다. 국가와 국가, 문화와 문화 사이의 경계에서 예측할 수 없는 양상으로 발현되는 특이한 문화현상은 이제 세계 곳곳에서 일어나는 일상적인 현상이 되었다. 그 본질은 인연 폭발!

낡은 것은 소멸하고 새것은 태어날 수 없으니
이 궐위의 시대에
수많은 병적인 징후들이 생겨난다.

―안토니오 그람시[7]

---

[7] The old is dying and the new cannot be born ; in this interregnum there arises a great diversity of morbid symptoms. ― Antonio Gramsci

이 불안한 무한경쟁 시대 상황에서 우리들을 위시한 세계 인류를 평화롭게 할 지혜가 한국불교 속에 가득함에 우리를 참으로 안도하게 한다. 절망은 죽음에 이르는 병이다. 수많은 사람이 죽음에 이르는 병에 걸려 절망 속에 신음하고 있는 것이 우리 현실이다. 언제나 고(苦)이다. 왜냐하면 자기 마음을 못 가졌기 때문이다. 잃어버렸기 때문이다. 절망에서 벗어나는 길은 오직 한 가지, 자기 마음을 되찾음이 유일한 길이다. 자기 찾는 길은 자기 초월의 존재를 찾는 일이다. 자기 초월의 과정이 인생이다. 자기 초월한 사람만이 지나온 전체를 볼 수 있기 때문이다. 과거 전체를 본 사람만이 오늘 생의 의미를 발견한다. 그리하여 미래를 연다. 오늘 생이란 과거의 전체에 속해 있다. (과거의) 전체인 (오늘의) 생은 어디에나 혈관 뛰고 살결 눈부신 약동이요 기쁨이다. 전체 세계 속의 나! 전체에 속하지 않는 생은 죽은 생이요, 썩은 삶이다. 인간의 단편에 불과한 현대인은 초월을 잃었었다. 자기 초월한 인생이 곧 전체를 파악한 인생이요, 전체를 파악한 인생은 일체에서 의미를 발견한다. 생에도 의미를 발견하고 죽음에서도 의미를 발견한다. 인생은 생사를 초월해 있다. 생사를 초월한 인생이 영원한 생명인 자기 초월이다. 마음의 원리를 가지고 살아가는 참 생명에는 죽음이 있을 수 없기 때문이다. 원리를 가지고 살고 있기에 마음의 삶은 지극히 간단하고 용이하다. 법에 따라 글을 쓰면 내가 쓰는 것이 아니고 마음이 쓰는 것이듯이, 원리를 따라 살아가면 내가 사는 것이 아니요 마음이 사는 것이다. 마음이 사는 것이 바로 자유다. 원융무애로 전체를 유영하는 대자유이다. 오늘도 바람은 어디에나 있다. 그러나 부채를 쓰지 않으면 바람 안 나는 것처럼 마음은 어디에나 있다. 그러나 마음을 닦지 않으면 자유는 없다. 오늘도 자유는 어디에나 있다. 그러나 자유를 따르지 않으면 인생은 없다.

왜 세월호인가?

"한 아이를 키우려면 온 마을이 필요하다."

왜 세월호인가? 왜 세월호 참사[1]가 대한민국의 가을을 재촉하고 있는가. 어째서 꽃다운 청춘의 죽음이 도리어 대한민국의 가을바람이 되어 차라리 청량하게 스치며 우는가?

그것은 그들의 애통한 죽음을 통해 더 이상의 대한민국 생존을 허락하지 않은 '어떤 힘'이 실재한다는 사실, 또한 그 '어떤 힘'이 대한민국을 침몰시키려 한다는 조짐이 너무나 뚜렷하고 분명하게 드러났기 때문이다. 옛날에 어느 스님은 누군가가 와서 중요한 용건을 이야기하면 으레 대답하기를, "지금 몹시 바쁜 일이 있어, 당장

---

[1] 세월호 침몰사고(世越號 沈沒事故)는 2014.4.16일 오전 8시 50분경 대한민국 전라남도 진도군 조도면 해상에서 청해진해운 소속 인천발 제주행 연안 여객선 세월호(3월에 일본에서 들어와 4월에 대한민국에서 침몰)가 전복되어 침몰한 사고이다. 4.18일 완전 침몰하며, 이 사고로 탑승인원 476명 중 304(295명 사망, 9명 실종)이 희생되었다.

발등에 불 떨어져서"라고 하며 귀를 막고 염불만 하다가 마침내 극
락왕생했다고 한다. 마치 그 스님이 염불하듯 우리로 하여금 발등
에 떨어진 불과도 같은 처지의 대한민국호의 처참한 '골든타임'을
암시하는 징조를 똑똑히 목격하게 한 것이었다.

그 '어떤 힘'을 일단 '원흉'이라 부르자. 그 원흉은 내부의 적이기
도 하고 외부의 적이기도 할 것이다. 세월호의 죽음으로 이득을 생
각하게 된 유무형의 저 내외부의 악한들은 그 업보가 얼마나 클지
잊지 말지라! 세월호의 참극 때문에 가장 고통스러워야 했고 그럼
에도 가장 슬기롭게 문제해결에 접근한 유무형의 모든 대한민국 양
심들에게 복이 있으리라!

세월호 참사의 가장 큰 특징은 충분히 살릴 수 있는 아이들을 죽
여 버리고야 마는 대한민국 어떤 유령 같은 '내부의 적'이 존재한다
는 사실이다. 꽃 같은 아이들을 250명이나 수장함에 그 우연이 수
십 가지나 겹치는 것은 결코 우연일 수가 없는 것이다. 세월호의 참
극은 최소 열 가지 이상의 우연들이 동시에 겹치지 않았다면 결코
일어날 수 없는 미스터리로서, 그 우연들에 유형무형으로 관여한
무수한 현세대 인간들이 '원흉'과 공모하여 백주 대낮에 미래세대를
수장한 만행이라고밖에 말할 수 없다. 타이타닉호의 역사 등을 돌
이켜볼 때, 지금까지 전 세계 해난사고는 사람들이 배 밖으로 나가
거나 바다 속으로 뛰어들어 구조·사망·실종된 사고들이었다. 저
세월호 참사처럼 거의 전원이 배 안에 갇혀 버린 상태에서, 그것도
충분히 탈출할 수 있었음에도 저지되어 배가 침몰해 버린 경우는
인류의 전 세계 해난사고 역사상 처음 있는 유일무이한 사건이다.
전문가들조차 혀를 내두르지 않을 수 없는 가히 만행에 가깝다. 왜

선원들이 배에서 탈출하면서 승객들에게는 대피명령조차 내리지 않았을까? 사실 이 점에 이 참상의 핵심이 있다. 무언가에 씌지 않고는 저런 행위를 했을 리가 만무하지 않은가? 선원들이 승객보다 먼저 대피해서 자신들의 목숨만 구하려고 했다는 것만으로는 도저히 설명되지 않는 그 무엇이 있다는 의혹이 당연히 제기되었다. 또한 전남 목포 해경 역시 결코 이해할 수 없다. 긴급 구조의 ABC조차 지키지 않았다. 역시 무언가에 씌인 것이다. 유병언의 행각, 정치권 여야 각 계파들의 동향, 지방선거 결과, 초등 대처했던 경찰 간부의 미심쩍은 행동, 사고 지역이 유난히 물결이 센 바다라는 점, 세월호 이름은 "세상(世)을 초월(越)한다"는 뜻을 담고 있다는 사실 등등…… 가장 가능성이 큰 추론으로, '대한민국을 전복하려는 일련의 세력이 지방선거를 노리고 벌인 테러 행위'라는 것을 주장하는 이도 있는데, 이 주장의 근거로는 사고 책임을 집요하게 대통령 책임으로 몰아가려 했다는 사실을 들고 있다. 사실 이러한 주장처럼 '일련의 대한민국 세력'의 존재 유무는 차치하더라도, '원흉'이 실재함은 분명하다. 그것이 학생들을 배에 가두고서 수장시켰던 것이다. 우리는 그 '원흉'을 반드시 찾아내 처단해야만 한다. 수장된 256명의 아이들과 나머지 원통한 영혼을 위로해야 한다.

다음으로 세월호 참사의 특징은 그 주범이라 할 유병언에 대한 단죄는 실종되고 대한민국 정부와 대통령에게로 신속히 그 공격의 화살이 옮겨지고 지속적으로 확대 누적되었다는 사실이다.

끝으로 세월호 참사의 특징으로는 그 기억이 결코 일과성으로 끝나지 않을 정도로 한민족 정신사에 깊이 각인될 것이라는 점이다. 세월호 이야기는 너무나 닮은꼴인 한국호의 이제 막 시작된 안전(안보) 이야기의 서두인 듯하다. 세월호에서 도망치는 선장의 처량한 모습을 보고 마치 우리 자신의 분신이라도 되는 듯 죄책감에서 아직 깨어나지 못한 채 고심하는 이들이 많을 것이다. 이는 또한 최근 점증하는 국제적 테러의 위험을 사전에 알려주는 효과마저 있는 것이었다. 세월호 참사로 인해 새로운 사태가 생겨났다기보다 그 사건을 통해 강조되어야 할 대한민국의 국민적 인성의 핵심을 각성하는 계기가 주어졌다. 위험사회의 안전망, 우리를 지켜줄 평형수를 과연 어디서 찾을 것인가? 무엇이 문제인지 낱낱이 분석하고 성찰해 보게 했다.

우선 우리 사회를 위험으로부터 안전하게 지켜줄 매뉴얼이 필요하다. 그것은 법규이고 규정이며 가이드라인이고 수칙이다. 우리 사회가 위험사회인 것은 위험요인이 있는 곳곳에 우리를 지켜줄 매뉴얼이 세팅되어 있지 못하다는 점이다. 또한 매뉴얼이 있어도 상황에 특유한 디테일이 부족하다는 점이다. 그러나 사실상 우리 사회가 초위험사회인 것은 매뉴얼이 없거나 그것을 몰라서가 아니다. 아는 그만큼이라도 우리가 실행(實行)할 의지가 없다는데 있는 것이 아닌가? 인생이란 매사에 있어서 아는 것만으로는 부족하다. 단지 머리로만 아는 것이 아니라 우리의 몸속에 내면화되고 체득(体得)되어 자신의 것이 되어야 한다. 세월호의 선장은 그 순간 선장이 해야 할 매뉴얼을 알고 있었지만 그것이 체득되어 자기화되지 않은 게 분명하다. 세월호 참사는 내부의 적들에 의해 마냥 서서히 죽어만 가던 대한민국 국민의 마음에 일대 각성을 야기함으로써 한민족의 온갖 과거사를 전부 반추하게 만들었다. 이는 아이들 목숨을 아깝게 여기면 여길수록 그릇된 비정상을 더욱 철저히 정상화로 돌려

놓고야 말 것이다.

"한 아이를 키우려면 온 마을이 필요하다."는 말이 있다. 이제 우리는 이 말에다 "옛 위인의 무덤은 대개가 나이 젊어 죽은 사람들의 것이다."는 글귀를 추가해야 할지 모르겠다. 세월호 참사는 현재가 미래를 수장한 유례없는 '참극'이다. 다시 말해 현재의 대한민국은 미래로 한 걸음도 나아갈 수 없는 지경에 이르렀고, 그 대한민국 전진의 방해 요인들을 조속히 제거하지 않으면 조만간 국가 자체가 생사존망의 기로에 서게 될 것이기 때문이다. 가장 아름다워야 할 시절의 꽃 같은 단원고 2학년생 325명(남 175명, 여 150명)과 그들의 인솔자 14명(교감 1명, 교사 12명, 여행사 직원 1명)이 수학여행에 참가했는데, 학생 325명 중 75명(남 34명, 여 41명)만이 구조되고 인솔자는 14명 중 3명(교감과 교사 2명)만이 구조되었다.[2] 세월호 탑승객 중 단원고 학생 325명과 교사 인솔진 14명을 제외한 일반인 승객은 104명. 이중 생존인원은 71명으로 약 69%의 생존률을 보였다(단원고 학생 생존률 23%, 인솔자 생존률은 21%이나 실제 14%).[3] 승무원들의 경우 33명 중 23명이 구조되었고 10명이 사망 또는 실종상태이다.

2　단원고 수학여행단의 책임자였던 강모 교감(51세, 윤리 전공 교사)은 구조되었으나, 학생들을 구하지 못한 것에 대한 책임을 통감한다는 취지의 유서를 남기고 4월 18일에 스스로 목숨을 끊었다. 이후 당시 사고 현장에서 최소 7~8명을 구조했었다는 사실이 알려져 안타까움을 더했다.

3　일반인 승객의 생존률이 학생에 비해 높았던 것은 사회경험 & 자기판단에 따라 안내방송을 믿지 않고 각자 살 길을 찾아 행동했던 것에서 원인을 찾을 수 있다. 특히 세월호를 자주 이용했던 화물차기사들은 30명 중 29명이 구조되는데, 비상상황에서 초행길보다 탈출로 찾는 것이 상대적으로 쉬웠기 때문으로 풀이된다.

제2장

통한의 역사, 치열했던 여름

마음의 삼팔선, 현실의 삼팔선

강자라고 할 정부나 대기업이 법과 제도와 재력을 앞세워 힘으로써 밀어붙이면 그 원하는 일은 추진될지언정, 그러한 과정에서 약자들의 세상에 대한 불신, 분노, 증오, 원망, 실망, 좌절이 수북이 쌓이기 마련이다. 이러한 양상이 수십 년간 반복되었던 되다가 망국적 지역패권주의의 정치적 야심까지 겹쳐져 온 나라의 도시·농촌·광장·골목에, 온 지역과 마을 곳곳에, 인터넷 사이버 공간과 길거리 오프라인 공간을 막론하고 그야말로 갈등과 반목의 또다른 삼팔선이 시퍼렇게 펼쳐지고, 남북의 철조망 삼팔선에다 진영 반목의 삼팔선까지, 나라가 마치 저 중국 후한 말기 유비·조조·손권의 삼국지를 연상케 한다. 이러한 삼팔선 사이에서 가면 쓴 패권주의 등으로 똘똘 뭉쳐 갈등과 반목의 흙탕물을 참으로 능숙히 일으키니 사사건건 사람들 숨쉬는 자리마다 냉기와 독기가 퍼져 나온다. 어린아이들부터 해서 온 세상의 맑은 기운까지 흐리게 하니 인류의 앞날에까지 폐가 될 지경에 이르고 있는 것이 작금의 우리 대한민국 현실의 한 단면이다.

그리하여 오늘날 대한민국이라는 공동체 안에서 갈등을 관리하는 일이 갈수록 중차대해지고 있는 것이다. 물론 최상의 수비는 공격이라고 갈등을 관리나 하는 일보다는 협업(協業)을 단박에 증진시키는 것이 더 본질적일 것이다. 그러한 갈등을 일으키는 한 근원이라 할 지역패권을 단박에 산산조각 흩어 버리는 것이 더욱 근본적인 일이다. 그러한 지역패권 따위에 기생하면서 나날이 죄업을 쌓고 있는 중생들을 부처로 바꾸는 일이 광명정대한 발본색원의 길임이 분명하다. 이 모든 것은 크나큰 법력을 필요로 하는 바, 한편으로는 법력을 높이되 다른 한편으로는 당장 발등의 불을 끄는 방편으로써 '갈등 관리'는 결코 경시될 수 없는 것이다.[1] 하나 우리는 언제 어디서나 문제의 선후와 경중은 꼭 가려야 하는 법이다.

"그 중에서도 가장 흉하고 거북스러운 삼팔선은 우리 가슴 안의 삼팔선입니다. 그것부터 녹여내어야 나라 곳곳에 놓인 삼팔선을 제거할 힘이 생겨날 수 있습니다. 내 안의 삼팔선을 녹이려면 먼저 내 가슴에 쌓인 응어리를 풀어내고 상대에 대한 불신과 대립의 벽을 나로부터 허물어야 합니다. 우리 모두는 함께 살아야 할

---

1 가령 사람들은 흔히 갈등이나 대립이 발생하면 '법대로 하자'고들 말하는데, 그 탓인지 우리나라 전국 법원 소송건수는 2012년 한 해에만 629만 건에 달하였다. 이는 국민 8명 중 1명이 재판중인 셈이 되는데, 1인당 재판건수가 이웃나라 일본보다 무려 60배가 넘는 수치이다. 관련된 연구 결과에 따르면 갈등으로 인한 사회적 손실이 적게는 연간 80조원, 많게는 3백조원에 이른다고 하니, 실제 액수는 그러한 경제적 추정치보다 최소 100배는 더하겠지만, 정신적 행복은 고사하고 물질적 이득이라도 건질 요량에서라도 사회적 갈등을 조절하고 해결하는 일이 매우 긴요해진다 할 것이다.

이웃이요, 동반자라는 생각으로, 온 생명이 이해와 사랑으로 조화롭게 연결되었음을 확인하여야 합니다."

—대한불교 조계종 화쟁위원회(2015.10.12)

사실 위의 조계종 화쟁위원회의 호소는 두 가지 매우 아쉬운 점이 있을 수 있는데, 이것들은 화쟁의 현실적 긴급함과 드높은 가치를 애써 강조하려는 뜻에서 나온 결론임이 충분히 이해된다.

굳이 보충하자면 우선 첫째로 위의 호소는 화쟁의 가장 중요한 원칙이라 할 '진실을 드러내고 진리를 불러냄'에 있어 약간의 어긋남이 있다고 생각할 수도 있다.

무슨 말이냐 하면, 가장 흉하고 거북스러운 우리 가슴 안의 삼팔선보다 천 배 만 배는 더 흉하고 거북스러운 삼팔선이 턱 버티고 있는 것이 현실이다. 남북으로 70년 동안이나 이끼 처져 수북이 쌓인 정도가 아니라 흘러넘쳐 원한과 한탄이 강이 되고 바다가 되어 있는 것이 우리 한민족만의 엄연한 진실이다. 그것을 절대 잊어서는 안 된다. 그 잘못이 남에 있느냐 북에 있느냐를 떠나 그것이 엄연한 실체적 진리인 것이다. 세상에 천만 명이 넘는 이산가족을 70년 동안 막무가내로 갈라놓은 인간들이 인류사 어디에 있었더란 말인가? 이와 같은 상상조차 하기 힘든 일을 버젓이 저지르고 있는 현실을 하릴없이 살아가야만 하는 것이 우리의 참된 진실인 것이다.

이 남북을 가로지르는 통한의 삼팔선 진실을 직시해야 한다. 그것을 유지하며 향유하는 기둥 뿌리를 찾아 통채 뽑아야 하는 일이 가장 급선무인 것이다. 남한의 사정은 우리가 겪고 있으므로, 그리고 조계종 화쟁위원회 지적대로, 할 줄 아는 것이 갈등과 분열의 그런 기술 밖에 없는 인사들이 사회를 종횡하고 있기 때문이다. 중요한 것은 우리가 북쪽은 그 사정을 모르는 경우가 더러 많으므로 다음 절에서 북한 김일성이 남한에다 퍼부은 저주의 어록을 싣도록 하겠다.

사실 1987년 김일성(32+42=75세)이나 1991년 김일성(79세)이 여전히 혁명 운운하는 발언을 보고도 우려하지 않기란 참으로 힘든 일이다. 왜냐하면 그것이 소위 혁명가 역설의 연장선상에 있기 때문이다.

"한 사람의 혁명가는 기존의 사회정치 질서를 타파하는 데에만 관심이 있는 것이 아니라, 오히려 그의 목적은 사람들의 자유가 결핍되어 있는 상태인 앙상—레짐(낡은 질서) 대신에 자신이 마음속에 품고 있는 자유를 최대한으로 실현할 가능성 있는 새 질서 수립에 주된 관심이 있다. 그러나 혁명을 성공적으로 수행하고 난 뒤에는 그 자신이 그런 현상의 방어자가 되어 혁명운동은 그 성격을 잃고 보수적인 제도로 타락하고 만다."

다음으로 위의 화쟁위원회 호소문의 두 번째 문제점을 굳이 지적하자면, 그 호소가 문제를 해결할 시점이 아니라 문제가 해결된 다음에 수습할 때에나 적당한 논리에 기초하고 있다는 점이다. 즉, 선제적인 측면이 다소 부족할 수 있다는 말이다. 대안과 방편을 먼저 마련하여 화쟁의 기틀을 잡아야 하는 것이 우선이지 무작정 나부터 내려놓자는 식의 주장은 이치에 맞지 않는다는 뜻도 된다.[2] 왜냐하면 방안 없는 내려놓음은 무임승차자만 양산할 수 있기 때문이다. 그런 것은 진리일 수가 없다. 가령 누군가가 책임자와의 만남을 주장할 때 그 주장의 타당성이 검증될 성의 보이기, 즉 협업적 행위[3]가 선행되어야 하는 것이 마땅하다.

화쟁은 진리를 불러내기 위해 진실을 드러냄을 요체로 삼아 특히 주목하게 되므로 맹목적인 화해나 이해득실의 조정에는 목매지 않는 법이다. 그보다는 '함께 더불어 살게 되어 있음'이라는 다툼 너머의 진리(공히 인정할 보편적 진실)를 불러냄으로써 지금의 실체적 진실을 밝은 빛 아래 확연히 드러내 다툼의 근원적 뿌리를 제거함에 초점을 맞추어 문제를 해결하는 것이다.[4] 단번에 베어 버리는 용맹정진하는 장부(丈夫)가 잡은 반야의 칼날이요, 자비의 구름을 펴고 감로수를 뿌리는 보살이 피워내는 금강의 불꽃이기 때문이다.

2　최상의 수비는 공격이라는 말처럼 그 대안과 방편은 한마디로 '협업'을 증진시키는 것이 될 터인데, 모든 번뇌와 갈등은 협업이라는 대안과 방편을 통해 갈등을 조정하고 관리하는 것이 정도이기 때문이다.

3　뒤로 공격하면서 앞에서는 만나주세요 따위의 소통은 대국민 사기요, 표리부동의 전형인 것이다. 공과와 경중의 타산 없는 화쟁 능력으로 덮어놓고 갈등을 조정할 수는 없는 법, 그럴 경우 오히려 협업은 더 불가능해진다. 왜냐하면 인간은 감정의 동물이기도 하기 때문이다.

4　화쟁 : 인류의 미래를 여는 아름다운 몸짓. 대한불교 조계종 화쟁위원회

대한민국 최대의 화쟁, 분단
: 김일성의 비밀교시

1960년 4·19가 일어나자 김일성은 남조선혁명 정세가 성숙된 것으로 판단하고 노동당 4차 대회에서 '남조선 현지에 맑스-레닌주의 당 건설'이라는 새 방침을 제시하고 이효순을 국장으로 하는 「남조선사업국」과 그 예하에 대남공작 전담부서로 「연락부」, 「문화부」, 「작전부」, 그리고 대남공작원 양성기지인 「중앙당 정치학교」를 신설하였다. 또한 6·25 당시 의용군으로 월북한 수천 명의 남한 출신들을 공작원으로 선발하여 대남공작을 본격적으로 재개하기 시작했다(60년대는 무장공비 사건이 가장 많았던 기간). 이렇게 종전 7년이 지난 60년대에 들어 자신들의 민족 최대 흉악전쟁의 범죄를 망각하고 대남공작(혁명투쟁)을 다시 본격화하게 되는 것이다. 김일성은 정세가 변화될 때마다 3호 청사[1]

---

[1] 북한의 남조선혁명은 노동당의 18개 부 중에서 통일전선부(통전부) 등 4개 부가 담당한다. 한국의 행정부처가 세종로와 과천-대전 청사 등지에 나뉘어 있듯, 북한노동당 산하 부서 역시 평양 시내 7개 청사에 흩어져 있다. 4개 부는 평양시

부장회의 또는 대남 공작요원들과의 담화를 통해 〈대남공작〉, 〈전쟁 준비〉, 〈남북대화〉, 〈지하당공작〉, 〈노동계 침투공작〉, 〈국군와해공작〉, 〈법정·옥중투쟁〉, 〈문예공작〉, 〈교포공작〉, 〈해외공작〉, 〈범민련운동〉, 〈결정적 시기〉 등 관련 비밀교시를 내렸다.

2003년 10월, 동북아연구소는 '김일성 비밀교시'라는 제하의 장문의 논문을 발표한 바 있다. 또한 일본 산께이 신문은 2004.6.22~27에 걸쳐 '김일성 비밀교시'(1)–(5)를 연재했다. 이는 탈북한 북한 간부의 증언과 자료에 의해서 엮은 것이라 한다. 김일성이 얼마나 대한민국 파괴에 집착했는지 그리고 70년에 가까운 이념전쟁의 와중에서 대한민국 내에서 벌어진 친북 좌익들이 무엇을 근거로 그토록 이해하기 힘든 행위를 보여 왔는지 이해가 되기도 하는 내용이 적지 않다. 이 둘에서 그 생각을 읽고 대한민국에 있어 북한은 무엇이고, 한반도 분단의 진실이 과연 무엇인지 드러냄으로써 대한민국의 일체된 통일을 향한 진리를 끌어내길 염원하면서 그 일부를 소개한다. 하나같이 대한민국의 전복을 노리는 공산 책략들, 흙을 빚어 조각상을 창조하려는 마음보다는 모두 부셔 버리고자 하는 폭력성이 단연 앞선다. 김일성의 교시는 그대로 관철되는 것이 북한사회의 특징임을 감안해 볼 때, 그가 살아생전 대한민국에 끼친 폐해는 가늠하기 힘들 정도이다.

대성구역 합장동에 있는 3호 청사에 몰려 있어, '3호 청사'로 통칭된다.

〈대남공작〉

(1974년(61세) 4월 대남공작 담당요원들과의 담화)

"우리는 조국을 통일시킬 수 있는 좋은 기회를 두 번 놓쳤습니다. 그 한 번은 6·25이고 또 한 번은 4·19입니다. 6·25 때에는 박헌영의 허위보고 때문에 기회를 놓치게 되었고, 4·19 당시에는 연락부가 제 구실을 다하지 못해서 놓쳐 버렸습니다. 이제 다시 한번 4·19와 같은 좋은 기회가 다가오면 이번에는 절대로 놓치지 말아야 합니다."

(1974년 4월 대남공작 담당요원들과의 담화)

"남반부 출신들은 남조선혁명과 조국통일을 위한 투쟁에서 없어서는 안 될 우리 당의 귀중한 보배들입니다. 남반부 출신들의 입장에서 볼 때 조국통일! 이것은 곧 자기 고향을 해방하고 부모 형제자매들을 구출하는 투쟁과 직결됩니다. 지금 우리 앞에는 국토의 1/2과 인구의 2/3를 해방해야 할 과업이 그대로 남아 있습니다."

〈전쟁 준비〉

(1968년(55세) 1월 당 군사위원회)

"땅굴을 미리 준비해 두어야 합니다. ……경보여단은 배후를 강타하여 적의 군사력을 분산시키는 것도 중요하지만, 파주나 동두천에 있는 미군기지를 하나 포위하고 미군 부대를 인질로 잡아두는 작전을 시도해 볼 필요도 있습니다. ……작전이 성공되기만 하면 전쟁은 의외로 빨리 종결될 수도 있습니다."

(1968년 1월 당 군사위원회)

"핵미사일을 개발하는 데서도 이론에서는 뒤지지 않았고 장비가 문제라고 하는데 결국은 돈입니다. 외화를 벌 수 있는 가장 좋은 것이 아편이라고 하는데…… 마약은 국제법상으로도 문제될 수 있으니까 말썽 없도록 해야 합니다."

(1968년 11월 과학원 함흥분원 개발팀과의 담화)

"남조선에서 미국 놈들을 몰아내야 하겠는데…… 현 시기 전쟁준비를 갖추는 데서 무엇보다 시급한 것은 미국 본토를 타격할 수 단을 가지는 것입니다. 그러니까 동무들은 하루빨리 핵무기와 장거리 미사일을 자체 생산할 수 있도록 적극 개발해야 합니다."

〈남북대화〉

1972년 8월 제1차 남북적십자회담(평양)이 개최될 당시 김일성은 회담 대표들과의 담화에서 다음과 같이 역설했다.

"남북적십자회담이 개최된다고 하니까 일부에서는 통일이 무르익어 가는 줄 알고 있는데…… 이산가족찾기라는 그 자체로서는 흥미가 없습니다. 그러니까 적십자회담을 통해서 합법적 외피를 쓰고 남조선으로 뚫고 들어갈 수 있는 길이 트일 것 같으면 회담을 좀 끌어보고 그럴 가능성이 보이지 않을 것 같으면 남조선 측에서 당장받아들일 수 없는 〈반공법 철폐〉, 〈정치활동의 자유〉와 같은 높은 요구조건을 내걸고 회담을 미련 없이 걷어치워야 합니다. 그리고 회담이 진행되는 기간 이 회담장을 우리의 선전무대로 이용해야 합니다. ……우리 북반부에는 민간단체가 없지만 남조선에는 그 이름도 잡다한 민간단체가 수없이 많습니다. 그 중에는 자생적 민간단체들도 있고 우리가 만든 민간단체도 적지 않습니다. 이러한 현지 실정을 잘 이용해야 합니다."

〈지하당공작〉[2]

(1968년 7월, 3호 청사 부장회의)

"우리가 통일전선을 형성하는 궁극적인 목적도 현 정권을 타도하고 우리 수중에 정권을 장악하자는 데 있는 만큼, 통일전선공작을 단순한 공동행동으로, 동등한 연합으로 보는 것은 잘못입니다. 통일전선체 내에서도 엄연히 주종관계가 있어야 하며 여기에서 합작 상대에게 먹힐 수 있는 그러한 통일전선은 하지 말아야 합니다. ……통일전선 공작에서 상하층에 대한 개념을 똑바로 인식해야 합니다."

(1969년 12월 대남담당 요원들과의 담화)

"지금 남조선에는 5·16 쿠테타로 말미암아 폭삭 망한 사람들이 많습니다. 이들 모두가 박정희 군사정권에 대해 이를 갈고 있으며, 그 중에는 정치인들도 있고 구 관료도 있고 양식 있는 지식인, 종교인, 언론인들도 많은데 김종태와 같이 우리하고 선이 닿기를 기다리는 사람이 얼마든지 나올 수 있습니다. ……김종태 같은 사람 서너 명만 잡게 된다면 남조선에서 혁명을 일으키는 것도, 조국통일의 대 사변을 맞이하는 것도 시간문제입니다."

(1973년 4월 대남공작 담당요원들과의 담화)

2　지하당공작이라고 하면 남한으로 파견되는 공작원들이 지하당을 구축하고 동조세력을 규합하여 혁명역량을 형성하며 남한의 자본주의체제를 전복하기 위한 모든 공작활동을 말한다. 그리고 통일전선공작이란 혁명의 일정한 전략적 단계에서 당면한 목적을 달성하는데 이해관계를 같이하는 각 정당 사회단체 및 개별적 인사들과 정치적 연합을 실현하는, 즉 동맹자를 전취하기 위한 공작활동을 말한다.

"남조선에는 고등고시에 합격되기만 하면 행정부, 사법부에도 얼마든지 파고 들어갈 수 있는 길이 열려져 있습니다. 앞으로는 검열된 학생들 가운데 머리 좋고 똑똑한 아이들은 데모에 내몰지 말고 고시준비를 시키도록 해야 하겠습니다. 열 명을 준비시켜서 한 명만 합격된다 해도 소기의 목적은 달성됩니다. 그러니까 각급 지하당 조직들은 대상을 잘 선발해 가지고 그들이 아무 근심 걱정 없이 고시공부에만 전념할 수 있도록 물심양면으로 적극 지원해 주어야 합니다."

〈노동계 침투공작〉

(1976년 4월 대남 공작원들과의 담화)

"학생 지식인들의 운동만 가지고는 안 됩니다. 혁명정세를 더욱 격화시키기 위해서는 노동자들이 들고 일어나야 합니다. 그래야 결정적 시기를 앞당길 수 있습니다."

〈국군와해공작〉

(1975년 2월 대남 공작원과의 담화)

"연락부에서 아주 큰일을 했습니다. 이번에 들어온 동무의 이야기를 들어보니까 역시 흥미 있는 대상은 예비역 장교들입니다. 이들은 많은 현역 장교들과 선, 후배관계로 연결되어 있습니다. 남조선 사회는 돈 없이 살 수 없는 자본주의 사회이기 때문에 군에서 제대된 후에도 능력이 없으면 별 볼일이 없겠지만 대상에게 별 보다 빛나는 자리를 만들어주고 돈 잘 버는 사업가로 등장시킨다면 많은 장교들을 자연스럽게 끌어당길 수 있습니다. 이렇게 예비역 장교를 포섭하여 얼굴 마담으로 잘 이용하면 장교들과의 대인관계를 넓혀 나갈 수 있을 것입니다."

〈법정 · 옥중투쟁〉
(1968년 12월 대남 공작원들과의 담화)
"남조선을 가리켜 법치국가라고 하고, 또 법은 만인에게 평등하다 하지만 역시 돈과 권력의 시녀 노릇을 하는 것이 황금만능주의에 물 젖은 자본주의사회의 법조인입니다. '유전무죄요 무전유죄'라는 말이 있듯이 판사, 변호사의 농간에 의해 사건이 뒤집히는 예가 허다합니다. 이것이 오늘 남조선의 법 실태입니다. 현지 당 지도부는 남조선의 이러한 법 체제의 미비점을 잘 이용해야 합니다. 중대한 사건일수록 법조계, 종교계, 언론계의 조직망을 총동원하여 사회적인 여론을 조성하고 사면팔방으로 역공을 펼쳐야 합니다."

〈문예공작〉
(1976년 8월 대남 공작원들과의 담화)
"남조선에서 들여온 영화, 비디오를 보니까 거기에도 재능 있는 작가 예술인들이 많습니다. 그런데 그 중에서 잘 나간다는 몇몇 작가들을 제외하고 절대다수가 실업자나 다름없는 형편입니다. 이들에게 혁명적 세계관을 심어 주기만 한다면 훌륭한 걸작들이 얼마든지 쏟아져 나올 수 있을 것입니다. 지하당 조직들은 남조선의 작가 예술인들을 더 많이 포섭하여 혁명가로 만들고 그들이 외롭지 않게 똘똘 뭉쳐서 혁명적 필봉을 들고 창작활동을 할 수 있도록 묶어 세워야 합니다. 그리고 작가들이 창작한 한편의 시가 천만 사람의 가습을 감동시키고, 총칼이 미치지 못하는 곳에서는 우리의 혁명적 노래가 적의 심장을 꿰뚫을 수 있다는 긍지와 자부심을 불어 넣어주어야 합니다."

(1976년 8월 대남 공작원들과의 담화)

"작가 예술인들로 하여금 미제국주의의 침략적 본성과 야수적 만행, 그리고 비인간적인 각종 범죄 사실을 폭로하는 작품들을 많이 창작하게 해야 합니다. 그리고 작가들이 창작한 작품이 잘 팔리지 않을 경우에는 지하당 조직들이 책임지고 팔아주고 대대적으로 뿌려주어야 합니다. 그래야 그들이 실망하지 않고 더 좋은 작품을 창작할 수 있습니다."

(1976년 8월 대남담당 요원들과의 담화)

"영화나 소설 같은 작품을 창작하는 것도 남조선의 작가들에게만 맡겨두면 안됩니다. 장편소설을 하나 쓰려고 해도 시간이 많이 걸리기 때문에 많은 작품이 나올 수 없습니다. 그러니까 그들의 부담을 덜어주기 위해서도 우리의 작가, 예술인들을 많이 동원해야 합니다. 그리고 책도 남조선에서 찍은 것처럼 출판사와 작가 이름을 붙여서 우리가 만들어서 남조선으로 보내주어야 합니다. 문제는 사람들을 감동시킬 수 있는 그런 작품을 많이 창작해서 보급하는 것입니다."

〈교포공작〉

(1976년 2월 대남공작 담당요원들과의 담화)

"우리 공작원들이 남조선에 내려갈 때, 가지고 가는 카메라, 시계, 라이타 같은 장비품을 어디에서 구입해 들여옵니까? ……해외교포들 가운데에는 장사하는 사람도 많다는데 우리가 그들의 물건을 많이 사주면 필요한 장비도 쉽게 구할 수 있고 그 교포들을 우리 편으로 만들기도 쉬울 것입니다."

〈해외공작〉

(1969년 11월, 해외공작 담당요원들과의 담화)

"국제혁명 역량을 강화하자면 합법적인 외교 활동 못지않게 해외공작을 잘 해야 합니다. 지금 제3세계 나라들 가운데에는 반미 성향을 가진 나라들도 있고, 미국의 압력에 굴복한 나라들도 있습니다. 또 친미 정권을 반대하는 혁명을 준비하고 있는 나라들도 있습니다. 이런 나라들에 파고 들어가 무기 자금도 지원해 주면서 해외공작 거점을 확대해 나가야 합니다."

(1969년 11월 해외공작 담당요원들과의 담화)

"……수많은 혁명조직들이 우리나라 혁명 경험을 배우기 위하여 평양으로 찾아오고 있으며 교육을 의탁하고 있습니다. 우리는 다소 부담이 되더라도 교육 훈련 시설을 더 늘리고 이들을 받아들여야 합니다. 그리고 아프리카 중동지역에도 필요한 곳곳에 훈련 교관들을 파견해야 합니다. 그래야 우리 혁명의 국제적 연대성을 강화하고 지지자, 동정자 대열을 확대해 나갈 수 있습니다."

〈범민련운동〉

(1991년 8월 3호 청사 부장회의)

"남조선혁명과 조국통일을 위한 투쟁에서 선봉적인 역할을 하고 있는 그 실체는 뭐니 뭐니 해도 역시 청년학생들입니다."

(1993년 8월 3호 청사 확대회의)

"적들의 탄압으로부터 혁명역량을 보존하기 위해서는 무엇보다 도 범민련 남측본부와 한총련에 대한 이적규정을 철회시켜야 하며, 이를 위해서는 남조선 당국자들을 사대매국적 반통일세력으로 몰 아붙이고 미군 철수, 국가보안법 철폐, 파쇼 폭압기구 해체 투쟁과 함께 범민련을 통일 애국단체로 부각시키는 합법화 운동을 대대적 으로 벌여나가야 합니다."

(1993년 8월 3호 청사 확대회의)

"범민련 해외본부도 외형상 위력 있는 방대한 조직인 것처럼 위 장해야 합니다."

〈결정적 시기〉[3]

(1974년 4월 3호 청사 부장회의)

"남조선에서 대통령이 출두하는 행사 일람표를 보니까 해마다 8·15 광복절 경축 파티가 경회루에서 벌어지는데 매우 흥미 있는 곳입니다. 이번에는 68년 청와대 육박 당시의 교훈이 되풀이되지 않도록 빈틈없이 잘 준비해야 합니다."

(1979년 12월 20일 중앙당 확대간부회의)

"12·12사태는 미제의 조종 하에 신 군부가 일으킨 군사 쿠데타 입니다. 계엄사령관 관저에서 총격전이 벌어졌다는 사실은 남조선 정세가 그만큼 걷잡을 수 없는 혼란에 빠져 있다는 것을 말해줍니 다. 지금 남조선에서는 군 수뇌부가 갈팡질팡하고 있습니다. 연락

---

3   결정적 시기는 남조선혁명의 전체 전략적 단계에서 단 한 번 밖에 있을 수 없 는 혁명의 마지막 단계라는 것이 북한의 논리이다.

부와 인민무력부에서는 언제든지 신호만 떨어지면 즉각 행동할 수 있도록 만반의 준비를 갖추고 24시간 무휴상태로 들어가야 합니다."

(1983년 9월 3호 청사 부장회의)

"남조선의 대통령이 각료들을 이끌고 동남아를 순방한다는 정보를 입수하고 작전부에서 결사대를 파견해 보겠다고 했다는데 절대로 흔적을 남기지 않도록 틀림없이 해야 합니다. 버마가 허술한 나라라고 해서 너무 쉽게 생각하면 안 됩니다. 방문 일정에 따라 사전 답사도 해 보고 빈틈없이 잘 준비를 해서 감쪽같이 해치워야 합니다. 만약 이번 작전에서 성공하게만 된다면 결정적 시기가 성큼 다가올 수도 있습니다."

(1987년 7월 3호청사 부장회의)

"서울올림픽이 성공하게 된다면 그만큼 내외적 환경이 불리하게 됩니다. ……올림픽을 파탄시킬 수만 있다면 좋겠지만 그것이 불가능할 경우에는 최소한 흠집이라도 많이 내도록 해야 합니다. 그러기 위해서는 수단과 방법을 가리지 말고 남조선 도처에서 폭발사고를 일으킨다든가 해서 각국 선수단과 관광객들이 남조선에 안심하고 들어갈 수 없도록 공포분위기를 조성해야 합니다."

"한국이 북한의 공세로부터 자유로워졌다고 생각하는 것은 자만이다."

스탈린 정체성

"한 명의 죽음은 비극이다. 하지만 백만 명의 죽음은 통계 수치에 불과하다."
　　　　　　　　　　　　　　　　　　　　　　　　－레마르크

조지프[1] 스탈린(Joseph Stalin, 1879.12.18–1953.3.5)은 북한 김일성의 대부였다. 대한민국 건국대통령 이승만 박사보다 4년 후에 러시아제국 변방 그루지아(지금의 조지아)의 고리(Gori)에서 태어났다. 인류역사상 가장 많은 자국민[2]을 죽이고 철권통치로써 구소련 공산정권의 1인 통치자가 된다. 그뿐만 아니라 공산주의 세계전략(제국주의 전반적 위기론)[3]으로써 더 많은 타 국민을 죽였으며, 결국 그 한 조각 파편이 3년 1개월의 6.25동란이다. 그는 한민족

1　조지프는 '이오시프'라는 러시아 이름의 영문 발음
2　최근 공개된 비밀자료에 따르면 당시 러시아 인구 2.2억 중 4천만
3　물론 공산주의자들의 세계전략은 존재하지 않는 허구이다. 미명 아래 스탈린주의 이식을 도모한 권력탈취법이라 하는 것이 정확하다.

참상의 3대 원흉(김일성, 모택동, 스탈린)인 상태로 죽었다. 우리 한민족에게 말로 표현할 수 없는 고통을 남긴 채 백범 김구보다 4년 더 살고 우남 이승만보다 12년 덜 산 정전협정(1953년 7월 27일) 4달 22일 전에 모스크바에서 사망한 희대의 공포 정치가이다.

독소(獨蘇)불가침조약을 맺자마자 벌어진 독일의 폴란드 침공(1939년 9월 1일)으로 소련은 폴란드 중 절반을 얻어 냈다. 독일이 폴란드 군을 격파해 놓은 상태라 무혈입성이었으며, 게다가 소련 점령지역은 우크라이나인과 백러시아인들 거주지였다. 그러므로 독일 공격에 우크라이나인과 백러시아인 형제의 생명과 재산 보호라는 대의명분까지 있었다. 이때부터 폴란드는 정확한 의미로 산산조각이 나기 시작한다. 이때 폴란드인 49만 4,130명이 소련으로 이송된 것은 2차 대전 중 폴란드에게 닥쳐올 엄청난 시련 중 시작에 불과하였다. 소련 서류상에는 폴란드 장교들이 오스타시코프(6,287), 코젤스크(4,404명), 스타로벨스크(3,891명) 등 3개 수용소에 수용되어 있다가 소련으로 이동하였다고 나와 있지만, 소련 어디로 이송되었는지는 나타나 있지 않다(카틴 숲의 학살). 1941년, 독일은 유럽지역의 소련을 점령하지만 폴란드인 수용소는 찾지 못하였다. 650만 명이 죽은 유태인들의 전율스러운 홀로코스트는 유태인에 의해 많이 밝혀졌지만, 800만 명이 죽은 폴란드[4]는 그들이 어디서 어떻게 죽었는지 아직까지도 제대로 밝혀지지 있고

---

[4] 폴란드가 러시아혁명 초기 적백내전 때 백군을 도와 적군을 격파한 것은 사실이다. 이 학살이 당시 동유럽 최강의 육국국가인 폴란드를 철저히 밟아 놓겠다는 스탈린의 생각이라는 주장이 있다.

않다.[5]

한낱 33세 김일성이란 소련 앞잡이가 권력에 눈이 멀어 동족을 마구 죽이면서 전쟁에 미쳐 날뛰었던 것은 우연이 아니었다. 스탈린 같은 '빽'을 가졌기 때문이었다. 1953년 스탈린이 죽자 김일성은 장문의 애도문을 소련에 보낸다. 스탈린 생전에 편찬된 《볼셰비키 당사》의 제4장 〈변증법적유물론과 사적유물론〉[6]은 이후 조선민주주의인민공화국 조선로동당정권의 주체사상의 핵심적 사상 토대가 되기도 하였다. 베트남의 호치민은 그를 '세계혁명의 총사령관'이라 불렀다. 그는 또 '세계혁명의 총사령관 스탈린, 아시아 혁명의 총사령관 마오쩌둥'이라 했다.[7]

원래부터 김일성은 한마디로 스탈린의 빵 심부름꾼에 불과했다. 천하에 두려울 것이 없는 오만방자한 그가 유일하게 무서워한 사람, 나중에 그에게 박헌영 숙청을 코치한 사람, 히틀러와 맞먹는 광기를 자랑하는 사람이었다. 오죽하면 김일성이 남침에 성공해서 한반도 적화통일이 되면 소련에 공물을 바치겠다고 한 말이 괜히 바

---

5   Russia's war p.81~82
6   스탈린주의의 핵심 문서임. 사상적 측면에서 레닌주의를 더욱 구체화했으며, 마르크스-레닌주의를 혁명이론으로 전개하였다. 소련은 물론 다른 국가의 공산주의자들은 주로 이 스탈린적 해석을 학습하였고, 이를 혁명의 전략전술의 논리로 삼았다.
7   공산주의보다 자기 민족을 더 사랑한 호지명이 자국민을 위해 한 립서비스인지 아니면 민족의 이름으로 국민을 속인 공산주의자의 진심인지는 더 살펴봐야 한다. 1945년 당시 스탈린의 위상이 하늘을 찔러 거의 나폴레옹에 버금가는 정도였음은 사실이다.

깥으로 새어나왔겠는가.[8] 그 앞에만 서면 한없이 작아졌던 김일성이 전쟁을 일으키려고 스탈린에게 허락을 받으러 갔으나 번번이 퇴짜를 맞았다. 결국 애치슨라인 열심히 공부해 '한국에 전쟁을 일으켜도 미국은 관여 않는다!'고 계속 설명해서야 간신히 전쟁 허락을 받는다. 물론 스탈린은 이미 만주를 공산화시킨 후라서 전쟁중에 미국이 개입한다 해도 북쪽은 북한-만주-연해주를 잇는 거대한 '전략지대'를 배경으로 하고 있으므로 전쟁에서 이길 수 있다고 계산했다.[9] 김일성을 가지고 논 것이다. 그런데 미국이 오긴 왔는데, '어라?' 혼자 오지 않고 UN까지 끌고 왔다. 물론 스탈린은 이미 알고 있었다. 그래서 UN이사회 거부권 행사도 안 했었다. 그러므로 전쟁 허락은 했지만 스탈린은 김일성에게 소련군 육군은 아예 언급도 못하게 하고 극소수 공군 지원만 시늉을 한다. 이미 스탈린 머릿속에 다 그려진 그림이었다.

"현대군은 공격 군대이고, 붉은 군대는 현대군이다."   −스탈린

"스탈린은 히틀러를 연구했다."   −나오미 울프

스탈린은 히틀러보다 더 악랄한 자였다. 사실 히틀러 머리 꼭대기에 있었다. 그렇게 말하지 않으면 저 강철 대원수는 아마 화를 낼

---

8 이 내용은 스탈린의 후임이던 흐루시초프 회고록에도 나와 있다.

9 한반도를 북쪽 대륙에서 남쪽으로 시선을 바꾸어 보면 한반도는 대륙에 뿌리 박은 나무처럼 보인다. 이 뿌리가 없으면 한반도는 자양분을 섭취하지 못한다. 남쪽은 달랑 섬이 되어 버렸다. 우리는 북쪽 대륙 뿌리를 잃고 홀로 섬처럼 살아야 했다. 문창극, 「역사읽기」, 기파랑, 2015, p. 244~245

것이다. 다만 히틀러는 패했고 스탈린은 승리했으므로 그의 진실은 지금까지도 덜 알려지고 있는 것이다. 그야말로 '거악이 승리하고 차악은 패배한' 악의 흑역사가 여전히 지구촌 어느 모퉁이를 유령처럼 배회하고 있다. 당대 공산주의의 정신적 본산인 소련의 최고 권력자 스탈린과 공산주의의 무조건적인 처단을 외치는 나치당의 리더 히틀러는 사상적으로 양립이 불가능했다. 그럼에도 극과 극은 통한다고 했던가! 20세기를 상징하는 최악의 독재자들답게 통치(독재) 기술에서는 서로 영향을 주고받는다.

그야 어쨌든 초록동색처럼 같으면서도 다른 두 독재자는 동시기에 상호침투를 거듭하는데, 일례로 스탈린의 대숙청은 히틀러가 벌인 두 차례의 숙청에 영향을 받았다. 히틀러 역시 군부 통제에 스탈린 방식을 상당수 차용했다. 여기서 스탈린 방식이란 '쥐도 새도 모르게 체포, 고문으로 거짓진술, 연출된 간략한 공개재판, 판결 즉시 처형'이라는 일련의 과정을 뜻한다. 하지만 이렇게 비슷해 보이는 행적으로 인하여 마치 라이벌[10]처럼 보이는 히틀러와 스탈린이지만, 사실상 실제 역량과 성격은 완전히 달랐다. 스탈린의 통치술은 히틀러보다는 훨씬 치밀하고 정교했다. 한수 위였다. 국가관리 측면만 봐도, 스탈린은 세부사항까지 완전히 장악하고 챙긴 반면 히틀러는 행정 무능이 아니라 아예 무지할 정도였다. 또한 히틀러는 2인자들을 방치했지만, 스탈린은 절대로 2인자를 허용 않는 성격이었다. 당내 반대파들을 제압한 뒤 대숙청 기간에 측근들 사이 다툼도 모조리 교통정리했다. 군사·외교적 측면에서도 극명한데, 히틀

---

10   실제로 서구든 아시아든 스탈린 vs 히틀러 의식은 매우 넓게 퍼져 있다.

러가 계획 없이 저지르고 보는 성향이 강했다면(프랑스 침공, 전격전의 전설) 스탈린은 그야말로 철두철미한 현실주의자 타입이었다. 그 증거는 많다. 독소전쟁 초기의 독일을 자극 말라는 명령이라든가, 한국전쟁을 허락받으러 온 김일성을 수십 차례 쫓았다든가, 한국전쟁 참전조차도 최대한 미국을 자극 않는 쪽으로 한다든가…….

이처럼 정신적으로나 실질적으로나 히틀러조차도 단방에 날려버린 스탈린은 2차 대전이 끝난 직후 그야말로 인류란 종족의 정점에 올라 '전 세계 인민의 위대한 대원수' 스탈린이 되었다. 그 흉적이 광복직후 장장 7년 5개월 이상, 그것도 막 잠에서 깨어나 다소 어리버리한 상태인 적막강산 한반도의 운명을 김일성을 앞장 세워 요절내며 함부로 요리하였던 셈이다. 그럼에도 당당히 살아남아 오늘날 대한민국의 부흥을 이룬 우리 한민족의 저력은 분명 스탈린보다 억만 배는 더 강력한 금강(金剛)이라고 할 것이다.

"내가 그를 해치우고 모든 사람을 구했다."   −베리아

스탈린이 33세였던 1912년 2월, 당시 러시아 국외에 체류 중이던 레닌은 볼셰비키당을 조직하면서 제1차 중앙위원회 신입위원으로 스탈린을 선출하였다. 중앙위원으로 선출되면서 볼셰비키당 내에서 주목을 받게 된다. 1917년 4월 볼셰비키 중앙위원회 위원으로 선출, 이때 임시정부에 의해 체포령이 내린 레닌의 해외 도피를 돕기도 하고, 포위된 볼셰비키 당원들 항복도 명령한다. 혁명 성공 이후 한고조 유방(劉邦)처럼 전위대를 잘 조직할 줄 알았던 그는 트로츠키 등 사적인 조직 업무에 관심이 없는 라이벌들의 허점을 공격

하며 당내 입지를 굳혀 나갔다. 1921년부터 소련의 국가 원수 레닌이 병석에 누워서 통치권을 행사할 수 없게 되자 병든 레닌을 능멸한다. 레닌은 특히 유명한 유언장(폭력적 정치수단, 지나친 관료주의적 성향 비판)에서 "스탈린에 최고지도자 자리를 내주지 말라"고 단호히 말했으나, 1924년에 이르러 이미 거의 모든 내부 정치 조직체는 스탈린 지배권 아래 속했다. 1924년 1월 레닌이 죽은 후 스탈린은 성대한 장례식을 치른 뒤 러시아정교 식으로 우상화를 시작한다. 이제 레닌주의의 대제사장이 된 스탈린은 최고권력자 입지를 굳히며 자신의 우상화도 함께 추진하였다. 1925년 차리친 시를 스탈린그라드(현재 볼고그라드)로 개명한 후부터는 가혹한 반대파 숙청을 쉼 없이 계속하여 1930년 이후에는 그의 반대파가 거의 남지 않았다.[11]

1941년 5월 스탈린은 독일이 소련을 공격할 가능성이 있다고 판단하여, 스스로 소비에트 연방 인민위원회 위원장에 취임한다. 또한 1941년 소비에트 연방의 서기장 스탈린은 연방 총리를 겸임한다. 특히 우리와 관련된 것으로서 1941년 4월 13일 일본의 외무대신 마쓰오카 요스케와도 평화협정을 체결하였다. 1941년 6월 22일 동방으로 팽창하려던 독일의 히틀러가 기습 공격하여 소련 영토 깊숙이 파죽지세로 밀고 들어왔다. 1941년 7월 19일 소비에트 연방 국방위원회 위원장에 취임한다. 1941년 겨울 독일군이 모스크바를 위협하나, 피신 권고를 물리치고 수도 모스크바에 머무르면서 일대 반격 준비를 지시한다.

---

11 권력투쟁 과정에서 스탈린의 용의주도함과 치밀함을 간파 못한 트로츠키는 1927년대 말에 망명.

그리고 1943년 12월 이란 수도 테헤란에서 개최한 루스벨트·처칠 등 연합국 수뇌들 회담에 참석한다. 처칠의 말대로 이 모임은 '인류 역사상 가장 강력한 세계 권력의 집결'이며 세계 대부분의 인구와 영토, 자원을 다스리는 최고지도자들의 모임이었다. 스탈린의 화려한 국제무대 데뷔였다. 이미 전쟁은 연합군 승리가 기정사실화가 될 즈음, 스탈린은 말했다.

"나는 역사가 우리에게 관대하다고 생각한다. 역사는 우리들에게 엄청난 힘과 기회를 부여하였다. 나는 이 회의를 통해 우리의 국민들이 우리에게 위임한 이런 힘을 협력적인 체재 내에서 적합하게 사용할 수 있도록 우리가 모든 조치들을 취하길 희망한다. 이제 일을 시작하자."[12]

스탈린이 생각한 역사(歷史)의 실체가 과연 무엇이었을까?[13] 이 회담에서 '한국 독립을 지지한다.' 공동선언을 발표(1943년 12월 1일)하지만 '때가 오면'이라는 단서를 통해 (UN)신탁통치 구상을 공식화한다.

'3대 동맹국은 한국인의 노예상태에 유의해, 때가 오면 한국을

12　영미의 목표는 볼셰비키즘 범람을 막는 것, 소련은 중부유럽까지 석권하는 것. 이 회의서 스탈린의 집착은 폴란드 문제. 그가 보기에는 역사상 적들은 항상 폴란드를 통과하여 소련을 공격하곤 하였다.
13　이즈음에 체첸 반발이 가라앉자, 그는 체첸 독립운동을 무력 진압하고 1944년 봄, 비밀리에 체첸인들 전부를 중앙아시아로 강제이주시킨다. 체첸인구 10%가 강제이주 당시 사망한다.

자유 독립케 할 것을 결정한다.'

1945년 여름 미국으로부터 연합군 파병 동참을 제안받자 수락, 곧장 붉은 군대를 연해주에 파견하여 일본군과 교전한다. 소련참전 이틀(8월 10일) 만에 일본은 항복하기에 이른다. 최대 승리자는 스탈린 차지가 된다. 국제사회는 일본과의 전쟁에서 소련의 성과가 없었음을 주장하나 스탈린은 7월과 8월에 전사하거나 부상당한 2천여 병력 손실을 예로 들며 아시아에서도 소련 몫을 당당히 요구하는 동시에 영국에게 미끼를 던졌다. 한반도 미영소중 신탁통치를 꾸민다. 아, 저 2,3천여 사상자 때문에 조만간 우리 한민족은 400만이 희생을 당해야 할 운명이 되고 말았도다! 지금까지 분단되어 민족사에 유례가 없는 고통 속에 살아가고 있다.

1949년 2월 핵실험을 하여 소련은 미국의 핵무기 독점을 끝내고 세계 두 번째로 핵무기를 보유한다.

북한은 스탈린의 유물이다. 북한의 모든 선전, 선동 기법은 스탈린식 선전선동의 철저한 모방이다. 민족주의 색깔 주입 추가요. 스탈린 빙의? 스탈린 찬양 포스터에서 북한냄새 나는 것은 당연. 이 시절 소비에트의 모든 사람이 위대한 스탈린 동무의 영도력 안에서 행복을 느꼈다. 아니 느껴야만 했다. 소비에트 안에서 좋은 일은 모두 '친애하는 스탈린 동무'의 은혜로부터 시작되었다. 당시 어떠한 작품도 그의 천재성을 언급하지 않고는 나올 수 없었다. 역사와 정치학, 경제학, 지리학, 화학, 물리, 유전학까지도 '스탈린 동무'의 지도적 사상을 통합 않으면……(이하 북한과 동일)

계속되는 선전과 세뇌는 억압적인 독재 정권하에서도 효과를 발휘했다. 특히 독소전 이후의 상황과 연계되어 스탈린은 구국의 영웅으로 승격된다. 이제 많은 소비에트 인민들이 실제로 '스탈린 동무'를 사랑하게 된다. 초기에는 그냥 살아남기 위해서 또는 굴라그로 끌려가지 않기 위해 숭배하는 사람이 많았다. 그러나 독소전쟁에서 승리한 후부터 격하 운동이 벌어지기 전까지는 실제로 숭배하는 사람들이 많았다. 격하 이후에는 대중의 관심에서 돌연 사라졌다.

2차 대전이 끝난 이후의 스탈린은 인류란 종족의 정점에 올랐다. 특히 개인숭배가 절정을 이루던 전승국 최대 공로자 스탈린은 단순 독재자를 넘어 세계황제급 지위에 있었다.

종전을 앞둔 1945년 4월에 첫 집권한 해리 S. 트루먼은 반공주의자였고, 현실주의 관점에서 소련 팽창을 저지하고자 노력한다. 물론 감정은 쌓였고 폭발해야 할 그것이 한반도에서 터졌는데, 이는 미소 냉전에 의한 휘발류가 한반도에 잔뜩 뿌려진 상황에서 스탈린의 은유적 지령에 김일성이 불을 땅긴 것이었다. 즉, 미·소간 미묘한 신경전이 벌어졌고 급기야 1950년 한반도에서 6.25전쟁이 발발하면서 냉전의 첫 포화를 알리게 된다. 다만 스탈린은 매우 조심스러운 성격이었고 히틀러처럼 과대망상증은 아니었기 때문에 국력을 정확히 인식하고 있었다. 미국과의 세계대전을 꾸미려는 인물은 아니었다. 중공군과 북한군의 공군이 형편없었기 때문에 한국전쟁에 어쩔 수 없이 공군을 참전시키면서도 미국과의 돌이킬 수 없는 마찰을 피하려고 엄청나게 신경 썼다. 6.25동란 직전에 스탈린은 마오쩌둥이 국공내전(1949년 10월 1일)에서 역전승하자 "승자는 비난받지 않는다." 말하며 중공 정권에 거액의 차관을 제공하고 기술고문을 파견한다.

1946년 이후 스탈린은 김일성과 박헌영을 수시로 소환하여 조선민주주의인민공화국의 지도자 자격을 심사했다. 최종 결론은 김일성, 김일성이 티토주의에 동조하고 소위 주체사상을 시작하는 것은 스탈린 사후였다. 스탈린을 계승하기 위해서였다. 김일성은 언제까지나 철저한 스탈린 추종자였다.

1949년 3월 5일 김일성은 모스크바를 방문하여 스탈린과 회담하였다. 이 자리에서 김일성은 대한민국에 대한 무력침공과 무력통일에 관해 소련 지도부의 의견을 문의하였다. 스탈린은 인민군이 대한민국 군사력에 대해 절대 우위를 확보 못하는 한 공격해서는 안된다고 답변하고 대한민국에 미군이 아직 주둔하고 있음(소련군은 1948년 12월 북한에서 철수)과 미·소 38선 분할 합의를 상기시켰다.

그렇게 시간이 흐르고 흘러 1949년에 스탈린도 다른 사람들과 마찬가지로 70살 노인이 되었다. 그의 70세 생일은 마오쩌둥, 호치민 등등 전 세계의 공산주의 지도자들이 모두 참여한 화려한 기념식이었다.

1950년 1월 17일 박헌영 관저에서 열린 만찬에서 김일성은 북한 주재 소련대사 스티코프에게 남침 문제를 다시 제기하고 스탈린과의 면담을 희망한다고 피력했다. 김일성은 국공 내전에서 중국공산당 승리 다음에는 대한민국(남조선)을 해방시킬 차례라고 강조하고, 조선민주주의인민공화국은 기강이 세워진 우수한 군대를 보유하고 있다고 주장했다.

1월 30일 스탈린은 서명한 전보를 평양으로 타전했다. '큰일'에 관해 치밀한 준비를 해야 한다. 이를 실현하기 위해 지나친 모험을 해서는 안 된다는 점을 언급하며 접견해 이 문제를 논의할 준비가 돼 있고 그를 지원할 용의가 있음도 밝혔다. 4월 모스크바에서 열린 스탈린과 김일성 회담에서 스탈린은 국제환경이 유리하게 변하고 있음을 언급하고 조선민주주의인민공화국의 남침 개시에 동의하였다. 다만, 이 문제의 최종결정은 중국과 북한에 의해 공동으로 이루어져야 하며 만일 중공 쪽 의견이 부정적이면 새로운 협의가 이루어질 때까지 결정을 연기하기로 합의한다.

5월 14일 스탈린은 마오쩌둥에게 보낸 특별전문에서 지령한다.

국제정세 변화에 따라 통일에 착수하자는 조선 사람들 제청에 동의한다. 그러나 이는 중공과 조선이 공동으로 결정해야 할 문제이고 중국동지들이 동의 않을 경우에는 다시 검토할 때까지 연기되어야 한다.

1950년 6월 25일 한국동란이 발생하자 스탈린이 처음에는 김일성의 '전면 남침'을 반대(말리는 척?)[14]했다. 1949년 대한민국에서 주한미군이 '갑자기' 철수한 것을 언급하며 혹시 모를 미국과 자본주의 진영의 함정이라는 것이 이유였다. 그러나 이것은 그런 모양새의 지령이라고 해석해야 맞다. 왜냐하면 당시 38세의 친위대 김일성은 스탈린의 지령 없이는 아무 일도 못했기 때문이다. 어쨌든

---

14 스탈린은 공식적으로는 한국 전쟁 관여를 부인하였지만, 포스트 냉전시대 연구들은 김일성이 한국 전쟁을 감행하게 된 배경에는 스탈린의 명시적 허가와 지원이 있었다고 본다.

당시 상황을 손아귀에 거머쥔 사람은 스탈린이고, 김일성으로 하여금 6.25동란을 일으키게 한 주범도 스탈린이었다. 김일성은 괴뢰에 불과했음을 잊으면 안 된다. 그 괴뢰가 혁명을 팔아 동족 학살의 앞잡이로 설쳤던 것이다. 냉전시대 스탈린의 세계적화 야욕설도 있었지만, 실제 스탈린은 다른 나라의 혁명에는 전혀 관심이 없었다.[15] 그래서 다른 나라 혁명이 실패하더라도 소련 이익 침해나 미국과의 직접 대결은 피했던 것이다. 그래서 김일성을 앞세운 것[16]이다.

1953년 3월 6일, 스탈린이 사망한 다음 날 저녁 공산군들은 모든 전선에서 불꽃과 신호탄을 하늘에 올렸으며 각 병사는 스탈린에 대한 고별인사로 동시에 공중을 향하여 조총 사격을 하였다. 대인관계만으로도 국제정세에 막대한 영향을 끼쳤던 2차 대전 승리의 절반 세계 황제 스탈린의 사망은 동서해빙과 외부 세계에 대한 소련 지도층의 새로운 접근 방식과 태도 변화를 초래했다.

아마도 가장 기뻐한 사람 중에 한 명이 김일성이었을 것이다. 이제 스탈린이 반드시 묻고야 말 전쟁책임에 대한 공포가 한순간에 사라졌기 때문이다.

스탈린 동무는 죽음에 이르러서도 자신의 특기를 끝까지 발휘했다. 3월 8일 그의 시신을 보려는 인파가 너무 많이 몰려서 수백 명

---

15 원래 없음. 스탈린의 전반적 위기론은 타국 공산주의 간섭 논리이자 자기가 황제인 소비에트 연방 안보 논리에 불과하다.

16 "북한은 해방 후 20년 역사를 위조했다. ……일본군을 내몬 뒤 소련정부에서 북한정권수립을 지원하라는 명령을 받았어요. 해방 후 원산항(港)에 귀국하는 김일성을 맞으러 간 것도 접니다. 소련은 고려인을 통해 북한에 영향력을 행사하려 했어요. 1945부터 1965년까지 북한에서 발표된 모든 연설문은 다 소련에서 작성됐어요." -조선일보 2009.06.20. 〈고려인으로 北문화선전성 차관 지낸 정상진〉

이 깔려 죽는 사고가 발생한 것이었다. 장례식장에서까지 서기장 동무는 인민들을 죽음으로 내몰 수 있었다. 역시 죽을 때까지도 길 동무를 만드시는 대원수 각하! 마지막 순간에도 인민들을 숙청하는 스탈린 대원쑤! 그러나 당 지도부와는 달리 많은 인민들이 그의 죽음을 정말로 슬퍼했다. 비록 그것이 세뇌의 결과이든 아니든 말이다.

오늘날에도 존재하는 스탈린주의 이론가들은 다음과 같은 도그마를 따른다.

(정통성) '스탈린은 트로츠키라는 이단에 맞선 마르크스 레닌의 충실한 수호자이며 제자이다.'
(안전성) '숙청된 반대파와 트로츠키주의자(스탈린관료집단에 의해 강제된 경우까지 포함)들은 쿠데타 모의 등 소련에 현실적 위해를 가했다.'
(공정성) '그러한 범죄행각은 믿을 만한(!) 증언들에 의해 충분히 입증된 사실들이다.'
(대의성) '독일 파시즘이 소련을 공격할 때 스탈린은 소련 방어의 선두에 섰으며, 트로츠키는 소련 방어의 대의를 저버렸다.'
(정당성) '반(反)스탈린 선전은 제국주의 진영이 만들어낸 거짓말들이다.' 등등

하지만 그 도그마들은 전부 허구이다. 공포정치의 대명사 스탈린은 개인숭배사상으로 소련을 통치한 정치가, 볼셰비키 황제, 소

련이라는 공장의 보스였을 뿐이다. 그리고 혹은 그러한 그의 전제적 권력을 동경하는 전 세계 모험가와 야심가의 한 롤모델이었을 뿐이다. 히틀러보다 더 악한이었다는 말보다 더 정확한 스탈린의 정체성은 없을 것이다. 그런 그가 인류 발전에 끼친 해악 역시 히틀러와는 비교할 수 없을 만큼 지속적이고 광범위했다. 흔히 역사를 잊은 민족에게 미래가 없다는 말이 있다. 오늘날 스탈린의 수법과 잔학상과 그것이 우리 민족에게 끼친 말할 수 없는 해악을 잊어버린 한국인이 만약 있다면, 필히 새겨들어야 할 교훈이라 할 것이다. 김일성은 단지 스탈린의 한갓 졸개였을 뿐임을 상기하라!

분단, 고해(苦海)의 포말

"새 나라는 새 마음에서 나오고, 통일한국은 통일의 마음에서 나온다."

지금으로부터 70년 전인 1945년을 전후하여 세계는 1개의 자유 진영과 2개의 전체주의 진영(파시즘과 스탈린 공산주의)으로 세발솥 모양새를 이루고 있었다. 대공황 이후 1930년 발흥한 파시즘은 공산주의 행각에 현혹되어 자본주의로부터 일탈한 괴물(기존의 인간 상식 초월)이었으나, 1945년 즈음에 이르러 '상식'에 의해 거의 타도 소멸되다가 8.15에 그 소멸마저 종결짓는다. 이런 중차대한 와중에 광복이 된 한반도 이 땅의 사람들은 유일정부 대한민국을 단숨에 건국해내지 못하고, 한말의 분열상을 단 한 걸음도 극복 못한 채, 더군다나 더욱 현대적인 당파의 탈을 쓰고서 서로가 서로를 견제하는 암중모색이 계속되고 있었다. 분단의 직접적 계기가 되는 지점을 중심으로 분단의 맥락을 짚어본다.

이념의 폭풍우

1945년 9월 20일 '스탈린 지령'은 소련군이 북한점령정책을 수행하는 데 반드시 따라야 할 강령이었다. 그것은 스탈린이 소련군의 대북한 정책방향을 '북한 독자정권 수립'을 최우선 과제로 정했음을 뜻했다. 그 내용은 (1) 북한 영토 내에 소비에트나 소비에트 정권기관 수립 내지 소비에트제도 도입 말 것. (2) 반일적인 민주정당·사회단체의 광범위한 동맹에 기초해 '북한 부르주아 민주정권' 수립에 협력할 것. (3) 적군(赤軍) 점령 북한 각지 반일적인 민주정당·단체 형성을 방해 말고 그 활동을 원조할 것. …… (중략) …… (7) 북한의 민간행정 지도는 연해주군관구 군사평의회에서 수행할 것 등이었다.

여기에서 우리는 한반도 분단의 최대 원인이 소련 스탈린의 팽창주의에 있음을 다시금 확인하게 된다. 즉, 소련은 북한에 눌러 앉을 생각인 것이다.

"스탈린이 처음부터 북한단독정권 수립을 지시했음을 보여 주는 매우 귀중한 문서이다. ……이 지시가 내려간 시점부터 분단 움직임이 시작됐다고 해도 과언이 아니다"

　　　　　　　　　　　　　　　　　　　－와다 하루키(동경대 교수)

분단의 1차 원인이 스탈린임을 잘 보여 주는 절대 지점인 것이다. 광복 한 달 만에 스탈린이 한반도를 요리할 작전 구상을 끝냈다는 사실이다. 이 지점의 꼭대기에 서서, 이 시점을 스타트로 한반도 분단의 전체 흐름을 조망해내는 지혜가 있어야 할 것이다. 결국 스탈린의 요리는 북한정권이 '소비에트 정권'이 아니라 '반일적인 민주주의 정당·사회단체의 광범위한 동맹에 기초한 부르주아 민주정권'이어야 했다. 그리고 이 정권이 연해주군관구 군사평의회의 지도에 따라 북한사회의 부르주아 민주적 변혁사업을 추진해야 할 것으로 보았다.

1945년 10월 8일(이승만 귀국 8일 전) 북한 독자정권을 수립하라는 스탈린 지령을 실천하기 위해 북한 5도 인민위원회 회의가 소집된다.

북한주둔 사령관 치스차코프는 개회사에서 소비에트 질서 도입의 계획이 없음을 자랑스럽게 약속한다.

"한국의 민주 독립국가 건설은 한국 민중 스스로 해결해야 할 일이다."

이미 북한 사람들 중에 저 말을 믿는 사람은 없었다. 그는 주장한다.

"소련군은 반일적인 민주정당·사회단체의 광범위한 동맹에 기초한 부르주아 민주정권의 수립을 원조할 것이다."

북한 민중이 스스로 해결해야 할 국가라고 해놓고서 경계를 정한다. 동맹에 기초한 부르주아 민주정권은 공산당 지도 아래 있어야 한다는 말이었다. 이미 상황은 북한 민중들 스스로 할 처지가 아니게 된다. 여기에 그는 한술 더 떠 역설한다.

"먼저 민주적인 방법으로 지방 정권기관을 수립하고 북한 6개 도(道) 경제문화생활을 지도할 중앙기관을 수립해야 한다."

누가 감히 반발하겠는가? 회의 참가자들은 8～10일 기간에 분과활동에 들어간다. 행정·산업·농업·상업·조달·재정·철도교통 등으로 나뉜 분과활동의 임무는 북한의 행정·경제·문화생활을 통일적으로 관리하기 위한 대책을 심의해 일련의 결정을 채택하는 거수기 역할을 충실히 하는 것이었다. 그 결과는 11일 총회에서 공포되었다. 총회에서는 먼저 '북조선 지방자치기관 조직의 기본원칙'이 채택된다. 일반 평등 선거권에 기초한 비밀투표로 리장은 11월 1～15일 리 총회에서 선출하고, 면장은 11월 15～30일에 면 대회에서 선출하되 도·시·군 인민위원회 위원은 따로 선거 않고 현시점에 조직된 대로 그대로 두거나 '원칙(?)'에 따라 보완할 것을 결정한다. 선거권과 피선거권은 20세에 이른 모든 주민에게 부여함은 당연하다. 북한 자체의 중앙집중적 경제관리기구를 창설하기로 하고, 경제복구, 신용대부의 발전, 화폐유통 조절을 위한 북조선중앙은행 설립도 확정된다. 5도 인민위원회 회의에서 분명해진 것은 북한을 독자 행정·경제 단위로 분리해 북한 자체의 정치·경제·문화생활을 통일적으로 지도할 중앙집권적인 관리기구인 중앙정권기관을 창설한다는 것이었다. 지금도 그렇고 당시에도 남한의 좌익들은 북한의 이 천인공로할 분단 획책 행위에 대해 아무도 비판하지 않았다. 오로지 남조선 헐뜯기에 여념이 없었다. 10월 13일 치스차코프와 제25군 군사위원 레베제프는 메레츠코프에게 회의결과 보고서를 보낸다. 그리고 요구한다.

"북한의 정치 · 경제 · 문화생활 정상화를 위해서는 행정 · 경제 · 관리를 중앙집중화해야 한다."

벌써 멀리 진도 나간 소련이 북한의 중앙집중화를 고민하는 그즈음인 10월 16일에 맥아더의 군용기를 이용하려 했으나 하지의 반대로 NWA편으로 이승만 박사가 귀국한다. 광복 2개월이 지난 후였다. 2주가 아니다! 미국 국무성이 일찍 못 가게 막아서이다. 임정 요인들이 먼저 귀국해 정국 주도권을 장악하는 것을 막아야 한다는 생각? '글쎄올시다'이다. 2달 후에 온 것이 무슨 자랑이라고? 아직 임정 요인 입국 전이니까? 그것은 임정 사정이고 이승만은 2주일 만에 오려 했는데 2달이 걸렸다는 것만이 진실이다. 정국 주도권은 이미 좌파들이 움켜쥔 상태로 말이다. 그는 일제가 물러났으니 이제 한국인과 함께 독립된 대한민국을 건설하러 온 것일 뿐이었다. 민족진영 3영수 중 가장 먼저 입국한 것은 사실이다. 민족진영의 3영수라 일컫는 김구, 김규식, 이승만의 입국 과정은 결코 순탄치 못했다. 이들 3인 민족지도자가 수십 년의 망명생활을 청산하고 귀국할 당시 이미 한반도 남쪽에는 미군정 체제가 성립되었다. 남한 유일 권력체로 군림하기 시작했다. 물론 북한은 군림을 넘어 중앙집중화를 고민하고 있었지만 어쨌든 이날 미군정 사령관 하지는 미군정의 유일 합법성을 유난히 강조하면서 이승만에게 고춧

가루를 뿌리듯 말했다.

"군정청은 일본의 통치로부터 국민의, 국민을 위한, 국민에 의한 민주주의 정부를 건설하기까지의 과도기간에 38도선 이남의 조선 지역을 통치·지도·지배하는 연합군 최고사령관 지도하에 미군이 설립한 임시정부다. 군정은 남조선에서 유일한 정부이다."

이승만은 귀국 일성으로 '미국의 우산을 거부'하며 자주독립의 기치를 내걸었다.

"나는 앞으로 우리의 자주독립을 위해서 일하겠거니와 싸움할 일이 있으면 싸우겠습니다."

그 이튿날에도 이승만은 조선총독부 앞에서 비슷한 대중연설을 한다. 사실 그는 한말 독립협회가 개최한 만민공동회에서 가장 유명한 연사였고 살아 있는 독립운동의 전설이기도 했다. 사람들은 그가 무력투쟁론에 반대한 것으로 매도한다. 하지만 미국과 일본의 '태평양 전쟁'을 예견한 거의 유일한—그것도 4년 전에 이미—사람[1] 이며 미일 전쟁 시기에 미국의 소리 방송을 통해 한반도에서 왜놈들 다 불태워 죽이라고 한 전투적 독립투사이다. 이승만이 반대한 무장투쟁론은 외교 없는 무장투쟁론을 뜻하였고 그것은 테러리즘에 불과하다는 의미에서 도시락 싸들고 말렸던 것이다. 애꿎은 최상급 동포 청년들이 자꾸 죽어가므로 그는 우리 힘이 부족한 상태에서는 국제외교를 통해 각국의 동정과 지지를 얻는 방법을 최선의 길로 선택했다. 그의 독립운동 방법론은 '외교론'으로 집약되는 바, 그것은 무장투쟁의 극대화라는 뜻의 다른 말이다. 외교란 힘이

---

[1] 일본과 미국에 동시에 정통했기 때문에 가능했을 것이다. 누가 일본이 미국과 전쟁하리라 상상했겠는가?

바탕이 되지 않으면 무의미하다는 것을 모를 이승만(그는 국제정치학 박사이다. 하버드대!)이 아니니 그의 '외교론'을 오늘날 대한민국 외교관의 외교와 혼동하지 말아야 하는 것이다. 그는 공산주의를 철저히 배격했으며 공산주의와 타협하는 일에 절대 반대하기로 유명하다. 그는 1930년대 초반에 소련 모스크바에 가게 되었는데 그때 스탈린 정치의 본질을 단번에 알아챘었던 것이다. 사람들이 제정신으로 하는 정치가 아니라고 간단히 판단한 것이었다.

"공산주의자는 타도 대상이지 결코 대화나 협상의 대상이 될 수 없다."

반면에 이승만 귀국 당시인 1945년 10월의 미국은 연합노선(좌우합작정부수립정책)을 추구하고 있었다. 그래서 미국(미국무성)과 미군정은 그를 경계했고 타협을 모르는 고집불통 인물로 인식했다. 1947년 3월 트루먼 독트린으로 미국이 소련과의 결별을 공식 선언한 후 좌우연합정부수립 정책을 바꿔 한반도 문제를 유엔으로 이관할 때까지는 이승만도 미군정의 배척 대상이었다. 그래서 앞서의 귀국 일성을 토했던 것이다. 스탈린의 본질을 매우 잘 알고 있던 이승만은 미국의 대(對)한반도 정책을 불신했다. 미국 아이들이 너무 순진하다 생각했다. 소련과의 협조는 애당초 불가능하다고 확신하고 있던 이승만은 1946년 6월의 정읍 발언에서 남한의 단독정부 수립을 강력히 주장하는 선수를 쳐 미국을 압박하기도 했다. 광복 정국에서 반소반공 노선을 뚜렷이 천명하기도 했다. 소신 없는 정치인은 결코 할 수 없는 단호한 주장이었다. 김구의 좌우연합노선에 불만을 품었던 이승만은 심지어 임시정부에 대해서도 "이미 좌경화돼 신생 독립국의 주체가 될 수 없다."고 비판했다.

"임시정부는 좌경화됐다."

이처럼 막강 반공주의로 무장한 스탈린에 버금가는 지략을 갖춘 마키아벨리스트가 남한 땅에 도착했으니 스탈린도 잠시 장고에 들어가게 된다. 그래도 뭐 특별한 변화가 있겠나 싶어 떠오르는 태양, 공산세계의 대황제 스탈린 동무는 하던 일을 계속한다.

10월 17일, 소련 정부의 지령이 도착한다. 내용은 다음과 같다.

(1) 북조선임시민정자치위원회 창설 : 1945년 11월초 평양에 북한 주민의 민주적인 분자들 중에서 25~30명을 성원으로 하는 '북조선임시민정자치위원회'를 창설할 것. '임시위원회'는 도·군 자치 기관의 사업을 지도하고, 도·시·군·면·리 인민위원회 선거를 실시할 것.

(2) 10개 행정국 조직 : 임시위원회 내에 산업, 농업, 상업, 재정, 교통, 통신, 교육, 보건, 보안, 사법의 10개 행정국을 조직할 것.

(3) 사령부의 직접·상시적 통제(해방군? 훼방군?) : 임시위원회와 행정 10국의 사업은 북한 주둔 소련군 사령부의 직접적이고 상시적인 통제 하에 놓인다.

(4) 민정담당 부사령관 직제 도입 : 임시위원회와 행정 10국 사업을 통제하고 지도하기 위해 북한 주둔 소련점령군사령부에 민정담당 부사령관 직제를 도입할 것.

(5) 실행기구 창설 : 민정담당 부사령관 예하에 인민경제의 각

부문 소련 전문가들과 정치 활동가들로 실행 기구를 창설할 것.

　　이제 본격적으로 마각을 드러낼 때가 왔다. 10월말 조선공산당 북조선분국 창설을 추진한다. 북한자체 중앙집권적 정권기관 수립 방침이 움직일 수 없는 기정사실로 확정되었으므로 이제 저 정권기관 활동을 지도할 공산당 결성이 현안으로 떠올랐던 것이다. 46년이 아니고 45년, 해방된 지 불과 2달 반도 채 못 된 시점이라는 것을 기억하길 바란다. 그들은 오랜 준비와 오래된 노하우를 자랑하기 시작한다.

　　(공산당 내부투쟁 개시) 소련군 지도자들은 한국에 통일적인 공산당이 조직되지 못했으며 재건파와 장안파 파쟁이 당 단체들의 조직사상 강화에 파괴적 영향을 미친다고 보았다. 그래서 통일적인 공산당 수립 조치를 신속히 취해야 한다고 판단하게 된다.

　　소련군은 또한 북한의 당 활동에도 불만이 많았다. 도당위원회 지도부만 해도 그렇다. 그들의 대부분이 정치사상적 준비가 미약한 신참 당원들(사실 공산당은 이러한 기회주의자들을 환영하는 경향이 있음, 강점임이 분명함)이며, 당원들은 당원증도 제대로 소지하지 않고 지도부도 선거를 통한 임명이 아니라는 것도 문제였다. 도당위원회라는 것이 조성된 정치상황은커녕 '부르주아 민주주의 혁명의 성격'도 올바르게 이해 못해 소비에트 정권을 즉시 수립하려는 좌경적인 오류를 함부로 범하고 있다고 보았다. 또한 이러한 문제는 북한의 당 사업을 지도할 단일한 '중앙 지도기관'이 없기 때문인 것으로 판단하게 된다. 이 판단이 공산주의운동 본거지를 소련군이 진주한 평양으로 옮기고 평양에 독자적인 공산당을 조직해 이를 매개로 북한을 비롯한 전체 공산주의운동에 대한 확고한 통제를 확립해야 한다는 결론으로 귀결된다. 제25군 군사위원 레베제프는 주장했다.

"서울의 당과 관계없이 이북에 조직위원회를 만들어야 한다. 나중에 합치는 한이 있어도 이북에 조직위원회를 두자."

그러나 소련군정의 구상은 서울 중앙을 지지하는 '토착 공산주의자들'로부터 강한 반발을 불러일으키게 된다(사실 그들은 스탈린을 잘 모르고 공산주의를 그냥 책으로만 만났으므로 자신들의 반발이 무엇을 의미하는지도 잘 몰랐음). 박헌영은 '중앙의 지도와 연락의 중계기관'으로, 또는 '정치행동을 효과적으로 하기 위하여' 북한의 각 도당 책임자와 열성자가 '중앙지도 하에서 조선공산당 북부조선분국을 조직하여 지도하도록' 지시했다. 조선공산당 중앙위원회에 복종하는 북조선분국의 창설로 타협점을 모색한 것이다. 하지만 소련이 정말 필요로 한 것은 북조선분국 창설이지 누가 지도하느냐는 중요한 것이 아니었다. 어차피 자신들이 지도하게 되어 있었던 것이다.

한편, 소련군은 북한에 독자적인 정치 기반을 갖는 정당 사회단체 창설도 필요하다고 인식하고 있었다. 이에 조만식을 중심으로 하는 민족주의 세력의 조직화에 일차적 관심을 가지게 되는데, 민족주의자가 각급 자치기관에서 다수를 점하는 상황에서 이들을 배제하고 대북한 정책을 추진한다는 것은 무모했기 때문이다. 민족주의자들을 연소용공(聯蘇容共)의 방향에서 순치하기 위해 이들을 조직화할 필요가 있었다. 당시 북한의 민족주의자들에게도 연소용공은 불가피한 현실이었다. 소련군정 치하에서 이러한 태도를 견지하지 않는 한 생존 자체가 불가능했기 때문이었다. 저들의 해방은 목숨으로부터의 해방인 경우가 너무 많았다. 그래서 만들어진 11월 3일 조선민주당 창립총회에서 조만식은 연소용공합작을 분명히 한다.

"붉은 군대만이 우리가 자유롭게 회합해 오랫동안 갈망해온 정당을 조직할 수 있는 자유를 우리에게 주었다. 김일성의 이니셔티브에 의해 조선민주당은 조직될 수 있었다. 남조선 인민은 우리가 북조선에서 향유하는 그러한 자유를 누리지 못하고 있다."

이렇게 소련군과 김일성의 업적을 치켜세운 뒤 공산주의자들과 협력해 한국 민중의 민주주의적 권리를 쟁취하기 위해 투쟁할 것을 호소했다. 하지만 소련군은 조만식의 진짜 속마음을 이미 알고 있었다.

북한에 독자적인 정권기구를 수립하려는 소련군정의 구상은 소련정부의 전폭적인 지원 아래 추진되기 시작했다. 그러나 소련군정의 계획이 아무런 반대 없이 곧바로 실현될 수는 없었다. 조만식은 소련군정의 구상에 분명히 반대의사를 표명했다. 그는 15일 김일성과 한 대담에서 주장했다.

"이승만, 김구, 김일성 등을 포함하는 중앙정부의 수립에 참여해야 한다."

참고로 이승만과 김구는 모두 고향이 황해도 해주[2]이다. 조만식

---

2 광복 후 해주시(市)로 개칭하였다. 1945년 9월 2일 미국과 소련이 38선을 경계로 한반도를 분할 점령할 때 해주 땅 대부분이 38선 이북에 속했다. 38선 이남의 용당포 지역은 미군정과 소련군정의 합의 끝에 38선 이북으로 간주하기로 합의하

은 이를 위한 자신의 서울 방문 계획을 김일성과 협의했다. 하지만 조만식의 서울방문 계획은 결국 취소되고 만다. 소련의 지령을 받은 김일성이 답변한다.

"인민의 참여에 기초해서 밑으로부터 정권기관을 수립해 나가고 나중에 중앙정부를 수립해야 한다."

하지만 조만식은 이렇게 주장한다.

"12월 1일 이전에 중앙정부를 수립해서 외국군대의 철수문제를 제기할 수 있도록 서둘러야 한다."

공허한 메아리였다. 그래서 그는 또 이렇게 김일성을 비난했다.

"김일성이 점령군 철수를 방해하고 있다."

조만식 등의 반대로 11월초에 북한에 독자 중앙정권기관 수립 계획은 실현되지 않았지만 소련군정은 시간을 마냥 흘려 보내지는 않았다. 우회전술로 중앙정권기관으로 가는 가교 마련에 분주했다. 소련군 사령관 명령에 따라 북조선 행정 10국이 창설(11월 19일)됐다. 행정 10국은 소련군 사령관의 직접 통제와 10개의 국에 파견된 소련군 사령부 고문의 지도를 받아 각 도 사이의 경제적 연계를 확보하고 행정 경제의 각 부문을 지도하는 부문별 중앙행정기관의 기능을 하기 시작했다. 11월말에 북한의 민정업무를 지도하기 위해 소련군 사령관 예하에 민정담당 부사령관 기구도 설치됐다. 행정 10국은 10국 전체를 총괄하는 중앙 지도기관이 없어 중앙집권적인 집행기구의 성격이 약하고 다분히 연락을 위한 과도조직에 머물렀다. 그러나 소련군정의 정책방향을 염두에 둔다면 행정 10국의 창

여다. ―〈미소의 38선 정책과 남북갈등의 기원, 정병준〉

설이 무슨 뜻인지 명확히 알 수가 있다. 행정 10국 창설은 조건만 갖춰지면 중앙 지도기관이라는 지붕을 얹어 소련군정의 통제를 받는 중앙 정권기관 창설의 준비가 사실상 완료되었음을 뜻했다. 아직도 한반도 분단의 책임이 누구에게 있는 것인지 모를 사람은 없게 되었다는 말이다.

더 자세한 사항은 〈분단일지〉로 정리하여 부록 I로 싣는다.

일본이 왜? 그리고 소련이 어떻게?

왜 일본은 1945년 상반기 패색 짙던 그 시점에서 결국 미국 원폭을 얻어맞고야 말 그 종착점까지 항복을 늦추었을까? 소련이 어떻게 그토록 신속하게 한반도에 진출할 수 있었던 이유는 무엇이었을까?

1944년 말 : 일본의 항복 가능성 점차 높아짐
1945년 상반기 : 일본의 패색 짙어짐.

우리는 항복 선언을 늦추던 그 시기는 바로 일본이 '세력 균형'을 염두에 두고 소련을 만주와 한반도에 끌어들이기 위해 사력을 다했던 시기와 일치한다는 사실에 주목해야 한다. 즉, 이 기간 동안에 분단은 물론 6.25동란까지 '결국 가능케' 한 동북아 상황을 일본이 적극 조성하였다. 만일 그렇지 않았다면 소련이 그토록(서로 사전 조율 없인 불가능할 정도로) 신속하게 한반도에 진출할 수 있었던 이유를 설명할 길이 없다. 일본이 소련군의 한반도 진군을 막거나 지연시킬 힘이 없어서가 아니었다. 일본이 만주와 한국에서 군대를 철수하거나 신속하게 항복하면서 소련을 한반도에 끌어들였기 때문이다.

8월 8일, 이미 블라디보스토크에서 군대 움직인 상태로 '참전'을 선언한 소련

8월 9일 '총 한방 쏘지 않고' 함경북도 웅기에 상륙

8월 13일에는 벌써 청진(여기선 일본군 거친 저항)으로 진격

8월 15일, 일본은 기다렸다는 듯이 항복을 선언

일본이 항복 선언하던 바로 이때, 일본이 강조했던 것은 미국에 대한 항복이 아닌 미·소에 대한 항복이었다.

"일본은 자기네 항복은 소련이 포함된 연합국에 대한 항복임을 주장."

일본은 이미 분단 전에 만주에 주둔한 관동군과 일본 본국 대본영도 작전 분계선으로 경기도와 황해도 일원을 포함한 지역을 설정한 바 있고 한말에 청일·러일전쟁 때도 38선을 운운했었다. 미국이 38선을 그을 때 이러한 일본의 정보를 참고했음은 거의 확실하다. 실제로 일본은 한반도 분단을 여러 경로를 통해 미국에 계속 권했었다. 그리하여 한반도는 미·소뿐만 아니라 일본에게도 이용당했다.

한반도 불행에는 아랑곳 않고 소련을 끌어들여 동서냉전을 가속화한 뒤 '어부지리'를 취하려는 일본의 '항복 전략'은 종전 후 그대로 맞아떨어졌다. 이는 전후 동아시아 냉전 과정과 그 결과를 살펴보면 더욱 분명해진다. 일본은 미·소의 세력다툼을 교묘하게 이용해 미국으로부터 전폭적인 지원을 얻음(원래 한반도로 들어올 지원임)으로써 패전의 잿더미에서 빠른 속도로 국가를 재건할 수 있었다. 38선 확정은 6.25전쟁을 초래했으며 이 전쟁에서 가장 많은 득을 챙긴 쪽은 일본이었다. 그 후 일본은 세계 제2의 경제대국으로 올라섰다. 냉전 체제가 무너지고 패전 70주년을 맞는 오늘의 일본 우익은 더 이상 '냉전'의 생존 법칙, 즉 '패자의 순종'이 필요 없게 되었다. 눈치 볼 필요가 없어졌다. 총리가 주변 국가의 반대를 무릅쓰고 야스쿠니 신사 참배를 강행하거나, 전쟁 범죄를 멋대로 미화하고, 독도 영유권에 대해 갈수록 목소리를 높이고, 평화헌법을 뜯어 고치는 것은 항복 선언의 마지막 순간까지 미국과 소련을 상대로 이중 플레이를 펼치며 한반도를 활용했던 '귀신같은 솜씨'와 같은 맥락이다. 국제 정세의 냉엄한 교훈을 얻지 않을 수 없다. 이처럼 일본은 한반도 분단에 있어 소련 다음으로 책임을 져야 할 주범에 가장 가까운 제1의 종범(단지 힘이 없었으므로)임을 직시해야 하는 것이다.

"만약 이 결정이 8월 6일(원폭 투하) 직후에 이루어졌다면 소련은 참전 기회를 잃었을 것이고 38도선에 의한 한반도 분할이라는 비극은 생기지 않았을 것이다. 반면 8월 9일의 심야회의에서 초토결전의 강경론이 득세했더라면 미국이 인명피해를 두려워해

상륙을 늦추는 동안 소련군 기갑부대는 한반도를 남하하여 남쿠릴, 홋카이도, 오우까지 진출해 마침내 일본이 미국과 소련에 의해 분할됐을 것이다. 8월 9일 밤 천황의 결단은 일본을 이러한 비운에서 건졌지만 한국이 일본을 대신해 분단되는 결과를 낳았다."

─오다카(尾高朝雄)

이산가족을 찾습니다

1983년 스튜디오 830(1991년 시작된 아침마당의 전신) 제작진들은 6.25 한국동란 발발 33주년을 맞이해서 특별방송을 준비한다.

"아직도 내 가족을 못 찾았소."

단순한 6.25 특집으로 타령조의 제목으로 시작한 이 프로그램은 곧 온 대한민국을 눈물과 감동의 도가니로 몰아넣으며 세계인의 이목을 서울로 집중시켰다. 이것이 바로 〈생방송 이산가족찾기〉의 시작이었다.

"지난해 정전 60년을 보냈다. 동족상잔의 비극도 기가 막히지만, 60년이 넘도록 정전에서 한 걸음도 나아가지 못한 것도 기가 막히다."

−2014년 도법스님

오랜 시간 한국인에게 있어 가족이란 단순한 혈육 그 이상의 의미였다. 가족은 곧 나의 정체성이었고 삶을 지탱하는 울타리였다. 하지만 1950년 6.25전쟁은 그 가족을 앗아갔다. 그리고 '이산가족'이라고 하는 우리 한민족만의 새로운 풍경을 낳았다.

헤어져 산산이 흩어진 한 집안의 겨레들, 격동의 대한민국 현대사가 낳은 비극적 장면이 아닐 수 없다.

6.25전쟁(민족상잔전쟁)은 근대 유럽식 국제체제가 형성된 1500년부터 현재까지 발생한 전쟁 가운데 군인 사망자가 일곱 번째로 많았던 대규모 동족상잔(전쟁중 죽은 군인 대비 민간인 사망자수 세계 1위)에 UN이 개입한 국제전이었다. 누가 먼저 총을 쏘았는가?

당시 남북한 전체 인구의 1/5이 피해(남측 : 군인 55, 민간인 220만명/북측 : 군인 85, 민간인 50만명)를 입었으며 개인별로 보면 한 가족에 1명 이상이 피해를 입은 것으로 추정할 수 있다. 6.25전쟁은 사회 경제적인 측면에서도 큰 피해를 남겼다. 남한의 경우 일반 공업 시설의 40%, 북한은 전력의 74%, 연료 공업 89%, 화학공업의 70%가 피해를 입었다.

그 후 30년…… 그 가족이 다시 만났다. 서울의 봄을 누른 전두환 정권 2년차인 1983년 6월 30일 밤 10시 15분, 초여름 산들바람 부는 지금부터 32년 전 그때까지만 해도 〈생방송 이산가족찾기〉는 정전협정 30주년을 맞아 기획된 KBS(한국방송공사)의 일회성 특집에 불과했다.

"찾는 사람의 방송이 쭉 나가고 난 뒤에 거기에 맞는 사람이 와서 서로 확인을 하고 가족임을 확인하는 과정에서 벌어지는 극적인 장면은 어떤 드라마보다 훨씬 감동을 줄 것이다."

이런 정도의 '시사 심파극'을 다소 예상했던 프로그램이었다. 9시 뉴스와 정규 프로그램이 끝난 10시 15분, 부조정실의 '큐' 사인과 함께 생방송이 시작되고 사회자의 말이 이어졌다.

"33년이 지나도록 생사를 알 길 없어서 꿈에도 그리던 가족들을 혹시나 만날까 하는 마음에 이곳에 많은 이산가족 여러분이 참여하셨는데…… 혹시나, 혹시나 하는 그 안타까움으로써 이 밤늦게……."

말 그대로 '혹시나' 하는 마음이었다. 스튜디오를 빼곡히 메운 것은 3일 전부터 접수받은 800여 이산가족들, 중간 중간에 '지루함'을 달랠 가수들 공연까지 준비하였다. 그러나 드라마보다 더 드라마 같은 극적인 상봉은 첫 방송이 전파를 타자마자 곧장 이루어졌다.

만감이 교차하는 긴장감을 천천히 거친 다음에 술렁이며 시작된 시청자 반응은 정말 뜨거웠다. 열대의 전화를 스튜디오에 설치하고 생방송을 진행했지만 10분도 채 되지 않아 말 그대로 전화통에 불이 나기 시작했다. 방송을 보던 이산가족들은 밤 11시가 넘은 야심한 시각까지 사전 출연약속 없이 무작정 여의도 KBS 스튜디오로 몰려왔다. 유철종 MC가 "빨리 KBS로 달려와 주시기 바랍니다, 통행금지가 해제되었기 때문에 언제든 나오실 수 있어요"라는 멘트를 여러 차례했던 것도 이런 반응을 더욱 부추기는 결과를 낳는다.

이산가족들은 그저 방송 나올 수도 있을 거라는 실낱같은 희망을 의지한 채 무작정 여의도로, 여의도로 찾아왔던 것이다.

상봉은 봇물 터지듯 계속 이어졌다.

이미 예정된 방송시간을 훌쩍 넘기고 난 후였다. 첫날 방송은 새
벽 2시 45분이 되어서야 끝났다. 그래도 이날 방송분으로는 사전
신청자의 극히 일부만 소개할 수 있었을 뿐이었고 내일 또 하는 것
으로 결정하였다.

"내일도 한답니다."(멘트)

이때만 해도 방송이 11월까지 가리라고는 아무도 몰랐다.[1] 이날
5시간 30여 분 동안 총 29가족이 서로 만났다. 이렇게 시작된 이산
가족찾기 특별 생방송은 5일간 밤낮으로 이어졌다. 이 5일간의 릴
레이 생방송 동안 시청률은 78%를 찍었고 500여 명의 상봉이 이루
어진다.

7월 1일 KBS 중앙홀에서 밤을 새기 시작한 이산가족들은 폭증
하는 신청에 KBS가 더 이상 접수를 받지 않자 KBS 본관 건물 벽과
기둥에 스스로 벽보를 써서 붙이기 시작했다. 방송에 출연 못한 사
람들은 KBS 앞 광장에 사연을 적어 붙였다.

'혹시 그 속에 내가 찾는 가족이 있을까?'

벽보들은 며칠 지나지 않아 본관의 손닿는 부분까지 모두 도배되
어 버렸고, 벽보공간은 점차 여의도광장 앞으로 확산되기 시작했다.

---

1   결과적으로 이 릴레이 방송은 그해 11월 14일까지 총 453시간 45분 동안 단일
주제 연속 생방송이라는 기록을 세웠고, 기네스북에 등재된 이 기록은 지금도 깨지
지 않고 있다.

"8.15해방 직후에 38선이 막히는 바람에…… 나는 빨갱이들 여
성동맹을 했기 때문에 언니들이 나는 안 나온 줄 알고…… 아무
도 찾아주는 사람이 없습니다."

"'함경남도 원산에서 첩보활동을 하던 저의 부친이 김××씨인데
요. 그 삼촌되는 작은 아버지 김○○씨와 형 되는 김○×씨를 찾
으러……."

특이한 것은 북한 사람들은 작은아버지나 큰아버지를 부를 때는
꼭 이름자 뒤에 '씨'자를 붙인다는 사실이다. 경어인 것이다. 식구
들이 24시간 교대로…… 옆에서 보는 사람, 뒤에서 보는 사람이 딱
할 정도로 TV에 매달리다시피…… 세계 어디에서도 찾아볼 수 없
었던 만남의 현장, 세계의 이목은 서울로 집중되었다. 세계 주요 25
개 방송, 42개 신문과 잡지들이 상봉 소식을 자국으로 실어 날랐
다.

"남한은 한국전쟁으로 수십 년간 떨어져 있던 이산가족 상봉을
위해 TV를 이용하고 있다."   −ABC 뉴스

"(KBS의 이산가족찾기 방송이) 전무후무한 반향을 불러일으키
고 있다. 30년 만에 이루어진 재회의 드라마 그 뜨거운 흥분을
전해 드리겠습니다."   −NHK

"식음을 전폐하다시피 하고 전념했다."
그만큼 그들은 가족을 갖고 싶었다. 접수를 하러 왔다가 공개홀

이나 여의도광장에서 바로 만나게 된 케이스도 여러 건, 개중 몇몇은 공개홀로 초대되기도 했다.

"어떤 사람이 계속 벽보를 떼 가서 대체 어느 놈이 이러는가 하고 보려니까, 나랑 똑같은 이름들을 써놓은 플래카드를 갖고 있더란 말이지요…… 그래서 만났습니다."

그때는 스마트폰이 없었다. 어느 것 하나 애절하지 않은 사연이 없었고, 누구 하나 눈물짓지 않은 사람이 없었던 83년의 여름. 그해 여름을 흑백사진처럼 우리네 마음 한켠에 곱게 간직해 두는 지혜가 정말 필요한 대한민국의 가을이다.

국민적 일체감 같은 정서를 형성하는데 굉장히 커다란 기여를 하게 된다. 이는 분명히 전두환 대통령의 업적이기도 하다. 운명이다. 당시 대통령이었던 전두환의 통일에 대한 의지가 없었다고 말할 수 없는 대목이다.

무엇이 이토록 많은 사람들을 TV 앞으로 불러 모은 것일까? 꾹꾹 눌러 놓았던 상처가 방송과 함께 분출한 거다.

"한국 국민들이 입은 전쟁의 상처는 우리 자신들이 생각한 것보다도 엄청난 것이었다. 외국인들이 어떻게 이 현상을 이해하겠는가. 마치 의사가 환자의 환부를 절개하였더니 수술하기 어려울 만큼 곪아 있었던 것과 같았다."   ─이원홍 당시 KBS사장

이산가족이 아니어도 우리 모두가 헤어지고 흩어지는 이산의 아픔을 겪어 온 민족이었기 때문이었다. 유영자·유영숙 자매는 아무 말 없이 서로를 막 바로 알아보았다. 혈육의 정이라는 게 얼마나 무

섭고 얼마나 위대한 것인지!

그때 그 만남을 직접 현장에서 느끼는 '감격' 그 이상을 상상하지 못한다면 느낌조차 불가능하다. 눈물과 한숨, 함성과 감격이 교차했던 138일.

"만세! 만세!!" 30년 이산의 아픔이 쏟아지던 그날의 방송, 그때 온 대한민국이 함께 울었다. "엄마!" "언~니야!" "얼굴을 보시면 금방 알 수 있겠죠?" "전혀 몰라요." "너 지금 몇 살이지?" "옳게 몰라요." "그러면 아버지 이름은?" "아버지 이름도 몰라요." "너 얼마나 고생했니?" "내가 너를 얼마나 찾을려고…… 자나 깨나 너 때문에 내가 얼마나……." "파란 점" "허벅지 7센티 상처" "데인 자국" "이 소식을 누구에게 전하면 좋으냐. 부모가 있어야 전하지."

초여름에 시작된 이 특집방송은 연장에 연장을 거듭해 어느덧 방송 4개월, 눈물과 감격의 소용돌이 속에 한 계절이 흘렀다. KBS 특별생방송 〈이산가족을 찾습니다〉는 1983년 6월 30일 밤 10시 15분에서 11월 14일 새벽 4시까지 4개월 15일, 138일간의 생방송으로 대단원의 막을 내린다.

동원된 연인원 20만 명, 평균시청률 70%, 최고시청률 78%, 방송을 통해 이산가족 사연 5만3,536건이 소개됐고 1만189명이 잃어버린 가족을 찾아 혈육상봉의 기쁨을 나누었다. KBS 앞 광장에 벽보를 내건 사람만 10만 명(총 10만 952건의 신청 건수), KBS 앞에 걸렸던 것은 수십 년이 지나도 결코 버릴 수 없었던 '희망'이었다. 7

월 9일 이산가족찾기 운동이 범정부 차원의 국민운동으로 전환되자 현재의 한국산업은행 부지에 '만남의 광장'을 조성하여 지역별로 섹션과 천막을 설치하고 이산가족찾기 명부를 갖다놓았다. 생방송이 11월 중순까지 편성된 후에도 헤어진 가족 찾으려는 사람이 몰려들어, 여의도광장에 설치되었던 '만남의 광장'은 다음 해인 1984년 여름까지 꼭 1년간 유지됐다.

이 땅에 남북한 이산가족은 12만 8천여 명, 그 중 5만여 명은 끝내 가족을 만나지 못한 채 세상을 떠났고 나머지 7만여 명 가운데 대부분은 70~80의 연령대 고령자들이다. 〈생방송 이산가족찾기〉, 32년 전 온 대한민국을 울렸던 그 드라마는 끝이 났지만 이산의 아픔은 여전히 현재진행형이다. 이럴 수는 없다. 이념으로 민족의 행복을 억압함에 있어 결코 이럴 수는 없다.

2013년 이후 당국과 KBS는 프로그램 관련 기록물 전반을 세계기록유산 등재를 추진하여, 2015년 10월 9일 〈이산가족을 찾습니다〉 프로그램 녹화물은 세계기록유산으로 지정되었다.[2] 이에 대한민국이 보유하고 있는 세계기록유산은 총 13개 항목에 이르며 이는 세계에서 4번째로 많은 것이다. KBS는 깨알같이 이 뉴스를 다음날 아침 뉴스광장 헤드라인으로 올렸다. 453시간 45분이라는 세계 최장 연속 생방송 기록이라는 특징과 함께 전쟁의 아픔을 고발하고 각계각층의 참여를 이끌어낸 점이 높이 평가되었다. 방송 기록이 세계기록유산에 등재된 것은 독일의 베를린 장벽 붕괴 관련 방송기록 이후 두 번째이다. 방송의 반응이 워낙 뜨거웠던 데다가 냉전시

---

2 국내 유교서적 간행을 위해 만들어진 목판 6만 4천 장도 함께 세계기록유산으로 등재되었다.

대에 갖는 역사적 의미도 다분했기 때문에 미국, 일본 등 제1세계 매체에서 주요 토픽으로 다루었던 것이다. 유네스코 출품작인 영상에서는 AP의 텔레타이프 타전과 미국 ABC의 7월 3일 보도, 그 외 일본 TBS 보도가 들어 있다. 당시 미국 대통령이던 로널드 레이건이 이 프로그램을 언급하며 북한의 참여를 독려하는 연설 장면도 들어 있다.

방송 내용이 내용인 만큼 대북 심리전이 빠질 리 없었다. 2014년 3월 26일에 비밀해제된 1983년도 외교부 작성 문서에는 본 프로그램을 대북 심리전과 안보 교육용으로 활용할 것을 각국 재외 공관에 지시한 내용이 담겨 있었다. 이러한 대외적 압박은 소기의 성과를 거두어 1984년 한강 대홍수 당시 북측 적십자는 남측에 구호물자와 쌀을 전달하였고, 1985년에는 적십자를 통한 최초의 남북 이산가족 상봉이 성사된다.

제주 4.3, 그리고 이덕구
: 돌개바람 닿아 태풍의 눈에 들어간 제주

사람은 그가 한 행동으로 판단되어져야 한다.

비록 그가 공산주의 마음을 시뻘겋게 가졌다 손치더라도 행동 목표를 자유민주주의에 두고서 공적을 쌓았다면 그의 행동은 자유민주주의 업적으로 평가되어야 마땅하다. 드러난 행동 말고 재단할 방법이 없다. 사람 마음은 함부로 평가할 수 없기에, 그 자신조차 자신의 마음을 잃어버릴 때가 적지 않기에. 마찬가지로 그가 비록 자유민주주의 마음을 가졌으나 행동을 공산주의처럼 하여 업보를 쌓았다면 그의 행동은 공산주의자와 마찬가지로 평가되어야 하는 것이다. 또한 그럼에도 결과로만 그가 한 행동이 전적으로 평가되지는 않아야 하는 것이, 왜냐하면 그가 비록 처음에는 공산주의 마음으로 시작하나 나름 깨닫고 자유민주주의로 되돌아서려고 하나 그 기회가 박탈되었을 때에는 그 마음의 변화는 하나의 행위로서 객관적으로 평가되어야 마땅할 것이기 때문이다. 이러한 측면을 세세히 살피는 것이 바로 참다운 정치력이다. 정치란 그 구성원의 '자랑'을 온 나라에 꽃피우게 하는 정원사 같은 직업이기 때문이다.

가령 공산주의는 당성(黨性), 즉 당에 대한 충성을 최우선으로 한다. 그들에게는 나라도 민족도 그 아래이다. 민족도 언어도 국가도 다 당성에 복종해야 하는 것이다. 그리하여 그 공산주의 당성은 결국 수령 1인에게 집중될 수밖에 없는데, 왜냐하면 그들에게는 나라도, 민족도 중심(실체, 본질)이 될 수 없기 때문에 그렇다. 하지만 이러한 사실을, 이 엄청난 부조리를 그 시대 광복 당시 공산주의를 선호했던 그곳 한반도 백성들이 과연 얼마나 잘 알고 있었겠는가? 그저 다 사람답게 살자는 허울 좋은 구호가 나라 위하는 길인 줄 알고 공산주의에 참여했다가, 그 종국적 실상을 목도함에 후회하고 전향한 사람이 부지기수였던 것이다. 오로지 이기주의로서 자신만을 위한 것이 도리어 애국한 경우가 되어 버리는 일도 부지기수였다. 그것은 차라리 운명이었다. 저 네덜란드 의사 만더빌의 말처럼 '개인의 악도 사회에는 유익(Private vices, public benefits)'할 수 있었다. 무지와 무지의 충돌 상황에서 억울하고 원통한 일은 많았고 어쩔 수 없는 일이었다. 작은 의리로 고집부린 자, 싸움 자체에 매몰된 자, 알고도 욕심 부린 자 등등 좋은 일을 하려다가 지옥 가는 일이 허다했다. 그럼에도 애국자와 모리배의 객관적인 평가는 참으로 어렵고도 어려운 일이다. 열 길 물속은 알아도 한 길 사람 속은 알 수 없는 것이, 나도 내 마음을 갈고 닦지 않으면 금새 모르게 되는 것이 마음이라고 하는 수레, 자동차, 우주선이기 때문이다. 나도 모르게 어느새 저만치 굴러가 덩그러니 서 있는 것이 사람 마음이기 때문이다. 장차 한국불교의 화쟁사상이 과학화·객관화되면 이러한 문제점은 단박에 해결될 것이다. 왜냐하면 화쟁은 마음을 명철히 들여다보면서 거기에서 마음의 수풀을 뒤져 바다 밑을 살펴 진리를 꺼내는 방편이기 때문이다.

4.3의 돌개바람 한반도에 닿아 태풍의 눈에 들어간 6.25의 시절, 사람은 그가 한 행동으로 판단되어야 한다. 그럼에도 다음 글은 그러한 행동을 초월한 사람 본마음에 비추어 거울로 삼아 가장 진실에 부합하도록 여타 자료를 보충하여 재정리한 것이다.[1]

한라산 유격대 총사령 이덕구(당시 29세)는 1949년 6월 7일[2] 교래리 근처 오름에서 사망한다. 바로 그 다음 날인 6월 8일 제주시 관덕정 광장에는 한 시신이 전시되는데 십자형 형틀에 묶인 그의 시체였다. 때 묻은 군 작업복에 고무신을 신고 웃옷 주머니에는 수저를 꽂은 채 입가에 피를 흘리며 헝클어진 머리에 둥근형의 얽은 얼굴로 십자가 판대기에 묶여 있는 사진이 지금까지도 남아 있다. 형틀 옆에 내걸린 '이덕구의 말로를 보라'는 글이 그가 누구인지를 전해주고 있었다. 가슴에는 "이자는 공비의 수괴 이덕구로서 대한

---

1   한림화(1950년 제주 출생) 그녀의 소설 「한라산의 노을」(1991년)이 가장 객관적으로 문제에 접근했다는 판단 아래 주된 참고 자료로 삼았다.

2   국제신문 1948년 11월 6일에 '제주인민군 사령 이덕구 등을 사살' 보도가 있다; 국방부 보도과 5일 발표에 의하면 지난 10월 28일 제주도 고성지구 작전에서 소위 제주도 인민군 사령 이덕구(李德九)의 시체를 발견하였는데 그는 전(前)제주인민군 사령 김달삼의 참모장 격으로 김달삼이 북조선 인민공화국 대의원으로 당선되어 평양에 가자 이덕구는 제2대 인민군 사령으로 임명되어 모종 작전을 계획하다가 국군의 급습으로 사살되었는데 동일한 장소에서 성명부지(姓名不知)의 인민군 대정지대장(大靜支隊長) 등 다수 간부의 시체를 발견하였다 한다. 한편 국방부에서는 이것으로 제주도 소요사건도 일단락을 지을 것으로 관측하고 있다. 하지만 이 보도는 오보였다.

민국 국시를 범한 반역자이다"는 포고가 걸려 있었다.[3]

김일성의 6.25남침 이전의 이 땅 한반도 대한민국 최대 반역자의 한 명이 되어 버린 이덕구는 1920년 북제주군 조천읍 신촌리의 넉넉한 집안에서 셋째 아들로 태어났다. 일본으로 건너가 일신 상업학교를 거쳐 입명관(立命館) 대학에 진학했으며 1943년 경제학과 4학년 재학 중 학병으로 관동군에 입대했다가 1945년 일본이 패망하자 제주도로 돌아왔다.

귀향 후인 1946년 이덕구는 조천면 민주청년동맹 책임자를 역임하며 동시에 조천중학원 역사 · 사회 그리고 체육 교사로서 아이들을 가르쳤다.

사상성을 떠나서나 인간적인 면에서나 이야기할 때는 그렇게 소탈하고, 가식이 없고, 타이도 거의 매지 않았고…… 심지어는 머리도 잘 안 감아서, 학생들이 '선생님 거 뭡니까' 하면 대답도 잘 못해서 '에이, 뭐뭐……' 얼버무리고 노래도 잘 부르지 못하면서 학생들 앞에서 부를려고 애쓰고, 응원단장 노릇도 하고…… 조천국민학교 운동회에 가서 아이들을 삼삼칠 박수 가르쳐 가면서 어울리고…… 선생티를 안내려고 노력하고 했어요. 얼굴은 박박 얽고…… 그래서 노래도 있었어요. '덕구 덕구 이덕구, 박박 얽은 그 얼굴' 하고 학생들이 불렀죠……." (제주 4 · 3연구소 채록)

당시 조천중학원 학생들 증언에 의하면 '사람이 무던히 좋았지

---

3 '제주 4.3'의 인민유격대 사령관 이덕구는 제주도에서 일어난 농민항쟁의 장두가 효수돼 내걸렸던 바로 그곳에 전시됨으로써 장두의 운명을 따랐다.

무슨 사상운동하는 사람 같지는 않았다'고 한다.

그러나 그 당시 세상은 결코 무던하지 않았다. 이덕구가 어설픈 좌익 활동을 막 시작할 즈음은 냉전체제가 본격화되고 그 위협이 급격히 증가할 때, 즉 '골든타임'이 초침을 향해 째깍째깍 또박또박 움직이고 있을 때였다. 게다가 당시 공산세력은 스탈린이라고 하는 총사령관을 중심으로 한 세계 최강의 폭력집단이기도 했다.

47년 새해 열흘 전인 1946년 12월 19일, 제1차 인도차이나 전쟁이 발발한다. 스탈린이 이 전쟁을 지원한 것은 불문가지이다. 이날 베트남 독립동맹군이 일제히 봉기, 프랑스군과의 전면전이 벌어지면서 제1차 인도차이나 전쟁이 시작된다. 온 베트남의 산하를 휩쓴 30년 전쟁의 시작. 이 1차 월남 전쟁 자체를 공산주의 팽창에 대한 견제 기회로 파악한 미국은 프랑스군에 대한 군사원조를 단행한다.[4] 이즈음 소련의 팽창주의는 욱일승천하고 있었고 중국에서도 공산군의 기세가 드높아지고 있어 자유민주진영의 대표를 자임하던 미국으로서는 아시아 상황이 무척 좋지 않았다. 또 1947년 중국에서 밀려난 장개석 군대에 의해서 대만 섬에서 2.8사건(원주민 대학살)도 일어났다. 제주도가 이런 것들을 알았어야 했지만 어찌하랴! 게다가 냉전체제가 더욱 가파르게 본격화되고 진영이 얼어붙으면서 그 위협이 증가하던 무렵이던 1947년 3월 12일, 트루먼 대통령은 미국의 강대국 역할 수행에 앞장서기로 결정한다. 트루먼은 의회에 2가지 원조 프로그램 승인을 요청했다. 그리스와 터키 군사

---

4   이후 반공을 명분으로 남베트남에 개입한 미국은 1955년 친미정권을 탄생시켰고 북위 17도선을 경계로 분단된 베트남이 다시 통일되는 데는 이후 20년의 시간과 수백만 명의 목숨이 희생되어야 했다.

원조로 4억 달러의 지원을 요청하였다(트루먼 독트린). 또 하나는 2차 대전의 폐허로부터 재건을 위해 분투하는 유럽 국가들에 대한 경제 원조정책인 마셜 플랜이었다. 거대한 소련군이 여전히 동유럽을 점령한 채, 냉전은 동유럽 공산주의와 서유럽 자유주의 간에 긴장이 고조되는 분위기 속으로 점점 깊숙이 가라앉았다. 트루먼은 공산주의와 싸우는 국가에 대한 원조를 강조하였지만, 이는 단지 지원만 하자는 것으로서 원조받는 국가들은 공산주의 반란에 대하여 직접 싸워 승리해야만 하였다. 그리하여 결국 1947년 12월부터 유럽의 그리스와 아시아의 한국이 '냉전'의 머릿돌이 되어 이 적대적인 유럽 동서 대결의 장에 동시에 휩쓸려 합류하게 되고 마구 뒤엉키고만 것이었다. 나중에 언론은 제주섬을 아시아의 그리스라 부른다. 바깥에서 이처럼 무시무시한 쓰나미가 몰려오고 있는데 당시 제주 도민의 지도자들은 불장난에 몰두하고 있는 안타까운 순간이기도 하다.

그럼에도 불구하고 아직까진, 비록 냉전의 홍수가 2차 대전의 포연을 머금은 채 그 먹잇감을 찾아 시꺼먼 촉수를 요동치고 있는 와중이긴 하였지만, 그날 제주에서 있은 3·1기념식만은 경찰서 망루를 지키던 부대가 발포만 않았으면 탈 없이 끝났으리라. 맨 선두가 남문 밖 광양네거리에서 탁 터져 성안으로 밀고 들어올 때까지만 해도 사람으로 성안이 가득 차버릴 줄은 아무도 몰랐다. 경찰집계로 1만이 넘었, 제북교에 운집한 군중만 2만은 됐지, 2만 5천 인파가 올 줄 어찌 알았겠는가. 난데없이 타, 타다다, 타, 하고 총소리가 군중들 손을 묶었다. 그리고 뒤이어 난사하는 총소리. 엉거주춤하니 첫 총소리에 정신을 앗겼던 사람들은 뒤이어 연발하는 총소리에 화들짝 깨어나 들짐승처럼 뛰기 시작했다.

광복 직전 제주도 인구는 약 18만 명. 그런데 1년이 지나자 300만에 육박하게 된다. 외지에서 엄청난 사람들이 밀려들어 왔으며 일본에서도 좌익이 가장 센 곳 중에 하나인 오사카에서만도 약 6만 명이 귀향했다. 다들 젊었고 일자리는 딱할 만치 부족한 상황인 데다 불안정한 사회상에 모리배가 극성을 부렸다. 좋지 않은 징조였다. 일본이 물러간 다음 해에, 새마을 떠나 타향에서 떠돌던 젊은이들도 제 고향을 찾아들었다. 그 중에는 신학문 공부한 진보사상가들도 섞여 있었다. 어쨌거나 중국에서, 일본에서, 멀리 서양에서 나라 잃은 삶을 살면서 터득한 것은 무지가 죄가 될 수 있다는 사고를 공통 체험했달까. 고향에 오자마자 의기투합 청소년 교육에 발 벗고 나섰다.

이덕구는 1947년 '3.1절 28주년 기념 제주도대회' 시위와 관련 발포사건 이후 미군정 경찰기관에 잡혀가 고문을 당하는 과정에서 한쪽 귀가 멀게 되고, 제자가 고문치사를 당하게 된 얼마 후 학생들에게는 육지로 나간다고 하고선 곧바로 한라산으로 입산하여 무장대가 된다. '4.3' 발발 직후 본격 무장투쟁을 위해 조직된 인민유격대 '3.1지대장'을 맡았다. 1948년 7~8월 사이 남로당 제주도당 군사부장이자 인민유격대 사령관 김달삼(본명 이승진)이 8월 21일 해주에서 열리는 인민대표자회의 참석 이유로 모든 직책을 맡기고 제주도를 빠져나가자 인민유격대 총사령관이 된다. 1948년 10월 이후 전개된 초토화 작전으로 무장대는 궤멸 상태에 빠지고, 그런 상황 하에서 힘겹게 명맥을 유지하던 중 최후를 맞는데, 1949년 6월 7일 토벌대에 의해 포위된 후 자살 혹은 사살되었다. 6.25전쟁 1년 전이었다. 경찰 쪽은 "사살했다"고 밝혔으나 자살 주장도 있다. 제

주 4.3항쟁에서 가장 주요 인물로 기억되며 당시 어린이들 사이에선 "몸이 날래 지붕을 휙휙 넘어다니고 동에 번쩍 서에 번쩍"하는 전설적 인물로 묘사된다. 불리한 상황에서 제주를 떠나 버린 1대 사령관 김달삼과 대비하여 동경도 받는다. 조천중학원 학생들은 인기 높은 역사 선생 이덕구의 노래를 만들어 불렀다.

"박박 얽은 그 얼굴 /덕구 덕구 이덕구 /장래 대장가심(감)"

그의 일족도 비극의 길을 걸어 부인 양후상(소설에선 홍희복)과 5살짜리 아들 진우(소설에선 철이), 2살짜리 딸도 죽었다. 주민들은 당시 진우가 울며 살려달라고 하자 경찰이 "아버지 있는 산으로 달아나라"고 해 산 쪽으로 뛰어가는 것을 뒤에서 쏘아 쓰러뜨렸다고 전한다. 그만큼 증오가 증오를 낳아 도저히 동족이라고 여겨지지 않았던 몹쓸 시절이었다. 누가 이 땅에 국가와 민족보다 더 높다는 망국매족적 공산당 이념의 씨앗을 흩뿌렸던가. 그들은 어디에 있었던가. 그의 큰형 호구의 부인과 아들딸, 둘째형 좌구의 부인과 아들, 사촌동생 신구, 성구 등도 경찰에 의해 죽었다.

완전독립운동이 공산주의 운동으로 변질되는 과정을 보면서 이덕구가 한숨을 쉰다. 한림화(1950년 제주 출생) 그녀의 소설 「한라산의 노을」(1991년)에서는 당시 상황을 다음과 같이 묘사하고 있다.

아, 답답한 놈의 세상, 우리가 마을 가서 양식이나 약품을 접수하면 그 사람들 살아남지 못하니 협력이 영 신통치 않수다. 이렇게 분위기가 우리 쪽이 득세할 때 협상도 해봄직한 것인디. "지도층에 분열 기미 보이는가?" 심상한 척 김 약국이 이덕구 낯색을 살폈다. 말투와는 달리 얼굴에는 염려하는 빛이 짙게 번져 있다.

"만나면 서로 헤게모닐 쥐려고 야단입니다. 이승진(김달삼 본명) 같은 이가 어른들에게 너무하는 것 같습니다만……."

이승진은 박력 있고 조직 운영이 뛰어나긴 하지만, 이번 제주 사람이 일어난 점을 너무 정치적으로, 남로당 입장에서만 이용하려 제 주장을 편다고 설명했다. 원래 제주도에서 끈질기게 사회개혁운동을 주도해온 남로당 계열 사람들에게도 이승진 일파의 일방 독주는 적잖은 불만을 낳고 있었다. 더구나 이승진은 산의 무장대 일부를 유격대로 재편성한 직후 지휘자들에게 일장연설을 했는데, 이렇게 소리쳤다.

"제주에서 싸워 올라가는 것은 시간문제이다. 저쪽 북조선에서도 절대적으로 호응하여 단숨에 38선을 무너뜨리고 남하, 동조할 것이다. 그러니 일주일만, 길어도 한 달만 참고 투쟁하라."

이덕구는 그 자리에서 고개를 저었다.

'저 말은 너무 지나친 허구이다. 누가 봐도 제주에서 발원한 무장대가 육지에 상륙하여, 통일을 저해하는 세력과, 제주 사람 씨를 말리려 드는 그런 사람들 집단을 상대로 전면전을 할 상황이 못 되며, 그건 제주 사람이 원하는 바도 아니다.'

그럼에도 이승진은 마치 북에서 제주무장대 봉기에 호응하여 내려오기로 되어 있다는 듯한 발언을 서슴지 않았다. 더 어처구니없는 그의 주장은 무력투쟁과 아울러 계급투쟁을 철저히 하여 대지주를, 봉건주의에 물든 부르주아를 몰아내어 무산대중이 잘 살 수 있는 날을 이룩하자고 역설했다.

'없는 계급투쟁을 굳이 하라면 그건 절대 모순이다.'

어린애 조막손만 한 제주땅에, 대지주는 어디 있고 부르주아 그룹은 어디 있는가……

"우리 남로당 뒤에도 북조선과 든든한 동지 소비에트공화국이 있소."

회의에 참석한 사람들은 이승진 발언에 어안이 벙벙했다. 단순하게 무장대로 산에 올라 지휘자가 된 사람들은 그야말로 어처구니가 없다.

'외세를 몰아내서 완전독립하자면서 소비에트를 등에 업어?'

그러면 제주 사람이 목숨을 걸고 싸우는 근거가 뭐란 말인가. 이덕구가 먼데 눈을 두고 확고한 어조로 중얼거렸다.

"산에 있는 우리 모두가 이승진을 상대로 협상을 종용해야 하쿠다."

그 며칠 후, 4월 28일 늦은 아침나절 대정골 근방 중산간에 자리 잡은 구억국민학교. 사람들로 북적댔다. 산에서는 그동안 집단별로 무수한 토론을 벌이고 대표들이 모여 회의를 거듭했다. 그 진행상황에 따라 협상 용의가 있음을 여러 번 제9연대 상대로 삐라를 붙였다. 제9연대 쪽에서도 끈질기게 기다리고 맞삐라를 살포하면서 산측에다 협상날짜와 장소를 정하라고 크게 양보했다. 이승진은 유격대 지휘자들과 이덕구의 협상에 응하라는 강력 권고를 더는 뿌리치지 않았다. 사람들은 환호했다.

제9연대장 김익렬과 이승진은 일단 휴전하자는 데 동의하고 세부사항 이행을 상부에서 승인받을 때까지는 돌발사고가 없어야 된다는 데 의견을 모았다.

1. 72시간 안에 전투 완전중지. 산발적인 충돌이 있으면 연락미

달로 간주한다. 단 5일 이후의 전투행위는 약속위반으로 판단, 배신행위로 본다.

2. 무장해제는 점차적으로 하되 약속을 위반하면 즉각 전투를 재개한다.

3. 무장해제와 하산(下山)이 원만하게 이뤄지면 지도자들 신병을 보장한다.

세 가지 조건에 합의를 보고 나서 연대장은 약속이행 의지를 보이는 의견을 내었다.

"오늘 약속은 내 생명과 명예를 걸고 이행할 겁니다. 약속이 이행될 때까지 내 가족 전원을 김달삼 선생께 인질로 맡기죠."

이윤락은 물론 산측의 참모도, 방 밖에서 귀 기울이던 모든 사람도 놀랐다. 이승진은 고개를 숙여 한참을 꼼짝 않았다가 결심한 듯 대답했다.

"연대장께선 노모와 어린 아들을 거느리고 계시지요. 산에다 노모님과 아기를 모실 수가 없습니다. 정 그러시다면 호의를 받아들이는 의미에서 우리가 모슬포 민가를 한 채 정할 테니 그리로 모시지요. 주변 경계는 우리 쪽이 맡겠습니다. 군인이나 경찰이 얼씬거리지 않도록 하시겠습니까? 행동은 자유롭게 하실 수 있습니다만. 제주를 떠나지만 않는다면 절대 불편을 끼치지 않겠습니다."

"좋습니다. 그렇게 하세요. 준비되는 대로 연락 주시면, 미리 대기하고 있겠습니다."

두 사람이 일어서서 악수를 했다. 김익렬은 참모에게도 손을 내밀었다. 참모는 김익렬의 손을 힘주어 꽉 쥐었다. 그의 큰 눈이 웃고 있음을 김익렬은 비로소 봤다. 콧등에 남은 마마자죽마다 웃음이 깃든 것처럼 보였다. 밖에서는 어느새 한바탕 춤과 노래가 어우러져 봄 저녁이 출렁거렸다.[5]

하지만……

이러한 기탄없는 민족애와 그 기쁨의 동포애는 오래 가지 못할 운명이었다. 바로 여기에서 '4.28평화협정'의 무상함이 짙게 깔린다. 심지어 시대사적인 의의를 가진다고까지 할 수 있다. 이 평화회담이 성사되었다면 6.25전쟁이 발발하지 않았을 수도 있을 정도로 말할 수 있는 이 '4.28평화협정'을 전후한 전체 상황을 반드시 짚고 갈 필요가 있다. 그리고 그 결론은 결국 소련의 선동에 미국이 반응하여, 제주 4.3사건이 '치안 상황' 규정에서 '공산주의자들 선동에 의한 반란' 규정으로 질적 전환을 이루게 되는 숨 가쁜 '전환점' 속에서 결국 피눈물의 '골든타임'의 비극을 초래하게 되고 만다는 점이다.

"정의는 최고의 어리석음. 왜냐하면 정의는 우리에게 우리 자신이 아닌 다른 사람들 이익에 주의를 기울이라고 명령하기 때문이다. 그러나 실제 행해지는 관례를 보라. 우리는 우리가 가진 힘 혹은 권력에 따라 우리에게 이익이 되는 것은 그 어떤 것이라 할지라도 정의롭다고 생각한다. 그리고 그런 진리를 우리가 무엇 때문에 회피해야 하겠는가?"　　　　　　　　　　　−크로커

5　한림화 『한라산의 노을』(1991년), 한길사

여기서 우리는 제주 4.3이 질적으로 변모해 가는 장면을 보아야한다.

사태 초기엔 미군정은 통치권(국민안전 및 국가운영 책임) 차원에서 4.3을 사건, 즉 '치안 상황'으로 간주하였다. 따라서 경찰력으로 문제를 해결하려 했다.

그런데 경찰력만으로 한계를 느끼자 미군정 수뇌부는 4월 17일 모슬포 주둔 경비대 제9연대에게 진압작전에 참여토록 명령한다. 아울러 부산 제5연대 1개 대대(진해 주둔)의 제주 파견(4월 20일부로)을 명령하면서 부산 제3여단 미고문관 드루스(Clarence D. DeReus) 대위를 작전 고문관으로 참가하도록 조치한다.

이어 4월 18일 딘 군정장관은 연락용 비행기 L-5 2대를 내려 보내면서 제주주둔 미군 제59군정중대장 맨스필드 중령에게 다음과 같은 명령을 내렸다. ① 4월 20일 파견될 제5연대 1개 대대와 기존의 제9연대 병력을 맨스필드 중령이 직접 작전 통제할 것, ② 사태 진압에 군부대를 이용할 것, ③ 군 작전에 의해 붙잡힌 포로들은 경찰에 인계 말고 군에서 수용했다가 빠른 시일 내에 본토로 후송할 것, ④ 본격적인 진압작전에 앞서 무장대 지도자와 접촉해서 항복할 기회를 줄 것 등이다.

'항복할 기회를 줄 것'이라는 구절을 딘 장군이 지시하였음에 주목해야 한다. '4.28평화협정' 열흘 전이다.

4월 20일경 맨스필드 중령은 9연대장 김익렬 연대장에게 무장대와 직접 만나 담판을 지으라고 지시했다. 김 연대장은 즉시 무장대에게 평화협상을 요청하는 전단을 만들어 4월 22일 비행기를 통해 살포했다.

그런데 미국 주요 신문들이 4월 24일부터 제주사태를 갑자기 크게 보도하기 시작(이슈화, 소련이 UN에서 제주섬을 지목했기 때문)했다. 《워싱턴포스트》는 이날 '한국 섬 폭동 발발 46명 사망'이라는 제목 아래 마침내 첫 보도를 시작했다.

이즈음 이덕구의 심정을 유추해 보면, 처음에는 대한민국을 거부하고 산으로 갔던 이덕구였지만, 공산주의의 실체 등 상황을 어느 정도 이해하게 되었고, 그래서 산으로 재차 내려오려 할 즈음에 이르러서야 이번에는 미군정(대한민국, 자유민주진영)이 거부하여 마침내 되돌아올 수 있는 길을 차단당하고 만다. 사실 친공과 반공의 진실이 어느 정도 드러난 지점에서 이덕구처럼 온건한 데다 집안 환경도 좋은 자가 산에서 계속해서 항쟁할 이유가 별로 없다. 냉전의 쓰나미가 제주를 향해 마침내 돌진하는 풍경 속에서 개인적으로 참으로 불행한 순간이 아닐 수 없다. 그를 대표하는 제주도의 애국애민의 주민들은 그야말로 첫 단추를 크게 잘못 끼웠던 것이라고 할 밖에. 큰일 났다!

미군정 수뇌부는 회담 일을 전후해서 매우 긴밀하게 움직인다.

그 전날인 4월 27일 광주 주둔 미 20연대장 브라운(Rothwell H. Brown) 대령, 제주도에 파견된 미 20연대 병력을 책임지고 있는 가이스트(Geist) 소령, 그리고 서울에서 급파된 미 24군단 작전참모부 슈(M. W. Schewe) 중령이 제주에서 현지 지휘관들과 회합, 작전회의를 가졌다.

이 회의에서 브라운 대령은 맨스필드 중령에게 주한미군사령관

하지 중장의 지시사항[6]을 알렸다. 지시사항이란 ① 경비대는 즉시 임무를 수행할 것, ② 모든 종류의 시민 무질서를 종식시킬 것, ③ 무장대 활동을 신속히 약화시키기 위해 경비대와 경찰이 확실한 결속을 할 것, ④ 미군은 휘말리지 말 것 등이었다.

그런데 이 하지 장군의 지시사항을 살펴보면, 경비대를 동원해 서둘러 사태를 진압하라는 내용이 있을 뿐 '평화협상'에 관한 언급이 전혀 없다.[7] 마(魔)가 낀 것이다.

그리고 회담 다음 날인 4월 29일 딘 군정장관과 광주 주둔 제6사단장 워드(Orlando Ward) 소장이 제주를 방문한다. 미군 수뇌부의 제주 방문 이후 제주사태 해결책은 평화협상보다는 강경 진압 방향으로 급선회하고[8] 5월 1일 오라리 사건이 발생한다.

5월 3일자 《뉴욕타임스》는 경비대와 무장대간 협상이 있었음을 (뒤늦게) 알리면서 제주도 무장대가 경찰무기 압수, 경찰·서청 처벌, 5·10선거 취소 확약 등 5개항의 항복조건을 제시했다고만 보도하고 합의된 내용은 빼버렸다.

그러면 미군정은 어째서 제주사태를 평화적인 방법보다는 강경 진압방침으로 바꾸게 된 것일까? 왜 그들은 제주도를 피로 물들이고자 했던가!

---

6   신익희 전 국회의장에 따르면 당시 하지는 조병옥 등을 사주하면서 군정 연장 책동을 자행하여 이승만과 극렬하게 대립하고 있었다.

7   하지의 명령은 이제 제주사태의 진압이 미군정청의 치안수습 차원을 뛰어넘어 주한미군사령부의 군 작전 개념으로 전환되었음을 의미했다.

8   당시 경비대총사령부 총참모장 정일권(丁一權) 대령이 "5월 3일 이후 브라운 소장, 딘 군정장관 등의 지휘사령부의 명령에 의하여 단시일 해결책으로 단연 공격 작전으로 나가게 되었다"고 밝혀 이를 뒷받침해주고 있다.

이에 대해 김익렬 연대장의 유고록[9]은 매우 중요한 단서가 되는 글을 남기고 있다. 그는 유고에서 이렇게 기록하고 있다.

"소련이 4월 유엔에서 '미군정의 폭정에 대항해 주민들이 각지에서 폭동과 반란을 일으키고 있는데, 그 좋은 예가 제주도 사건'이라고 공격했고, 이에 미국정부는 한국에 있는 딘 군정장관을 문책하고 조속히 진압하라는 명령을 내렸다."

김 장군은 또한 맨스필드 중령이 자신에게 "소련의 공산주의 선전을 봉쇄하기 위하여 제주도 폭동사건을 '공산주의자들의 선동에 의한 반란'으로 규정지어야 된다"고 제안했다고 주장했다.

'보라. 조선인민은 죽음으로써 단선 단정을 반대하고 있지 아니한가.'
—프라우다지(紙) 논평

모스크바 방송의 하룻밤 자료를 공급하자는 크레믈린 음모가들의 의도를 조선출신 소련인들이 충성스럽게 실행하고 있는 셈이다. 그들은 우리 동포의 아까운 혈육을 스탈린의 회심의 미소를 사기 위한 한 접시 찬거리로 진상하려는 것이다.

하지만 유서 깊은 나라 한국인들은 결코 넘어가지 않았다. 그들은 공산주의들이 흔히 말하는 3중의 가면을 하였음을 일제 독립운동시

---

9 4·3은 그가 제주에 온 지 7개월 후에 시작된다. 김익렬 연대장은 1969년 육군 중장으로 예편한 뒤 '4·3의 진실'이란 회고록을 집필했다. "4·3의 기록들이 너무 왜곡되고 미군정과 경찰의 실책과 죄상이 은폐되는 데 공분을 느꼈기 때문"이라고 집필 사유를 밝힌 김 장군은 1988년 가족들에게 "이 원고가 가필되지 않은 그대로 세상에 알릴 수 있을 때 역사 앞에 밝히라"는 유언을 남기고 세상을 떠났다. 그리고 이 유고록은 1992년이 돼서야 세상에 공개된다.

절부터 잘 알고 있었다. 그 겉으로부터 제1의 가면은 입기향종기속(入旣鄕從旣俗)[10]이라는 복면이다. 그들은 민족의식이 강한 민족 속에 처음 들어갈 때는 민족주의자의 가면을 쓴다. 조선의 공산주의자들이 민주주의민족전선이라는 간판을 붙인 것이 그 예다. 그러면서 불평분자나 명예욕이 왕성한 자들을 모아 상당수에 달하면 그제는 이것이야말로 '인민 전체'라 하고 제1가면을 벗고 분홍색인 제2가면을 쓰고 나가서 민중을 향도하려 든다. 이 모략에 걸린 무리가 곧 좌우합작 중간파라는 무리다. 그들은 '인민' 이외에는 모두 원수로 본다. 원수인지라 윤리가 없고, 자비가 없고, 오직 전략 전술이 있을 뿐이다.

이런 와중에 평화협상 사흘 만인 5월 1일 이른바 '오라리 방화사건'이 발생하게 된다. 계절의 꽃 5월의 서막을 축원하는 5월 1일 노동절. 1948년 5월 1일 오전 12시경이었다. 사건 진상규명 과정에서 현지주민은 마을을 습격한 사람들이 우익이라 주장하고 미군정 당국은 인민유격대들 소행이라 단정을 지었다. 그런데 이 오라리 방화사건은 미군 촬영반에 의해 입체적으로 촬영됐다. 미군 비행기에 의해 불타는 오라리 마을이 공중에서 찍혔는가 하면, 지상에서는 오라리로 진입하는 진압대 모습도 함께 촬영되었다. 전례가 없는 일이었다. '제주도의 메이데이, 오라리'란 제목이 붙여진 이 무성영화는 4·3의 초기 상황을 다룬 유일한 영상기록인데 미군은 이 방화사건이 무장대 측에 의해 저질러진 것처럼 조작 편집해 놓고 있다. 미국이 해제한 국가 2급 비밀정보철에 들어 있던 이 기록영화는 사건 50년이 훨씬 지나 공개되었다. 당시 이 마을의 일을 찍은

---

10   입향순속(入鄕循俗) : 어떤 고장에 가면 그곳 풍속을 따르고 지킴

그 기록필름은 명백히 조작된 것이 드러났다. 일례를 들면 이 영화 속에서 유격대의 만행을 생생하게 증언하는 한 여인은 그 마을 주민 토박이, 심지어 그 마을 출신 경찰관마저도 한결같이 모르는 얼굴이라고 고개를 젓는 정체불명의 사람이었고, 또한 당시 오라리에서는 죽임 당한 남자가 없었음에도 영화에는 유격대에 의해 살해되었다는 남자의 시신이 소개되어 조작된 정보를 제공하였던 것이다.

이 사건은 참으로 어설픈 한바탕 소극에 불과한 것이었지만 그 암시된 결과는 엄청난 피바람의 형언할 수 없는, 육중한 서막의 무시무시한 팡파레였다. 그러므로 그 이후의 사건들이란 이미 완성된 그림을 위한 퍼즐 조각에 지나지 않을 뿐이었다.

소련 UN 제주 발언 → 김익렬·김달삼 평화협상(4월 28일) → 딘 장군 제주 극비방문(4월 29일) → 오라리 (방화)사건(5월 1일) → 5.3 귀순자 발포사건 → 최고수뇌회의(5월 5일) → 김익렬 연대장 해임(5월 6일) → 초토화 서막 → 5.10선거 → 박진경 암살(6월 16일)[11] → 숨고르기 → 대한민국 건국(8월 15일) → 초토화 개시 → 해주대회(8월 21일) → 초토화 → 6.25동란

이렇게 퍼즐은 파죽지세로 순차적으로 이어진다. 여기에는 4·3

---

11 박진경대령 암살주범 문상길중위는 소위 산측 사령관 김달삼과의 관계에 대하여 전후 2회에 걸쳐 만난 일은 있으나 암살지령에 대하여는 이를 단연 부인하였다. 나는 김(익렬)중령의 동족상잔을 피하는 해결방침에 찬동하였으며 처음으로 김달삼을 만난 이유는 김중령과 회견시키기 위해서였고 두 번째는 박대령 부임 후였는데 그때 김달삼은 30만 도민을 위하여 박대령을 살해했으면 좋겠다고 하였을 뿐 절대 지령을 받지는 않았다고 주장(조선중앙일보 1948년 8월 14일).

을 평화적으로 마무리 지으려는 김익렬을 밀어내고 초토화 작전을 강행하려는 미군정의 의지가 담겨져 있음은 명약관화하다. 당시 연대장 인사권이 미군정에 있었음은 물론이다. 오라리 사건 조작에 더하여 5월 3일에는 미 고문관 드루스 대위의 지휘 하에 귀순자를 호송해 오던 제9연대 7명과 미군 사병 2명에게 괴한들이 총기를 난사하여 귀순자 중 일부(주로 어린아이와 그 엄마)가 죽고 나머지는 다시 산으로 재차 도망하는 사건이 발생한다. 경찰은 처음 이를 유격대 소행이라고 발뺌하였지만, 미군에 의해 체포된 괴한 중 1인이 제주경찰서 소속이라는 것이 밝혀지자, 다시 이것조차도 경찰에 대한 중상모략을 위해 경찰과 미군정, 그리고 경비대와의 이간을 시킬 목적으로 자행된 유격대의 '경찰 가장' 기습사건이라고 주장하였다.

미군정 당국이 왜 '오라리 사건'을 연출했을까? 그 명확한 해답을 찾는 것이 한국현대사의 한 과제가 될 것이다.

이후 발생하는, 오라리 사건의 단순 연장선에 불과한 '5.3 귀순자 총격사격', 김익렬 연대장 교체에 뒤이은 박진경의 암살…… 그것은 단지 시위를 떠난 화살일 뿐이었다. 운명은 이미 결정되어 버렸던 것이다. 부시도록 아름다운 제주섬의 5월. 한라산 정상에 방석만하게 남은 잔설은 눈이 시려울 만큼 빛나고 들에 산에 수만 가지 꽃이 피어나 저마다 자태를 뽐낸다. 아! 참으로 화사한 제주섬이여, 그러나 너무나 아름다워 그대는 계절의 여왕 5월에 광포한 어둠에 갇혀 버렸구나! 1948년 6월 18일 발생한 박진경 암살의 주범이며 그해 7월 12일 서울로 압송되어 법정에 선 대한민국 사형 1호 문상길은 최후진술에서 이렇게 증언하고 있다.

"이 법정은 미군정의 법정이며 미 군정장관 딘 장군의 총애를 받던 박진경 대령의 살해범을 재판하는 인간들로 구성된 법정이다. 우리가 군인으로서 자기 직속상관을 살해하고 살 수 있으리라고 생각하지 않는다. 죽음을 결심하고 행동한 것이다. 재판장 이하 전 법관도 모두 우리 민족이기에 우리가 민족반역자를 처형한 것에 대하여서는 공감을 가질 줄로 안다. 우리에게 총살형을 선고하는 데 대하여 민족적인 양심으로 대단히 고민할 것이다. 그러나 그런 고민은 할 필요가 없다. 이 법정에 대하여 조금도 원한을 가지지 않는다. 안심하기 바란다. 박진경 연대장은 먼저 저 세상으로 갔고, 수일 후에는 우리가 간다. 그리고 재판장 이하 전원도 저 세상에 갈 것이다. 그러면 우리와 박진경 연대장과 이 자리에 참석한 모든 사람들이 저 세상 하느님 앞에서 만나게 될 것이다. 이 인간의 법정은 공평하지 못해도 하느님의 법정은 절대적으로 공평하다. 그러니 재판장은 장차 하느님의 법정에서 다시 재판하여 주기를 부탁한다."

48년 9월 23일(건국 한 달 8일 후) 오후 2시 경기도 수색 기지에서 총살형이 집행되었는데 그 집행직전에 일등병사 신상우(申尙雨)와 하사 배경용(裵敬用)은 특사로 감형된다. 문상길(23) 중위는 "하느님께서 우리의 영혼을 받아들이시고 우리들이 뿌리는 피와 정신은 조국 대한민국의 독립을 위하여 밑거름이 되게 하소서"라고 기도하였다. 그리고서 대한독립만세를 삼창한 후 "양양한 앞길을~" 군가 부르면서 형을 받았다. 정부수립 후 사형 집행 1호였다.

불행하기만 한 갓 태어난 대한민국 역사를 반추하기 위해 마땅히 재조명해야 하는 지점이다.

한민족의 영특한 아들이 될 수 있었던 이덕구는 자신이 옳다고 생각하는 길을 걸었다. 하지만 그 길이 잘못되었음을 알고 되돌아오려 했다. 그러나 '이덕구의 귀환!'은 봉쇄된다. 그 직전에 다리는 끊어져 버리고 철조망은 봉쇄되고 만 것이었다. 천재지변으로 그리된 것이 아니었다. 냉전의 쓰나미로 인해 무너진 다리 위에 던져진 주사위였다. 그것이 오라리 사건의 본질이라고 생각할 수 있다. 그이후에 그에겐 북으로 가든지 제주에 남아 생존을 도모하는 일밖에 남지 않았다. 하지만 그는 형제자매의 자체 생존, 그리고 다시 다리를 이어 도강하여 저 언덕에 도달할 수 있는 길을 도모했으나 그것은 필히 살아 있는 권력의 광포한 두 세력들의 토끼몰이 놀잇감으로 끝날 운명이었다.

이제 이덕구의 신원은 재조명될 필요성이 있다고 보여진다. 그래야 제주도 4.3의 피의 가치를 되살릴 수 있지 않을까? 어찌 그들의 죽음이 헛된 것이란 말인가! 그는 좌익 이전에 열혈 청년이었다. 한때의 오판으로 좌익의 길을 걸은 대가는 그에겐 너무나 컸다. 마땅히 그 죄의 크기가 그럴 수밖에 없는 시절이었고 그는 운이 없었다. 이는 그의 업보이다. 하지만 그를 되돌아올 수 없게 만든 원인도 죄업이라면 죄업이라 할 수 있다. 이 점을 '정말로!' 분명히 하여야 하는 것이다. 그것이 이덕구를 훌륭하다고 허무맹랑하게 노래하는 일보다 그를 포함한 희생자의 신원 회복에 훨씬 보탬이 될 것이다. 이덕구는 애국심 불타는 평범하고 착실한 열혈청년에 불과했다. 29살이었다. 그럼에도 역량이 뛰어나다 보니 자신의 역량에 넘치는 일을 맡게 되고 좌익에게 철저히 이용당해 처참한 최후를 맞이하게 된 것이다.

"제주의 삶에 4·3을 빼어 버리면 섬 하나 산 하나만 덩그렇게 남는다."

1948년 10월 이후 전개된 초토화 작전으로 무장대는 궤멸 상태에 빠진다. 그런 상황 하에서 힘겹게 명맥을 유지하던 중 최후를 맞게 되는데, 1949년 6월 7일 토벌대에 의해 포위된 후 자살 혹은 사살되었다. 경찰 쪽은 "사살했다"고 밝혔으나 자살 주장도 있다. 제주 4.3항쟁에서 가장 주요 인물로 기억되며 당시 어린이들 사이에선 '몸이 날래 지붕을 획획 넘어다니고 동에 번쩍 서에 번쩍'하는 전설적 인물로 묘사도 된다. 불리한 상황에서 제주를 떠나 버린 1대 사령관 김달삼과 대비하여 동경도 받는다. 조천중학원 학생들은 인기 높은 역사 선생 이덕구를 위한 노래를 만들어 불렀다.

"박박 얽은 그 얼굴 /덕구 덕구 이덕구 /장래 대장가심(감)"

그러나 이 처참한 최후는 가련한 이덕구, 민족애로 뭉친 제주 사람만의 비극이 결코 아니었다. 차라리 그건 새발의 피였다. 제주 주민 집단희생기(1948. 10. 11~1949. 3. 1) 그 2년 후를 보라.

해주 학살 참상기

해주를 아시나요? 해주는 안중근, 김구, 이승만의 고향이다. 당연히 우익 민족주의의 성지와 같은 곳으로 김일성에겐 눈에 가시였고 결국 온갖 참상이 벌어진 곳이다. 10만 이상의 양민이 학살된 곳이지만 그 초기 진상조차 제대로 밝혀지지 않고 있다. 여기에 비하면 제주 4.3은 단막극일지도 모른다. 몇 달에 걸친 4.3의 민간인 피해가 이곳에서는 단 하루 만에 벌어지곤 했다. 수년에 걸친 4.3의 민간인 피해가 여기서는 일주일 만에 끝났다. 한국전쟁 기간 민간인 피해자 250만(?). 남한의 전체 학살이 해주를 비롯한 북한 전체에서는 3달 만에 이루어졌다. 전 세계 공산주의자 학살의 절반 이상이 3년간 한반도 북단에서 이루어졌다. 그리고 그 전쟁은 지금도 현재진행형이며 그 죄업에 대한 과보는 지금도 계산기 속에서 수치를 더해 가고 있다. 대한민국 사람들이여 부디 경중을 가리시길 바란다! 후손들에게 이런 나라와 역사를 물려주어서는 안 된다.

곡창 연백을 지난 15일 하오 2시경 무혈점령한 연합군 제24사단 제21연대는 다시 진격을 개시하여 17일 하오 4시경에는 3, 4일간이나 진공상태에 빠져 있던 해주시를 유유히 입성 점령하였다. 기자는 이들보다 하루 늦어 18일 정오경 단신 도보로 청단을 떠나 해주 시내까지 돌입하였다.

해주서 청단까지의 가도에는 수많은 감옥자들을 발견하였는데 이 자들은 6·25동란 발생 당시 공산군들에 붙잡혔던 군경 혹은 애국청년 단체원들로서 해주형무소에 수감되어 있다가 유엔군의 진격으로 인하여 놈들이 탈주하면서 형무소를 소각하는 틈을 타서 구사일생으로 탈옥해 오는 보기만 하여도 몸서리치는 처참한 불구자 아닌 불구자들이었다.

여기서 기자는 해주에 도착되는 대로 형무소(해주인민교화)를 방문하였다. 동 교화소 내에는 17일 아침까지 3,000명이나 되는 애국자들이 수감되어 있었는데 전일의 아군 함포사격으로 전황이 불리함을 알게 되자 놈들은 17일 아침 애국청년들을 감방 속에 잡아넣고 밖에서 자물쇠를 잠근 후 휘발유를 뿌리고 방화하였던 것이라 한다. 그리하여 불행히도 4,500명이 불에 타 죽었는데 그 외는 다행히도 거의 구사일생으로 탈옥하였으나 도주 도중에도 놈들에게 발각되어 살해당한 자가 100여 명 가량이나 된다고 한다. 이 사실을 목격한 자의 말에 의하면 둘, 셋씩 쇠사슬에 코를 끼고 혹은 배를 가르고 하여 칼로 토막토막 잘라서 길가에 방치하였고 어떤 사체는 눈알을 빼고 그 속에 흙을 집어넣었는데 필설로 다 할 수 없는 만행을 하였으며 여수, 순천사건 이상의 흉악한 만행은 10월 10일경부터 본격적으로 속행되어 17일 유엔군이 입성하는 순간까지 무려 1만여 명을 초과했을 것이라고 치안대원은 말하였다.

해주 교외 산속 이 동굴 속에는 이들 시체가 매몰되어 그들을 찾는 사람으로 인산인해를 이루고 있으며 오늘 아침에는 한 노파가 놈들에게 일만 원에 매수되어 수도 속에 독약을 넣고 있는 것을 때마침 순찰 중이던 치안대원들이 발견하였는데 동 노파의 고백에 의하면 시내 수도 속에 독약을 투입키로 매수된 자는 30명이나 된다고 하며 오늘부터 수도사용을 일절 엄금하고 있다.

현재까지 해주시에는 약 3만 명의 인구가 모여들어 한청, 서청을 비롯한 치안대 내지 각종 문화단체가 발족되었고 언론기관으로는 대한통신 황해지사와 그 외 황해일보 복구기성회가 재빠르게 조직되었다. 이곳은 국군과 경찰군이 아직 입성되지 않아 유엔주둔군의 지령으로 해주경찰서를 편성하였는데 모두가 당지 시민들로서 도지사 및 서장 등은 군정관이 발령하였다. 17일 저녁 무렵에야 청단경찰서 서장을 대장으로 하는 특경대가 돌입하여 체계적인 치안확보에 많은 기대를 갖게 하고 있다.

시가지는 해주역이 폭탄을 받았을 뿐 건물의 피해는 없으나 각종 기재 등은 거의 파괴 혹은 뺏어갔으며 방송국은 일부 파괴되어 있다. 그리고 신천, 재령에서 탈출한 자의 말에 의하면 신천에서는 애국청년들이 의거를 하여 지난 14일 놈들을 축출하고 치안 등을 담당하고 있고 재령도 역시 의거로써 아방 청년들의 손에서 치안이 잘 확보되어 있는데 한 가지 문제는 산재한 각 부락민들이 시시로 놈들한테서 학살당하는 것으로 그 숫자는 이루 헤아릴 수 없다고 한다.

현재 시민들은 국군 내지 헌병대가 급속 진주하기를 학수고대하고 있으며 치안은 대체로 평온하다. 금후 완수한 치안확보까지는 상당한 시일이 요할 것이다.　　　　　−해주에서 대한통신 특파원 발

심지어 함흥이나 원산 등 북한 전역에서 자행되었던 천인공로할 공산집단의 대학살 만행은 흔적도 없이 저 바닷물에 떨어진 한 점 눈물방울처럼 녹아 사라져버렸다. 스탈린이 말했던가.

"한 사람을 죽이는 것은 살인이지만, 100만 명을 죽이는 것은 통계이다."　　　　　−스탈린

북한 땅 해주에서 원통하게 죽어간 무수한 원혼들은 이런 한풀이조차 못하고 저 거대한 역사의 바닷물 속에 한 점 한 점 눈물방울 되어 녹아들고 만 것이다. 70년 세월에 하루빨리 한 많은 철조망을 걷어내고 온 민족이 정성을 다해 지난 분단의 세월 동안 죽어간 모든 영혼들을 불러 모아 위로하는 대화쟁(大和諍)의 날을 맞이해야 할 것이다. 이날 전쟁으로 죽어간 모든 인류의 영혼들마저 빠짐없이 함께 초대하여 대평화(大平和)의 축포를 힘껏 쏘아 올려야 할 것이다.

"생명 가진 자들의 안식처 한반도가 되어라!"
"대립의 시대가 가고 대화의 시대가 열리더니, 투쟁의 시대는 가고 화쟁의 시대가 열리도다."

제3장

투쟁 너머 화쟁으로

대한불교 조계종 화쟁위원회

조계종 총무원장 자승스님[1]은 2010년 11월 4일 당선 자 신분으로 용산참사 현장을 방문함으로써 대한불교 조계종의 대 사회적 행보에 새로운 이정표를 세우게 된다. 조계종이 국민과 함 께 하겠다는 의지를 나타내 보인 것이다. 원효대사의 귀일심원(歸 一心源) 요익중생(饒益衆生)을 기조로 불교가 사회갈등의 중재자이 자 소통의 매개자로 나서겠다는 서원을 밝힌 것이다.

"지금의 한국불교는 오로지 전통과 역사, 관습에만 매몰된 채 진 취적으로 나아가지 못하고 있지 않은지 성찰해야 하는 현실을 맞고 있습니다. 이 땅의 삶과 함께 해왔던 모습을 망각한 채 국

---

1 '97년 종단개혁 이후 최초로 총무원장에 연임되었다. 월암당 정대 대종사를 은 사로 출가. '92년 제10대를 시작으로 11, 12, 13대 중앙종회의원으로 활동했으며, 2006년 11월 제14대 전반기 중앙종회 의장을 맡았다. 과천종합사회복지관장을 맡 아 지역 복지활동에 나섰고, 2004년부터 지금까지 은정불교문화진흥원 이사장을 맡아 장학사업 및 해외포교를 펼치고 있다.

민 속에 더 가까이 다가가지 못하고 있습니다. 출가 수행자를 비롯한 종도들과 불제자들 모두 역사 앞에서 겸허히 참회하고 자성해야 합니다. 한국 현대사 속에서 이웃들에게 큰 힘과 용기를 북돋아주었던 이웃 종교에 경의를 표하며, 종단의 지나온 자취를 살펴봅시다" ─총무원장 자승스님, 2011년 신년기자회견

조계종단 역사에 큰 획을 긋는 '자성과 쇄신 결사'[2]는 그렇게 시작됐다. 사회문제에 대해 종단이 적극 대응하겠다는 방침을 밝힌 것은 1994년 개혁종단으로 일컫는 월주스님[3]의 '깨달음의 사회화' 이후 처음이다.

이는 '화쟁위원회'라는 기구 설립으로 나타났다. 사회 갈등 문제에 대한 불교적 해법을 제시하고 사회적 공동선 실현을 위한 '화쟁위'는 2010년 6월 신설됐다.

대한불교 조계종 화쟁위원회(위원장 도법스님)는 가히 대한민국의 자랑이다. 세계 최초로 전체 인류를 향해 화쟁의 깃발을 높이 든 것이다. 이 단체는 지난 5년간 '인류의 미래를 여는 아름다운 몸짓'이라는 현수막을 온몸에 두른 채, 사람이 누군가와 다투면서 행복하기는 힘들므로 "서로 싸우지 말고 화목하게 지내라!"는 한국불교

---

2   결사란 뜻을 같이 하는 이들이 모여 불교 발전을 위해 힘 모아 정진하는 것. 고려시대 정혜결사나 근세 봉암사 결사가 몇몇 스님들이 이끈 반면, '자성과 쇄신결사'는 종단 집행부가 먼저 제안한 결사로 한국불교사에 기록될 것이다. 자성과 쇄신결사는 크게 수행·문화·생명·나눔·평화결사로 나뉜다.
3   금산사 조실스님. 총무원장으로 있던 1995년 '깨달음의 사회화' 운동을 선언했다. 이후 종단 차원에서 노동과 인권, 복지, 환경, 통일 사업에 나섰다. 현재도 지구촌공생회와 함께 일하는 재단 이사장으로서 수행을 통한 깨달음을 사회적으로 활발히 실천하고 있다.

의 중도주의 화쟁 교시에 따라, 한편으로는 스스로의 삶의 현장에서 화쟁을 실천·탁마하는 동시에 다른 한편으로 타인의 삶의 현장에 뛰어들어 화쟁으로써 갈등을 조정·관리하는 일에 솔선수범하였다. 특히 조계종 화쟁위는 수많은 사람들의 삶이 고통으로 내몰리는 공공개발이나 공공활동 영역을 둘러싼 사회 갈등의 현장에 과감히 뛰어들어 '화쟁의 역량'을 키워왔다. 대한민국 공공부문에 화쟁을 펼쳐 놓은 보살행이라 할 것이다.

"우리 사회의 갈등으로 손실이 300조가 넘고 한 해 소송 건수가 630만 건이나 된다. 이는 일본보다 60배가 넘는다고 한다. ……재판을 통해 좋은 친구, 이웃, 동반자가 된 적을 본 적이 거의 없다. ……반미, 친북, 노동자, 자본가, 개발론, 전라도, 경상도, 여야 등 온갖 명분으로 편 가르기를 하고 있다. ……서로 원망하고 대립하며 분노하는 게 일상이 되다시피 했고, 우리는 서로 적대시하며 산다. 이를 합리적으로 균형 있게 풀지 않는 한 한민족의 미래는 없다. 보수든 진보든 누구든지 이 문제를 걱정하면서도 문제를 풀지 않으려 한다. 오로지 보수와 진보의 한쪽만 있고, 국민의 목소리는 없다. 조계종 총무원에서 원효 스님의 화쟁사상으로 모두가 함께 미래를 만드는 새로운 큰 흐름을 이루자고 해서 순례에 나섰다."   ―도법스님

화쟁위원회는 종단 내외적으로 신망받고 있는 남북·환경·종교·평화·인권·사회연대 등 여러 분야에서 활동하고 있는 스님 및 사회단체 대표 등을 자문위원, 상임위원, 실무위원으로 위촉하여

구성되어 있다.

화쟁위가 그동안 다룬 굵직한 의제만 10여 건에 달한다. 그러나 안타깝게도 대부분의 사안은 미완성으로 끝났다. 그러나 화쟁위 활동을 통해 사회갈등 해소의 필요성에 대한 사회적 공감대가 폭넓게 형성되는 계기를 마련하였고 사회통합의 촉진자로서, 중재자로서 불교계의 역할이 매우 중요하고 그러한 역할을 지속할 수 있는 가능성을 확인하였다는 데 큰 의의가 있다. 또한 화쟁 사상을 현실문제 해결의 중요한 원칙과 관점으로 끌어내면서 불교사상의 사회화 가능성을 확인하는 성과를 올렸다.

그러나 현장 전문가와 실무인력 등 불교계 역량 부족에 대한 대책마련과 전문가 집단과의 네트워크를 더욱 강화하여야 할 필요성이 대두되었다. 또한 정부나 공공영역에 대한 적절한 비판을 통해 사회 전체에 화쟁과 통합의 기운을 높이기 위한 정책적 대안 제시의 노력도 병행되어야 할 것이다.

화쟁은 아직 미완의 대기이다. 그러나 우리는 화쟁에 천착하여야만 한다. 왜? 무궁무진한 우주적 삶 속에 존재하는 황하의 모래알만큼이나 많고 많은, 이 광대무변한 우주 속의 티끌 같은 나(我)이기 때문이다. 그런 나의 삶을 한 수레바퀴로 실어 나르는 과거와 미래를 한 보자기에 싼 현세(現世), 그 안의 모든 관계의 실체는 서로 살려주고 선의로 돕는 '원융무애(圓融無碍)'를 본질로 한다. 즉 나의 삶의 다르마는 '제로섬 게임'의 룰이 아닌 '자리이타(自利利他)의 윈-윈 게임'의 룰을 실체로 하며, 이로써 허구와 허무와 허상을 걷어나가며 자성(自性)을 향해 전진하게 된다. 그래서 공무(公務)는 즐겁고 이기(利己)는 번뇌가 되고 피침사익(彼侵私益)은 괴로운 것이다. 동서고금의 무수한 성현들이 상대를 도움으로써 자신을 완성시키고 자신이 완성됨으로써 타인을 이롭게 하는 자리이타(自利利他)야말로 '행복의 지름길'이라고 갈하였으니, 이는 한 마디로 말해 "네 이웃을 사랑하라!"이다.

투쟁보다 더 무서운 화쟁

전쟁의 시대가 가고 평화의 시대가 활짝 열리고 있는 오늘날 세계에서는 백 가지 천 가지 대투쟁(大鬪爭)도 화쟁(和諍) 하나에 못 미친다. 온갖 투쟁가들은 이상보다 실천이 더 중요하므로, 자신의 처신부터 잘 운영하여 나가도록 최선을 다하여야 하는 것이다. 중생 투쟁은 둘 다 죽는 길이요, 부처 화쟁은 둘 다 살리는 길이다. 유한을 초월하여 무한을 지향하는 인간 본심. 투쟁은 유한하고 화쟁은 무한한 것이므로, 투쟁을 초극하고자 하는 마음, 화쟁에 도달하여 문제를 근본 해결하고자 하는 마음은 과연 자연스럽다. 한편, 투쟁과 화쟁 사이에는 '경쟁'이 있다. 그리고 오늘날 우리들 대부분은 이 경쟁, 특히 극에 달한 세계사적 '무한경쟁'의 한복판에 내동댕이쳐져 있다. 경쟁은 나를 살리되 남을 죽이거나 내가 죽되 남이 사는 길이다. '투쟁·경쟁·화쟁'이라는 차원적 구도에 있어 '무한경쟁'은 그 자신을 초극하기 위한, 그리하여 '화쟁'으로 도달하기 위한 막바지 몸부림 단계이다.

오늘날 인류사 최대 과제라 할 무한경쟁 상태의 극복 내지 초극! 이를 위한 강력한 무기 '화쟁'이라는 저 위대한 방편을 가진 민족은 인류 가운데 우리 한민족이 거의 유일하다고 말할 수 있다. 1400여 년 전 원효대사가 통찰한 '대승기신론소' 이래 우리 민족만이 이 화쟁사상을 나날이 갈고 닦아왔다. "싸움은 말리고 흥정은 붙여라." 는 경구로 대표되는 우리 민족 고유의 화쟁사상으로 인하여 이 땅은 언제나 공멸의 투쟁을 경원시하여 왔으니, 나아가 그것은 또한 제로섬 게임식 경쟁을 지양하고 윈-윈 게임식 화쟁을 지향하게 한 이념적 원동력이기도 했다. 한민족의 이러한 화쟁사상적 기본 사고가 바로 한민족의 평화적 민족주의라는 참으로 현 시대에 필요한 이념을 낳게 하였고 민족 고유의 사상인 홍익인간과 제세이화의 인류애를 더욱 탁월한 것으로 만들었던 것이다.

인터넷과 정보기술 같은 각종 유무형의 장치로 무장한 채 급속히 그 힘이 강해지고 그 인식이 진화하고 있는 사람들 사이에 오늘날 저마다의 '화쟁-협력적' 위상 정립은 다른 어떤 일보다 시급한 과제가 되고 있다. 즉, 사회적 협력 증진이 그 어느 때보다 중차대하게 되어 버린 시대를 우리는 살아가고 있다. 사자와 사자와의 투쟁은 승리한다손 치더라도 공멸의 길일 뿐이다. 담벼락 무너지고 기왓장 날아가도록 싸워보았자 그 상처를 어찌할 것이며 슬금슬금 다가서는 다른 사자와의 투쟁은 또 어찌 감당할 것인가. 오로지 서로 상생협력하는 길만 남아 있을 뿐이다. 상생협력하려면 어찌해야 하나? 그 마음 자세와 철학적 이념부터 그리되어야 하는 것이다. 여기에 화쟁사상이 필요하다. 화쟁사상은 단순한 타협을 의미하지 않는다. 변증법 같은 미봉책도 아니다. 사자들 간의 눈치 보기가 아니다. 화쟁은 양 변의 실상을 통해 전체의 진실을 드러내고 그로부터 알맞은 진리를 불러와 서로 윈-윈하는 위대한 방편이다.

화쟁은 서로 다른 양변의 생각을 양 날개로 하는 '마음의 독수리'이다. 그러므로 원융무애한 마음 세계를 마음껏 날아다니는 '대자유(大自由, Big freedom)'이다. 가령 우리가 좌익과 우익을 논할려면 우선 그 몸통인 대한민국을 고려해야 한다.[1] 게다가 몸통만이 아니라 그 몸통이 좌우익 날개로 나아가고자 하는 방향성도 고려되어야 한다. 동이냐 서냐, 남이냐 북이냐, 동남이냐 북서냐, 동북이냐 북동이냐 그 방향성이 엄연하다. 이와 같이 우리가 어떤 화쟁을 테이블에 올릴 경우 몸통, 방향성, 우익, 좌익 4가지를 기본 요소로 삼아야 하는 것이다.

대한민국을 몸통으로 할 때 그 화쟁의 방향성은 무엇이며, 우익과 좌익은 각각 무엇인가? 또한 과연 대한민국 몸통 자체는 무엇인가? 대한민국의 몸통은 비록 그 절반은 미수복 지역으로 남겼지만 1948년 8월 15일에 탄생한 한민족의 국가이다. 그 방향성은 어떠하냐? 그 정체성인 자유민주주의를 무한히 발전시켜 미수복 지역을 통일하는 것이다. 좌익은 그 자유민주주의를 무한히 발전함에 있어 장애물 제거에 강조점을 두는 날개(합리적 진보)이고, 우익은

---

1 어떤 이는 남북한을 합친 한반도 전체를 몸통으로 보고 좌익과 우익을 논할 수가 있는데, 이럴 경우 좌익과 우익은 대한민국을 몸통으로 보는 좌우익과는 전혀 다른 개념이 된다. 대화 자체가 재조정되어야 하는 개념 차이가 발생되는 것이다. 혹은 지역패권을 몸통으로 하는 경우에 말하는 좌익과 우익 역시 대한민국을 몸통으로 하는 좌우익과는 전혀 다르다. 몸통이 애매한 좌익과 우익도 많은데, 이럴 경우 기회주의가 몸통이 된다.

그 자유민주주의를 무한히 발전함에 있어 그 활용성 극대화에 강조점을 두는 날개(혁신적 보수)로 정의되는 것이다.

그렇다면 한민족의 국가란 무엇인가? 이에 우리는 한민족의 정체성에서부터 대한민국 화쟁의 논의를 출발시켜 보자.

한(韓)이라는 말은 저 도도하기 그지없는 중국인조차 우리를 친구처럼 부르고자 생겨난 역사적 용어였다. 한(韓)은 중국 역사책에 처음 나타나는데 중국이 이민족을 성(姓)씨 달아 붙인 유일한 나라의 경우이다. 이토록 위대한 한국인의 가장 큰 특징은 무엇일까? 그것은 바로 민족, 국가, 사회를 통합적으로 보는 인식일 것이라 생각된다.

한민족, 한국인, 한국사회 등에서 인식의 차이점을 찾아낼 수 있을까?

이탈리아 사람은 자신을 이탈리아 사람이라고 말하지 않고 태어난 지역, 가령 시칠리 사람 따위로 말한다. 그러나 한국인은 자신을 소개할 때 한국인이라고 먼저 말하고 고향 소개를 하든가 안 하든가 한다. 한국은 세계에서 가장 오래된 국가전통을 가진 나라이다. 통일신라(668년) 이래 1400년을 중앙집권적 국가체제를 유지해 온 나라는 세상 어디에도 없다. 한국인에게 국가란 마치 공기와 같아서 가끔씩 국가라는 존재를 잊어 버릴 정도로 자연스러운 것이었다. 무지하게 발달된 각종 혈연·지연·학연의 한국사회를 발달시킨 결과로 나라를 잊고 있다가 졸지에 한말 나라를 잃었다. 그러나 그때부터 목숨 걸고 비타협적인 용맹함으로 국가를 되찾기 위해 싸운 동력도 이와 같은 한국인의 의식에서 비롯된 것이다. 이처럼 민족, 국가, 사회를 따로 떼어 놓고서는 도저히 생각할 수 없는 나라가 바로 한국이다. 어떤 나라는 다민족 국가이고, 어떤 나라 사람들은 자신의 사회 공동체를 국가 앞에 세우고, 어떤 나라 사람들은 사회공동체를 국가 밑에 두려 하지만, 한국 사람에게는 국가가 민족이고, 내가 속한 사회공동체가 곧 국가이고 민족이며, 민족이 곧 나 자신이라는 일심(一心)이 매우 뚜렷한 것이다.

한국불교의 최대 특징이자 독창성은 그 세계관이 열린 진리의 문을 가졌다는 점인데 그것을 가능케 한 논리사상 중의 하나가 바로 '화쟁(사상)'이다. 한국불교는 세상 모든 진리를 인정하고 포용하며 그로부터 스스로를 정화시켜 왔다. 그것은 우리 한민족 고유사상과 당시의 최고 선진문물이던 불교의 창조적 융합의 결과였다.

그러므로 지금 우리는 대한민국 만추의 계절에 낙엽 구르는 산문 앞 청량한 바람을 맞으며 지난 일들을 반추하고, 온갖 질문에 명료히 답하는 국가 철학적 사색을 시작해야 한다. 나아가 이를 바탕으로 위험 속에 발을 들여놓고 싶지 않은 현손들은 이렇게 다짐해야 할 때이다.

"결코 비를 몰고 올 길로 후손들이 들어서게 하지는 않으리라."

원효대사의 화쟁사상

원효의 화쟁사상은 한민족의 고유한 사상과 불교사상을 융합한 결과이다.

〈대승기신론소〉의 저자 원효는 신라에 불교가 공식 전래된 지 1백여 년 만에 나타나 한국불교를 창시한 우리 역사상 최대의 민족 사상가이자, 통일신라 이래 형성된 한국 민족주의의 효시이다. 성은 설씨로 압량(경북 경산시 자인면)에서 태어나 29세 때 출가하여 황룡사에서 승려(648년)가 되어 수도에 정진했고 34세 때 의상(義湘)과 함께 구법을 위해 당나라로 유학을 떠났다. 그러나 고구려 순찰대에 잡혀 실패하고 10년 뒤(650년)에 다시 떠나, 도중 당항성(唐項城, 지금의 경기도 화성시) 어느 무덤에서 잠결에 해골 고인 물을 마시고는 이튿날 '모든 사물과 법은 마음에서 생기는 것'이라는 깨달음을 돌연 얻고 되돌아온다. 그 후 분황사에 있으면서 〈통불교〉를 제창하여 민중 속 불교 보급에 노력했다. 종교의 규칙이나 법에 얽매이지 않은 채 승려 생활을 이어나갔고 〈화엄경〉의 이치를 쉽게 풀어 〈무애가〉라는 노래를 지어 민중 속에 전파했다.[1] 통일신라의 출범을 전후한 격동의 시대를 살아간 지도자이기도 한 그는 한민족의 이념을 녹인 한국불교의 실질적인 창시자로서 53세에 백제국(百濟國 AD 18~660년)의 멸망, 그 8년 후인 61세에 평양성을 포위한 나당연합군에 보장왕이 항복함으로써 고구려의 멸망(668년)을 보았다. 나이가 들자 깊은 산의 절로 들어가 불법을 연구하고 도를 닦으며 남은 삶을 보내다가 247년 지속된 통일신라(668년~935년)가 최초로 전국을 9주 5소경을 편성(687년)하기 1년 전에 입적한다. 같은 날, 같은 시간에 육처열반(六處涅槃)을 한 것으로도 유명하다.[2] 〈누가 자루 없는 도끼를 내게 주겠느냐? 내 하늘을 바칠 기둥을 깎으리〉라고 노래하자 그 뜻을 아는 이가 없었으나, 태종 무열왕(김춘추)이 듣고서 딸인 과부 요석공주와 짝지어주어 낳았다는 그의 아들 설총은 원효 사후 6년 후에 이두(吏讀)를 정리한다(692년).

원효의 불교사상은 ① 화쟁사상, ② 일심사상(원융회통사상), ③ 정토사상으로 요약할 수 있는데 이를 설명하면 다음과 같다.

① 〈화쟁사상〉은 서로 간의 다툼을 화합하려는 것이다.

그가 살던 당시의 불교는 〈여러 가지 서로 다른 이론이 분분하여 혹은 나만 옳다 하고 남을 그르다고 하며, 혹은 내 학설은 옳고 남

---

1   무애가는 그 유래만 《삼국유사》와 《고려사》 악지(樂志)에 전하고 가사는 전하지 않음.
2   곧 여섯 곳에서 똑같이 한꺼번에 돌아가신 것이다. 부처님께서는 수백·수천의 장소에 몸을 나타내어 중생을 제도한다. 지구에 계시면서 저 세계에도 가고 이 세계에도 오고 그런다.

의 학설은 틀리다 하는 단순한 이론만 횡행하고 있어 드디어 쟁론이 강과 바다를 이룬 상황〉이었다. 이 〈강과 바다〉를 이룬 쟁론을 화합한다는 것이 원효가 시도한 과업이었다. 즉 서로 모순 대립하는 것처럼 보이는 각 경전의 불교사상을 보다 높은 차원에서 하나의 원리로서 회통시키려 했다. 원효의 화쟁은 서거정의 〈동문선〉이 전하는 것처럼 여러 갈래의 각기 다른 쟁론을 화합하고 유와 무의 대립된 견해를 귀일시키는 것이다.

② 이러한 화쟁은 〈일심〉에 대한 이해를 통해 가능하다. 원효사상은 달리 표현하면 〈일심을 통한 화쟁사상〉 혹은 〈일심을 통한 원융회통사상〉이라고 할 수 있다. 원래 불교의 모든 교설은 불타의 깨달음을 원천으로 하는 것이다. 일체의 모든 경론과 교설은 이 〈깨우침〉의 영역이다. 즉 모든 경론이 한 마음 펼침이며 그것들을 모으면 그대로 〈일심〉으로 귀일되는 것이다. 또 여러 갈래의 종파 또한 한 마음 펼침에 불과하며 요약하면 역시 일심일 뿐이다. 이처럼 원효의 논리는 개합과 종요의 회통원리인 것이다.

③ 정토사상은 인간은 모두 평등하다는 기본원칙 위에 어려운 불교경전을 몰라도 나무아미타불이라는 염불만 외우면 누구나 서방정토에 왕생할 수 있다는 간결한 신앙이었다. 그것은 현세의 고해에서 벗어나 극락세계에 갈 수 있고 누구나 성불할 수 있다는 내세신앙이었기 때문에 민중들에게 크게 환영을 받았다. 당시 신라사회는 원광과 자장의 교화에 큰 영향을 입었으나 불교 수용 면에서 왕실을 중심으로 한 귀족층과 일반 서민층 사이에는 괴리가 있었다. 이러한 때에 혜숙, 혜공, 대안 등이 대중 속에 깊이 파고 들어가 서민 대중들에게까지 불교를 일상화시킴으로서 유익한 의지처

가 되게 했다. 원효 역시 이들 뒤를 이어 당시 승려들이 대개 성내의 대사원에서 귀족생활을 하고 있었던 것에 반하여 지방의 촌락 등을 두루 돌아다니며 무애가로써 가무하고 잡담하는 가운데 불법을 널리 알리어 실생활을 불교화하는 데 정성을 기울였다. 무애가에는 본체(理)와 현상(事)이 서로 별개가 아니라는 것을 가르쳐 당시의 귀족 중심의 불교에서 민생불교로의 불교 대중화를 시도했다.[3] 그의 포교로 신라하대에는 신라인들 대부분이 불교신자가 되었다 한다.

원효사상의 의의 및 영향은 무엇인가. 원효의 종교사상은 이론과 실천의 양면에서 원숙한 경지를 보여 주고 있다. 모름지기 원효는 한국불교의 창시자라 할 수 있으며 한국불교는 원효를 통해 비로소 총화불교, 즉 화쟁의 불교에 이르렀다.[4] 원효는 불교의 도덕논설에서 〈화쟁〉을 최고 덕목으로 삼아 그 덕목을 ① 현상문, ② 입의문, ③ 차별문, 그리고 끝으로 ④ 화쟁문이라 했다. 플라톤의 지혜·용기·절제·정의의 〈4주덕〉, 기독교의 믿음(신)·소망(망)·사랑(애), 중국 유교에서는 〈인의예지신〉을 각각 제 덕목으로 강조했으나, 원효는 이들의 경마식 나열 차원을 뛰어넘어 모든 차별의 덕목들을 하나로 관통하는 '화쟁의 문'을 따로 열었던 것이니 이는

---

3 원효는 당시 사상계의 최고정점에 올라 왕과 대중들로부터 추앙을 받고 있었으나, 스스로를 낮추어 대중 속에 들어가 호흡을 함께 한 인물이다.

4 원효 이후 한국불교는 신라말의 5교9산으로부터 고려의 5교양종, 다시 조선시대의 선교양종이 되고 결국에는 선과 교가 합하여 일종으로 된 것은 원효의 화쟁에 의한 모든 종문의 회통사상의 영향이라 아니할 수 없다. 즉 원효의 진가를 재발견한 고려 의천의 교선일치, 그 뒤를 이어 보조의 선교일화, 조선시대의 사명 등에서 원효가 이룩한 한국불교의 전통적 성격을 구체적으로 입증할 수 있는 것이다.

원효의 사상이 지닌 '창조적' 원융의 정신[5]을 여실히 나타낸 것이다. 여러 종파들이 원효를 통해서 일관된 의미를 가지게 되고 그 속에서 각파의 의미가 다시금 살아나서 〈교〉와 〈선〉이 그 상극성을 극복하고 공존할 수 있게 되었던 것이다.

또한 원효는 우리나라뿐만 아니라 인도, 중국, 일본 등 당시의 최고 문명이던 동아시아의 철학적 문제를 해결한 특출한 사상가였다. 중국과 일본의 문헌에 원효는 계속적으로 인용되고 있고 특히 중국에서는 원효의 소를 〈해동소〉라 부르고 중국의 화엄철학을 대성한 법장의 사상형성에도 적지 않은 영향을 미쳤다. 장차 우리나라도 원효와 같은 걸출한 사상가를 수없이 많이 배출할 수 있는 사회적 환경과 시스템을 하루속히 갖추도록 해야 함에, 그리하여 실로 한국사상사에서 우뚝 솟은 봉우리이자 오늘날 우리가 본받아야 할 표본이다. 또한 그 화쟁사상은 장차 인류 모두가 반드시 체득해야만 할 최대의 일반 윤리의 하나임에 분명하므로 그의 위대함은 인류사를 관통하게 되는 것이다.

세상의 이치는 모두 상대적(相對的)으로 이루어져 있다. 선(善)과 악(惡)의 상대, 시(是)와 비(非)의 상대, 유(有)와 무(無)의 상대, 고(苦)와 낙(樂)의 상대 등 모든 것이 서로 상대적인 대립을 이루고 있다. 다시 말해서 이 현실세계는 그 전체가 상대로 이루어져 있다. 그러므로 이 상대성을 계속 고집하게 되면 자연 이 현실세계에서는 모순과 투쟁이 생기기 마련이다. 이 상대성의 세계 곧 양 변의 세계에서는 전체가 모순덩어리인 동시에 투쟁이 되는 것이다. 그 결과

---

5 이는 원효가 불교경전을 다 읽고 완전히 소화하였기에 가능한 일이었다.

이 세계는 불행에 떨어지고 만다. 이와 같은 불행에서 벗어나고 투쟁을 피하려면 근본적으로 양 변, 상대에서 생기는 모순을 모두 버려야 한다. 이를테면 서로 옳으니 그르니 하는 시비(是非)를 버리면 그것이 바로 극락세계가 되는 것이다. 하지만 현실세계는 이른바 사바고해(娑婆苦海)인 까닭에 그 양 변을 여의지 못하는 것이다. 부처님께서 "중도를 정등각하였다"고 선언하신 것은 바로 그 모든 양 변을 버렸다는 말씀이다. 곧 나고 죽는 것도 버리고, 있고 없는 것도 버리고, 악하고 착한 것도 버리고, 옳고 그른 것도 모두 버려야 하는 거다. 그렇게 모두 버리면 시도 아니고 비도 아니고, 선도 아니고 악도 아니고, 유도 아니고 무도 아닌 절대 세계가 열리게 된다. 이렇듯 상대의 모순을 모두 버리고 절대의 세계를 성취하는 것이 바로 해탈이며 대자유이며 성불인 것이다.

모든 대립 가운데에서도 철학적으로 보면 유(有)−무(無)가 가장 큰 대립이다. 중도는 있음(有)도 아니고 없음(無)도 아니다. 이것을 비유비무(非有非無)라고 하니 곧 있음과 없음을 모두 떠난 것이다. 그리고 거기에서 다시 유와 무가 살아난다(亦有亦無). 그 뜻을 새겨보면 이러하다. 곧 3차원의 상대적인 유와 무는 완전히 없어지고 4차원에 가서 서로 통하는 유무가 새로이 생기는 것이다. 그리하여 유무가 서로 합해진다. 그러므로 부처님께서는 이렇게 말씀하셨다.

"유무가 합하는 까닭에 중도라 이름 짓는다(有無合故名爲中道)."

과학기술이 발달하여 최근에는 세포 하나하나에도 한 사람의 모든 물리적, 정신적 작용이 깃들어 있음이 증명되고 있다. 그리하여 불교에서 말해 온 하나의 티끌에 온 우주가 들어 있다는 '화엄'의 세계관, 온 우주가 깊이 연결되어 서로를 비춘다는 인드라망의 세계관은 조만간 과학계의 정설로 자리 잡아 갈 것이 거의 확실하다. 내가 행복하다는 것은 세포 하나하나가 행복하다는 것이요, 세포 하나하나가 행복하다는 것은 온 우주가 행복하다는 것이다. 이는 또한 각자가 행복한 것이 온 국가 내지 온 인류가 행복하다는 것과 같다는 사실이 과학적으로 들릴 날도 멀지 않았다는 의미가 되기도 한다. 게다가 우리의 몸과 마음은 우리에게만 속해 있는 것이 아니다. 과거 우리 조상들에게도, 미래 우리의 아이들에게도 속해 있다. 이렇게 자기라는 울타리를 넘어 시간과 공간에 얽매이지 않는다면 우리는 무한의 삶과 만나고 연대할 수 있게 된다. 이러한 생각을 가능케 해주는 철학적 기반이 중도이고 화쟁은 이 중도의 세계관을 바탕으로 논쟁과 다툼을 화해하는 사고방식(논리)이라고 말할 수 있다.

> "그러니까 근본은 상대방을 보되, 겉모습만 보지 말고 본래 성품을 보아야 합니다. 모든 존재(사람)가 다 부처님이기 때문입니다."
> —성철 스님

원효는 세상의 온갖 다툼을 그치게 하고 조화를 이루는 가장 확실한 방법은 양변(兩邊)의 진실을 드러낸 다음에 누구라도 받아들일 진리를 불러냄에 있다고 통찰하였다.

원효의 이 의도를 사색하면, 화쟁은 자기반성적 소통[6]을 통해 상

---

6 소통은 격이 맞아야 하므로 격이 다를 경우 협업을 통하여 서로 조정해 나가는 방편이 꼭 필요하다. 그런 방편을 마련하는 것 자체가 소통이기도 하기 때문이다. 들이대는 소통은 방편으로 해결된다. 화쟁의 경우 소통의 본질은 협업이다. 같이 일해 보는 것만큼 격을 조정하는 방편은 찾기 힘들다. 또한 소통 자체도 협업의 한 방편이 된다. 협업을 위한 소통이 유용하지 투쟁을 위한 소통은 허구이다. 즉, 대

대방의 진실을 찾아내어 주고 그렇게 크게 드러난 진실을 바탕으로 문제를 근원적으로 해결하여 궁극적인 화합을 이루어내고자 하는 일체의 의도와 행위로 정의할 수 있게 된다.

이럴 경우 '소통(협업의 한 방편) → 공명(진실 추구) → 문제해결(진리 추구) → 화합(융합)'이라는 선순환 고리 구조의 전 과정을 화쟁이라 해도 무방할 것이다. 또한 이와 같은 원효의 화쟁사상을 확장하면 '협업 → 공동 행위 → 공동 업적 → 협동' 같은 대선순환 구조를 새로이 구성할 수 있으며, 시나위(각 연주자들이 즉흥으로 가락을 이어가는 국악연주)나 산조(散調)와 같은 민속음악의 해체적 무질서 속에는 코스모스적인 질서가 포함되어 있음을 화쟁사상적으로 해석할 수도 있게 된다.

이와 같은 화쟁의 순환고리구조에서는 (변증법식) 모순이란 존재하지 않는 한 허상에 불과하게 되며 오로지 모든 존재자는 '조화'라고 하는 우주의 참된 원리에 부합하는 완전한 진리로서 융합된다. 봄날 저 새가 꽃가지에 앉아 노래하는 것은 이 우주와 하나됨을 축하하려 함인 것이다.

씨앗이 싹을 틔우는 것에 대한 인식을 예로 들어보자.

모순이니 대립물이니 이분법적 시각에서 보면, 씨앗의 입장에서는 단단한 대지를 뚫고 나가야 하는 지난한 투쟁이라고 볼 수도 있다.[7] 또한 대지의 입장에서 보면 (꼭 그렇지 않을 수도 있겠지만) 제

안을 제시하지 않고 막무가내로 소통을 요구하는 것은 좋은 것을 악용하는 만행이다. 같이 일하고 싶은 내 대안은 이것인데 당신 대안은 이것과 공통점이 있으므로 소통을 해 보자 이런 식이어야 하는 것이다.

7 사실 씨앗은 꼭 그렇게 여기지 않고 단단한 대지를 뚫고 나가는 일이 어머니 품속에서 노니는 일만큼 보람차고 즐거운 일로 여길 수도 있다.

살이 찢기는 상처가 된다. 여하튼 이렇게 철저히 대립하고 투쟁하는 관계로 설정할 수도 있다. 그렇지만 새싹은 대지의 도움으로 지탱하면서 생명을 유지할 수 있다. 대지 또한 새싹을 통해 다른 모든 생명과 연결되고, 새싹에 의지해야만 생명력을 얻게 된다. 이렇게 둘은 서로서로 의지하고 돕는 무애의 관계이다.

아름답게 피어난 저 꽃 한 송이, 심지어 국립현충원 무명용사 묘소 앞에 놓인 잘 만들어진 조화(造花)조차에서부터 우주 만물까지 모든 생명 및 물체는 이러한 역동적 과정이 빚어낸 불멸의 작품인 것이다. 조화(造花)에 관해 말하자면, 오늘날 물질과 생명의 경계가 거의 무너지고 있음을 굳이 지적해 둔다. 이름하여 물심불이(物心不二)이다.

사실 대립물이니 모순이라는 것은 허상에 가깝다.[8] 마치 동전의

---

8 변증법은 사물을 파악함에 그 공간적 대치관계 중에 대립에 집착(협소)하여 상호 의존성·보완성을 놓치며 시간적으로는 변동(양적 변화가 질적 변화로 전환되는 지점)에만 집착(단편)하는 변견(邊見)에 불과하다. 그래서 가령 역사적 사건을 변증법적 논리로 보게 되면 질적 변화 지점에만 집착해 그것을 오로지 대립적으로만 보게 된다. 변증법이 대립에 초점을 둔다고 해서 상호 의존성이나 보완성을 완전히 무시하는 것은 아니지만 그럼에도 여전히 대립에 주된 초점을 맞추다보니 대립의 극단인 모순(矛盾)만을 가지고 적대적 모순(대립), 비적대적 모순(보완), 부차적 모순(의존) 등으로 관계를 형해화(形骸化) 내지 환원하게 되는 것이다. 또한 변증법이 시간성을 전연 도외시하는 것도 아니다. 변증법도 시간 인식은 하지만 시간을 시계 측정같이 공간의 연장 차원인 직선(선형)으로써 투영하여 개념화(실제의 허상화)하고 1차원 공간상의 직선거리로서만 추가시켜 판단할 뿐이다. 이처럼 시간을 인식은 하되, 시간의 그 독자성을 못 보고 그것을 공간에다 하나의 차원만 더 추가하는 식으로 공간화하여 파악하는 만큼 공간적 사물들의 병렬 수준에 그치고 마는 것이다. 1번 사건의 모순(正) – 2번 사건의 모순(反) – 최종 사건의 모순(合) 이런 식이다. 반면 불교적 일원론은 그것이 꼭 모순적인 것이 아니라 상호보완이거나 불가피한 상호의존일 수 있음을 인식하며 나아가 그 종합적 인식조차도 진리성

양면 중에 한 면씩을 따로 보고 하는 주장과 같은 논리이다. 동전의 앞면에서 보면 뒷면이 밉고 동전의 뒷면에서 보면 앞면이 사라졌으면 하고 생각할 수도 있다. 그러나 그 차원을 초월하여 전체에서 동전을 보면 앞면만 있는 동전이나 뒷면만 있는 동전은 불량품에 불과하므로 오롯이 앞과 뒤 서로가 서로를 돕는 온전한 일체임을 확인할 수가 있는 것이다. 선과 악도 마찬가지이다. 이유 없는 무덤 없고 사연 없는 탄생 없다.

이처럼 세상만사 이치는 오직 조화로울 뿐이다. 모순과 대립이라는 것은 실재하지 않는 허상일 뿐이고 오로지 조화의 아름다움과 귀중함을 빛나게 하고 치장하는 한갓 방편에 불과한 것이다. 그러니 대립물이나 모순을 마치 일반적인 진리인 양 말하는 것은 의학(義學)[9]의 무리임을 자복하는 것에 불과하다. 또한 그 앞에 맞설 사람이 없는 만인을 위한 위업의 의연한 기개 앞에 무릎을 꿇는 자기성찰의 겸허함 대신에 도리어 그 기개를 만인의 적으로 몰아 스스로를 정당화하는 중생의 논리에 지나지 않는 것이다.

모두가 빛나는 학문적 성취로써 문호(文豪)의 진에 용맹정진하는 지성이 되어 모순과 대립물이란, 삿된 자가 지어낸 허상이고 허구임을 통찰하여야 한다. 그 모순과 대립물은 더 높은 차원에서 보면 하나의 전체를 이루는 조화로움 그 자체이다.[10]

(인식의 완전함)의 불완전한 절반에 불과하므로 그 나머지를 위한 여지를 열어두어야 한다는 논리를 가지게 한다.

9 옳니 그르니 따지는 명분론적·논리론적·사변적인 도그마 학문

10 고정된 자본주의 사회에서의 자본가와 노동자의 모순과 대립이라는 것도 자본주의가 고정된 시스템이 아니라 진화해 왔다는 진실에서 바라보면 실상은 더 나은 자본주의를 향한 조화로움에 지나지 않는 것이 된다. 지금의 대한민국 노동자들

원효가 창시한 화쟁사상을 두고 그것이 독창성이 없는 단순한 논리적 변용에 불과하다고 생각할 수도 있지만, 그러한 논리는 다음과 같은 이유로 거부된다.

첫째, 화쟁사상은 일심성, 무애성, 논리성이라는 탄탄한 철학적 기반 위에 생겨난 논리이다. 이 3가지 기초를 하나로 통합시킨 사상인 것이다. 박학다식에다 용맹정진 깨달음까지 얻은 원효 대사는 대화와 토론에도 일가견이 있었다. 즉, 정연한 논리체계를 갖추고 있었다. 부적절하거나 해악적인 쟁론들을 물리치는 데도 거침이 없었다. 그럼에도 그는 해악적인 다툼의 원천을 '무지'에서 찾았을 뿐, 사람을 미워하지 않았다. 그것은 그가 인간을 '근원적으로 완성된 존재', 즉 불성을 가진 일심성의 존재로 보았기 때문이다. 게다가 원효는 이러한 불성을 '본래적 깨달음(本覺)'[11]이라고 표현하였다. 모든 생명체에는 완전한 본성이 갖춰져 있으며 그로 귀환하기 위해서는 다채로운 노력이 필요[12]하다는 것이다. 그 어떤 것이든 저마다의 유효성이 있으며 부분적인 타당성을 지니고 있다는 개시개비(皆是皆非)는 바로 원효의 이러한 인간 이해에서 비롯되었다 할 것이다. 이와 같은 자세로 원효는 다툼을 해체하는 대신에 무애행을 택함으로써 화쟁을 이론과 실천이 하나된 사상으로 정립했던 것이다.

없을 무(無), 거리낄 애(碍)로 된 단어 무애(無碍), 즉 '거침없음.' 그것은 원효가 진리와 현실세계, 이론과 실천, 지배와 피지배, 승전

이 대한민국의 현 자본주의 체제가 뒤집어져 일당독재의 사회주의가 되길 바라겠는가. 아니면 더 나은 삶을 제공하는 자본주의의 진화를 바라겠는가.

11 본각은 삼각(三覺)의 하나. 본래부터 갖고 있는 맑고 깨끗한 본성을 깨닫는 일. 곧 진여(眞如).

12 이런 면에서 원효의 무애행은 단순한 기행이 아니었음을 알 수 있다.

과 패전의 이분법으로 고통받는 삼한의 백성들을 위해 인생 후반부를 수놓은 치열한 화쟁의 몸짓이었다. 그는 출가 승려와 신도, 귀족과 천민, 승자인 신라와 패자인 고구려와 백제, 성골 진골과 육두품, 이렇게 몇 겹으로 갈라져 있던 당시 사회의 모순들로부터 통째로 벗어나는 길을 무애의 몸짓에서 찾았다. 고통받고 소외된 사람들 속에 들어가 진과 속, 수행과 놀이를 무애의 몸짓으로 녹여내었다. 무엇에도 얽매임이 없는 대자유의 삶이었다. 이처럼 원효의 화쟁은 불교사상과 교리의 회통에서 출발하여 그토록 고통받는 이들의 삶의 현장에서 백성들을 진리의 길로 안내하는 무애로 만개하였던 것이다.

원효의 무애행은 단순한 기행이 아니었다. 원효가 전국을 돌던 당시는 삼국이 전란의 극을 향해 치닫던 시절이었다. 백제의 유민들이 일본으로 집단 망명을 가고 고구려는 나당에 의해 협공당하고 있었다. 신라도 오랜 전란에 백성들 삶은 더없이 피폐해졌다. 이때 원효는 민중 속으로 뛰어들었다. 전쟁으로 부모를 잃은 아이들을 모아 가르치고 광대나 백정, 기생들과 어울려 다녔다. 그들에게 어려운 교리를 설하는 대신 무애무(無碍舞), 무애가(無碍歌)로 대자유의 길을 알려주었다. "자라처럼 몸을 움츠려 뭇 삶들을 따르고, 두 소매 흔들어 번뇌를 털고, 다리를 세 번 들었다 놓아 삼계를 벗어나고, 곱사등 만들어 모든 것을 다 거둬들인다."는 식으로 불교의 핵심교의를 재미있고 명쾌하게 담아낸 노래와 춤이었다. 가는 곳마다 그의 가르침을 따르는 이들이 생겨났다. 움막 같은 초라한 절에서 제자들을 거두어 가르치고 때가 되면 원효 자신은 또 다른 곳으로 옮겨갔다. 지금도 전국에 원효와 관련된 창건 일화를 가진 사찰이 많은 것은 이 때문이다. 세상 속에 불교가 어떤 역할을 해야 하는지, 중요한 것은 말이 아니라 언행일치된 행위라는 대의를 불교사 2천6백 년간 원효처럼 선명하게 보여 준 이 아마 없으리라. 이렇게 하여 부처님께서 대각 후 맨 처음으로 법문하신 초전법륜(初轉法輪) 중에서도 그 제일성(第一聲)이었던 "중도(中道)를 정등각(正等覺)하였다!"라는 진리의 말씀이 용수에 이어 원효를 통해 마침내 '화쟁'이라는 불교의 대표적 세계관과 실천론으로 비로소 재차 완성되었던 것이다. 무애(無碍)는 어디에도 걸림이 없는 자유인에 대한 사상으로 원효의 주장과 생활에서 잘 나타난다. 원효는 "아무것에도 구애됨이 없는 사람은 나고 죽음에서 벗어난다(一切無碍人 一道出生死)"라고 말함으로써 무애사상을 표현하였다. 이는 원효가 부처와 중생을 둘로 보지 않았기 때문이다. "무릇 중생의 마음은 융통하여 걸림이 없는 것이니, 태연하기가 허공과 같고 잠잠하기가 오히려 바다와 같으므로 평등하여 차별상이 없다"고 하였다. 그는 철저한 자유인으로서 그 어느 종파에도 치우치지 않고 보다 높은 차원에서 일승(一乘)과 일심(一心)을 주장하게 된다.

둘째, 원효의 화쟁사상보다 더 잘 현 시대의 지구적인 문제를 해결할 수 있는 높은 사상을 찾아보기 힘들다는 점이 두드러진다. 이런 의미에서 화쟁사상은 창조성을 가진다. 이는 마치 칡과 등나무가 엉킨 갈등(葛藤)은 '두 막대기를 오래 서로 부딪혀 불을 내는 형국'을 내포함과 유사하다. 이때 발생한 불은 잘만 접근하면 발전의 에너지가 된다. 실제로 갈등을 잘 지켜보면 그 속에 포연을 품고 있던 욕구와 창조적 해결방안들이 한꺼번에 쏟아져 나오기 때문에 발전의 단초가 되기도 하기 때문이다.

이는 특히 민주주의적 가치 증대와 전쟁을 급속히 대체하고 있는 평화사상의 가치 증대로 인해 더욱 두드러지고 있다. 원래 민주주의란 그리스 도시국가 폴리스에서 시작된 하나의 정치제도에 불과했다. 당시 그것은 불완전하기 그지없는 것이었다. 노예와 여성, 외국인은 배제되는 그런 특수 시민계층만의 민주주의였다. 그러한 것보다 더 민주적인 정치시스템은 그 당시에 세계에 널려 있었다. 그러나 저 고대 그리스 도시국가의 민주주의는 다른 정치제도가 감히 흉내 낼 수 없는 독창성을 가지고 있었고 그것이 오늘날 전세계로 파급되어 마침내 민주주의라는 인류 전체의 공유된 가치로 자리 잡게 된다. 오늘날 민주주의는 정치체제가 아니라 다음과 같은 가치를 의미한다.

"오늘날 민주주의란 권력자 자신이 자기 권력의 정당성을 스스로 확보하려는 종류의 모든 행위(정치체제 포함)에 반대되는 말이다."

심지어 체제를 초월하는 가치로까지 격상되기도 한다.

"자본주의를 초월하는 중심축은 민주주의다."   −라이트

마찬가지로 평화의 가치도 그렇다.

"당신은 전쟁에 관심이 없을지도 모르지만, 전쟁은 당신에게 관심이 있다."   −트로츠키

과거에 전쟁은 정치의 연장으로 인식되었다.

"권력은 총구로부터 나온다."   －모택동

　그러나 오늘날 전쟁은 자신의 멸망까지 포함하는 어리석음 내지 공멸의 대명사가 되었다. 핵무기 손에 쥔 사람들끼리의 싸움이란 무모한 것이기 때문이다. 북한이 핵을 가진다고 무슨 소용이 있는지 도무지 알 길이 없는 일이다. 핵무기는 사용할 수 있는 무기가 아니기 때문이다. 그러므로 협박용도 되지 못한다. 그것이 오늘날 평화의 가치를 새롭게 조명케 하는 것이다. 오늘날 세계는 전쟁이 아니라 평화의 수준을 누가 더 높이느냐 하는 전쟁의 평화가 아닌 평화의 전쟁을 치르고 있다. 그러니 테러니 내전이니 다 부질없는 일인 것이다. 오로지 나의 세력이 더 잘 평화를 높일 때에만 인류의 인정을 받는 시대가 된지 이미 오래라는 사실을 무지한 저들은 놓치고 있는 것이다.

　화쟁사상(和諍思想) 역시 지금부터 1400년 전 한국불교 내부의 몇 가지 쟁론[13]을 회통하려는 원효라는 동방의 한 사상가의 초라한 토굴에서 생겨난 작디작은 논리(씨앗)로부터 시작되었다. 그래서 불가에서는 그에 대한 평가가 분분한데, 그것을 사상으로까지 이름 지을 순 없고 나름 훌륭한 논리(Logic of Hamonization)라는 주장에서부터, 단순 논리보다는 훨씬 더 수준이 높은 논리체계(Logic system of Hamonization)라는 주장, 나아가 그것이 한국 통불교를

13　현장법사의 신역을 계기로 촉발된 신·구역 불교 사이 교리논쟁은 크게 세 가지다. 첫째는 신·구 유식의 갈등, 둘째는 중관·유식의 논쟁, 셋째는 일승·삼승의 논쟁이다.(남동신, 「원효의 대중교화와 사상체계」 1995)

완성시킨 화쟁사상(Thought of Hamonization) 내지 화쟁이념 (Ideology of Hwajaeng)이라고 하는 주장까지 다양한 스펙트럼이 존재하는 것이 현실이기도 하다.[14] 그럼에도 오늘날 화쟁사상 이상 으로 민주의 가치와 평화의 가치를 높일 이념을 찾아내기 힘든 까 닭에 장차 더욱 더 위력을 발휘하게 되는 사상이 될 것이라는 것은 불을 보듯 뻔한 일인 것이다.

원효의 화쟁은 크게 두 부분으로 나누어진다. 우선은 화해이고 다음은 회통이다.

그는 우선 다툼의 화해를 위한 명료한 세 가지 방안을 제시한다. 첫째 각 주장의 부분적 타당성을 변별하여 수용해야 하고, 둘째 모 든 쟁론의 인식적 토대를 초탈하여 포용할 마음의 경지를 가져야 하고, 셋째 쟁론은 언어에 의한 다툼이므로 언어를 제대로 이해시 켜야 한다고 했다.

다음으로 이렇게 하여 다툼의 화해가 이루어지면 비로소 회통 (會通)으로 문제가 해결된다고 하였으니 이 얼마나 멋진 해법인가. 문제는 이 회통이 생각처럼 쉽지 않다는 데에 있다. 원효는 항상 이 렇게 말했다. "모두 다 틀렸다" 그리고 "모두 다 맞았다." 이것이 원 효가 화쟁을 이끌어내는 방법이다. 내 생각이 잘못된 것일 수 있다

---

14 혼란한 개념 및 이러한 스펙트럼들과 관련되어 화쟁 자체에 대한 논란마저 있다. 그래서 '화쟁을 화쟁하다' 좌담회가 열려 '화쟁사상'을 현실에 어떻게 적용할 수 있을까 다투기도 한다. 원효사상을 말할 때면 꼭 화쟁(전략)이라는 말이 나온 다. 원효사상이 무엇인지 이해 못한 상태에서 화쟁(전략)이라는 또 다른 개념이 더 해지면 원효사상과 화쟁이 섞여 엉뚱한 해석을 내리기 쉽다. 화쟁은 원효사상을 이 해하는 중요한 전제이다. 화쟁의 이해 없이는 원효사상 이해가 힘들다. 또한 원효 사상에 대한 최소한의 이해 속에서 화쟁을 논해야 한다. 그래야 최초의 소통이나마 가능하기 때문이다.

는 것을 먼저 인정하고 모두가 맞는 방향으로 맞추는 것, 바로 원효가 말한 수평적 소통에 의한 회통이다. 그러기 위해서는 반드시 큰마음을 일으켜야 한다. 즉, 작심하고 진실부터 공부해야 한다. 왜냐하면 다툼은 우리 마음이 너무 작아서 생기는데, 우리 마음이 작아진 이유는 상념에 얽매여 있기 때문이며 그 상념은 무명(無明), 즉 모르는 상태로부터 생기기 때문이다. 상념은 진실과 거리가 있는 헛된 생각을 말하는 것이므로 결국 우리들의 갈등은 진실을 모르고 하는 헛된 생각 때문에 생긴다. 그러므로 회통을 위해서는 의혹을 버리고 잘못된 집착에서 벗어나고자, 죽어도 공부하고자 하는 대장부의 큰마음부터 일으켜야 하는 것이다. 사람들은 종종 아이러니하게도 진실 규명을 위해 갈등 상황을 만들곤 한다. 그리하여 과연 지금 그 사람들에게 진정 필요한 진실이 무엇인가를 되묻지 않을 수 없게 한다. 모두가 공부하지 않은 결과일 뿐이다. 즉, 더 큰마음을 갖고자 하면서 도리어 더 작은 마음을 향하니 그가 원하는 진정한 큰마음은 대롱으로 본 하늘일 뿐이다. 사람의 공부는 천차만별이다. 그래서 인간에게 표준은 존재하지 않는(스티븐 호킹) 것이다. 인간의 삶이 과학의 원리로 돌아가지 않는다면 화쟁으로 살아가는 것이 편하다. 모두 다 틀렸기에 타당한 것을 부분적으로 수용하고 모두 다 맞았기에 포용하면서 언어로 상처주지 않도록 헛된 주장을 함부로 내지도 들이지도 않는 것이, 그 이전에 공부부터 철저히 한 다음에 다른 주장을 융합해 나가는 것이 지금 우리 사회 문제의 처방전이라고 원효가 알려주고 있는 것이다.

화쟁빈도(和諍貧徒)운동

"자연의 섭리에 따라 인간 영혼 속에 새겨진 지식 욕구를 유용한 일에 돌리지 않고 쓸데없는 일에 남용하는 사람은 비난받아 마땅할 것이다."
―플루타르크

종횡하며 누볐던 화쟁 여행도 이제 여기서 한 걸음 멈추어야 할 때가 되었다.

종교―사회의 관계 연구는 사회학의 중요 주제이기도 한데, 종교에 관한 사회과학의 주요 전통은 다음의 마르크스 전통, 뒤르켕(Durkheim) 전통, 그리고 막스 베버(Max Weber) 전통이 있다. 세 전통의 공통 출발점은 종교를 사람이 만든 사회적 현상(객관적 연구 가능성)이라는 점. 즉 "종교가 인간을 만드는 것이 아니라 인간이 종교를 만든다"라는 명제이다.

"종교 일반은 그 자체로서는 어떤 투쟁(저항 형태)이나 굴종(인민 아편)과 같은 성격을 가지고 있지 않지만, 특정 시대의 특정 지역이나 국가의 특정 종교(단체)와 개인들은 저항적 형태에 속하거나 아니면 인민의 아편에 속한다. 만약 이도저도 아닌 경우라면 아마도 이전에는 존재한 적이 없었던 또 하나의 새로운 개인적 삶의 유형에 속할 수도 있을 것이다." ─마르크스[1]

"종교 속에서 일상(문화)의 세계가 재구성되어 활성화된다."

─뒤르켕(Emile Durkhim)

"근대의 윤리적 자본주의의 정신은 성경(잠 22:29)[2]이 그 근원이다." ─베버(Max Weber)

과연 그럴까? 종교가 실체이고 인간은 그 그림자를 보고 서술할 뿐인 것은 아닐까? 부처님의 정각은 종교(불법)가 선험적이고(먼저 있었고) 인간이 경험적으로(후천적으로) 깨달았음을 보여 주고 있다. 신비가 실재한다고 믿는 사람은 종교의 실재성을 가히 깨친 사람이라 할 것이다.

"경이로운 일의 원인을 밝혀내는 것은 그 일의 깊은 뜻을 훼손하

1 　안상현, [마르크스의 종교 비판(I) 人文學志』第31輯(2005). pp.203−226] "종교는 인민의 아편이다." 이 명제는 그가 종교일반을 부정하는 무신론적 교의로서 한 말은 아니다. 그는 종교 일반보다는 각 사회에 나타나는 종교의 구체적 모습에 관심을 가졌다.
2 　네가 자기 사업에 근실한 자를 보았느냐. 이러한 사람은 왕 앞에 설 것이요 천한 사람 앞에 서지 아니하리라.

는 일이라고 말하는 사람들이 있다. 하지만 그렇게 말하는 사람은 신의 손길이 닿은 일뿐 아니라 인간의 재주로 만들어낸 일까지 설명 못하도록 막는 셈이다. 예를 들어 종이 울리거나 봉화가 타오르거나 해시계에 그림자가 지는 것 등은 모두 그 나름의 원인이 있으면서도 그 이상의 것을 나타내주고 있다."

–플루타르크

이와 같은 이치를 화쟁사상에 대입시켜 보면, 원효라는 사람을 통해 화쟁이 등장한 것은 '언어적 다툼' 그 이면에 놓인 인간 마음의 원래적 실상을 자기 현시로 볼 수 있다. 사회과학적 견지에서만 보면 원효의 화쟁이란 '언어로 드러나는 다툼'[3]을 그 대상으로 삼는 문제의식(사회적 혹은 역사적 현상)이 된다. 즉, 언어적 쟁론의 역기능[4]을 해소하고 순기능을 창출하려는 의지, 또는 언어적 쟁론을 화해 내지 해소시키려는 의지와 노력과 실천이 담긴 말이 된다. 하지만 화쟁에 관한 지나친 언어적 접근은 달을 가리키는 손가락에 머물 수가 있는 것이다. 그러므로 화쟁의 '정신'을 보는 것이 그만큼 중요하게 된다. 즉, 화쟁의 사상성에 주목해야 하는 것이다. 그렇다면 언어적으로 드러나지 않은 화쟁의 마음은 무엇이었을까? 특히 그 극히 일부로서 화쟁은 일심성, 통섭성, 무애성, 논리성을 갖춘 통일신라의 '국가이념'(정토사상)에 가깝다는 사실에 주목해야 하는

---

3 쟁론은 언어적 존재인 인간의 '인간적 다툼 방식'이요 인간세의 특징적 면모이다. 사실상 인간의 많은 다툼이 언어적이다. 관점 표현, 자기주장 정당화 등을 언어에 자신을 담아 싸울 줄 아는 존재이다.
4 쟁론은 상호 발전과 진리구현의 통로가 되기도 하지만 (간혹) 상호 파멸과 타락의 매개가 되기도 한다.

것이다. 다시 말해 화쟁은 하나의 논리라기보다는 국가통일의 강력한 종합적 사상무기이기도 했던 것이다. 우리가 원효의 화쟁사상을 이렇게 이해하게 되면 그 무기를 갖춘 자로서 70년 분단의 역사[5]를 마감하고 새로운 통일국가의 주도세력이 되어 능히 세계 속에 부처님의 위대한 진리를 광명시켜 낼 보살이 되는 것이다. 과연 대한민국 통일의 지도적 핵심 세력이 투쟁 과정이 아닌 화쟁의 과정에서 형성될 수 있을까?

원효의 화쟁(和諍) 사상은 대립과 갈등을 더 높은 차원에서 해소시켜 하나의 조화와 융화를 이루는 세계를 꾀하였다. 그리고 각각의 이론들이 가지는 개별적인 특성을 인정하면서도 그것들의 적극적이고 긍정적인 측면을 수용해야 한다는 사고를 전개하였다. 그러면서도 본질을 벗어나서 '대립을 위해 대립'하는 것은 더 한층 갈등을 유발시킬 뿐이라는 것을 일깨워주고 있다. 이와 같은 탁월한 사상은 원효 시대의 종교적 쟁론들을 원융(圓融)시켰을 뿐만 아니라 사상적, 정치적, 문화적 이질화를 극복하였다는 점에서 오늘날 남북문제에서 파생된 이념대립과 정치적 혹은 문화적, 사회적 가치 이질화를 종식시켜줄 훌륭한 사상적·정책적 대안이 될 수 있을 것이다. 그러므로 남북한 이념갈등을 극복하고 온전한 민족공동체 회복을 위해 원효의 화쟁사상을 오늘날 통일 연착륙에 적용시켜 되살

---

5 기원전 2333년 한민족 국가를 건국한 우리는 기원전 198년경 준왕이 위만에게 패하여 뿔뿔이 흩어진 이래, 866년 후인 서기 668년에 통일신라가 되고 통일신라 224년 후에 고려(918)가 통일할 때까지 후삼국시대(892년~936년)라는 44년의 세월을 보냈고 이후 쭉 974년을 통일국가로 내려오다가 처음으로 한반도 땅을 일본 민족에게 36년간 빼앗긴 다음에 다시 찾긴 했으되 곧장 70년을 분단 상태로 지금에 이르고 있다.

릴 수 있다면, 민족 화합과 통합의 차원에서 당연한 일이면서도 상당히 희망적인 시사점을 제시할 수 있을 것이다.

원효의 화쟁으로 인하여 신라는 드디어 통일 이후 화쟁의 세계, 즉 이론과 실천이 합치된 보편타당한 통섭(通涉)의 세계를 구축할 수 있었다. 원효가 모든 것을 바쳐 구축한 화쟁이라고 하는 '변화의 패러다임'은 통일된 국민 공감과 백성 참여로 이어져 통일신라가 동아시아에서 가장 안정되고 번영된 사회를 이룩할 수 있는 사상적 토대를 마련할 수 있었다.[6] 원효는 화쟁사상을 바탕으로 자신이 추구하고자 노력했던 통섭과 무애의 시대를 통하여 통일신라 이후의 위기와 혼란을 미연에 방지할 것을 예견하고 있었다. 따라서 이러한 예지로 인하여 삼국통일의 혼란을 유연하게 연착륙까지 내다보고 화쟁이론을 배분하게 된다.

원효는 또한 불교의 궁극 목표는 깊은 철학과 아울러 항상 중생을 구제하는 데 있다고 외치며, 평등 가운데 차별이 있으며 차별 가운데 평등이 있다는 화엄의 사상을 쉽게 풀은 〈무애가(無碍歌)〉를 지어 뭇사람의 관심을 끌고 때와 장소를 가리지 않고 큰 표주박을 두드리면서 노래하며 이 거리 저 마을에 바람 타듯 나타남으로써 불교를 생활화하는 데 힘썼다. 이러한 그의 삶 자체가 이론과 실천을 일치시키는 진정한 철학함의 자세를 보여 준 것인 동시에, 불교의 대중화를 몸소 실천한 것이었다. 원효의 사상과 생애는 오늘날의 혁신사상에 많은 교훈을 주고 있다.[7] 원효가 직면했던 세상은 이

6　통일신라가 9세기 중반 이후까지 근 200여 년간 괄목할 만한 번영을 구가할 수 있었던 배경에는 원효의 이러한 사상적 통합 노력이 커다란 토대가 되었다.

7　불교가 중생을 구제하는 것을 목표로 삼지 않고 물질적인 부의 축적에 집착하

처럼 분열과 부정의 정신이 자신을 선명하게 드러내고 있던 시대였다. 그리고 그런 만큼 그 반생태계적 분열을 극복하고 화해와 공존의 관계를 이룩하라는 시대의 요청이 강력한 메시지를 보내는 상황이었다. 즉, 부정과 배제, 분리와 정복의 인식을 포용과 공존, 화해와 상호 존중의 정신으로 포섭하라는 '통합'과 '화쟁'의 요청이 강렬하던 시대였다. 인간과 인간이 본질적인 평등체로 만나면서 현상의 차이를 공존과 화해, 포용으로 안을 수 있는 대통합의 보편 사상, 그 보편적 인간관에 대한 시대 요청에 부응하여 원효는 혁신적 해법을 통하여 통합과 화쟁으로 인간의 가치를 삶의 가치로 압축하였다. 또한 그 자신은 그것을 온몸으로 실천하였고 그로부터 오는 고뇌로 몸부림쳤다.

그렇다면 다양한 전문 분야의 생산적 소통에 대해 우리 화쟁빈도들은 어떤 고민을 해야 할까? 주목할 만한 현상 중에 우선적으로 발견되는 것은 이 분야에 기여를 했다고 할 수 있는 역량 있는 빈도가 매우 극소수라는 사실이다. 이는 어쩌면 '두 문화' 차별성에 집착하는 뿌리 깊은 우리의 지적 현실에 비추어볼 때 자연스러운 결과라고 할 수 있다. 한민족은 상황을 양 극단으로 몰고 가서 결국 융합시켜버리는 성향이 강하다.

대한민국 화쟁적 지성계에서 둘 이상의 전문분야 간의 생산적인 대화를 활성화할 필요성이 있다. 이를 위해서는 상대방 지식의 깊

는 경우가 허다하고(투명성), 불교의 근본원리를 설법하여 사람들이 진정한 깨달음의 길로 나아가도록 이끄는 것이 아니라 단순한 구복신앙 정도로 머무르고 있는 것이 현실이기 때문이다(효율성, 봉사성). 현대에 진정한 종교 및 철학으로서 자리 잡기 위해서는 불교종단을 비롯하여 불교신자들의 각고의 노력이 필요한 시점이 아닌가 싶다(분권성, 참여성).

이를 제대로 평가해 낼 수 있는 협업시스템을 우선 구축해 내야 할 것이다. 이와 같은 협업시스템 형성을 위해서는 아마도 각 분야 전문가에 대한 화쟁교육이 그 첫 단추가 되어야 할 것이다.

또한 화쟁빈도운동의 경우, 대중 운동이 관심을 끌었던 주요 이유는 현재의 첨단 이론에 내재한 원리들이 고전에 이미 담겨져 있음을 전제로 할 때 그 신선함을 담보할 수 있었기 때문이다. 그러므로 화쟁적 대중운동은 두 분야 사이의 유사성 지적에만 그치면 안 되고 각자 분야의 고유한 논점을 진행시키는 것이 필요하다 할 것이다.

이상과 같이 전문가 운동이든 대중운동이든 별 구분 없이 빈도들이 일심으로써, '화쟁'의 움직임으로써, 여러 분야들 사이의 유사한 이론적 구조와 개념적 연관성을 움켜쥐고 더욱 본격적으로 그들 사이의 생산적 협력관계를 모색해야 한다. 단순히 두 분야의 대화가 아니라 '정합성'을 추구해야 한다. 이처럼 화쟁의 움직임은 양변의 대화를 강조하긴 하지만 많은 경우 그 대화의 성격은 위계적이고 환원적이다.[8] 양변의 생산적 소통에서 모든 화쟁 전문가들이 자기 전문의 시각에서 다른 전문가의 주제들을 탐구한다면, 이 양방향에서의 생산적 화쟁 노력이 더 시너지 효과를 발휘하여 활성화된다면 '화쟁 폭발!'의 축제 불꽃이 분단의 땅 한반도의 하늘을 온통 뒤덮고야 말 것이다.

우리 각자가 원효의 화쟁사상을 통해 화쟁빈도로 거듭나야 한다. 이후에 여러 분야에 종사하는 화쟁빈도들이 한데 모여 자유분방한 이념의 시나위(굿판)를 벌일 수 있는 공간으로 키워갈 때, 통일의 아침이 성큼 법당 앞에 도달하고야 말 것이다.

---

8   비환원적 화쟁의 가능성 모색도 마찬가지로 그 한 추이로써 지켜볼 만하다.

제4장

대한민국과 공공기관
화쟁 14가지

공공기관의 거시·미시세계

1990년 냉전 해체 이후 4반세기가 흐른 오늘날 세계는 그 이념적 지표 상실로 인한 근본 변화라고 하는 격동의 과정을 '힘든 조정'을 통해 헤쳐 나가는 중이다. 이 북새통의 와중에도 우리 74억 호모 사피엔스들은 한껏 드높아진 자의식을 바탕으로 전체 지구촌을 하나로 종횡하면서 급속하고도 동시다발적으로 광폭 발전을 멈추지 않고 있다.

계획경제에 대한 시장경제의 최종 승리가 결국은 전혀 완벽하지 못한 체제에 대한 오만과 확산만을 터무니없이 과장시켜 놓은 상태에서, 계획경제과 시장경제의 회통을 통한 혼합경제로의 질적 도약이 비틀거리는 와중에서, 전 지구적으로 무차별적으로 벌어지고 있는 작금의 이 시대 상황을 우리는 한 마디로 '국가 간 무한경쟁 시대'라고 정의할 수 있을 것이다. 이는 모든 주요 경쟁들이 각국 단위로 전개되는 연유이다.

따라서 국가 간 무한경쟁에서 일단 '승리'하는 일, 그러면서도 동시에 홍익인간 제세이화의 민족이념 아래 장차 이 무한경쟁 상황을 선도적으로 해체해 '경쟁에서 협력(화쟁)으로' 나아가는 그 '궁극 해소' 내지 '지양'의 세계사적 '적극 역할'[1]을 담당하려는 비전을 가진 '승리'를 도모하는 일, 바로 이것이 현재 우리 대한민국 모든 국민이 당장에 일상적으로 직면하고 있는 시대정신의 요체라 말할 수 있다.

이에 대한민국의 각종 기관과 조직 또한 이 무한경쟁 시대를 맞이하여 일상적으로 타국의 우수한 분야와 경쟁을 해야 하고 또한 이를 극복해 나가야 하는 바, 그에 걸맞는 각자의 시대정신으로 무장해야 하며 그 실행 방안을 지금부터 철저히 준비하고 하나씩 엄숙히 행동해 나가야 하는 것이다. 대한민국의 보수정당은 이제 미국의 공화당이나 영국의 보수당, 독일의 기민당과 경쟁해야 하며, 대한민국의 진보정당은 미국의 민주당이나 영국의 노동당, 독일의 사회당과 경쟁하며 그 우수성을 다투어야 하는 것이다. 마찬가지로 대한민국의 모든 공공기관 역시 세계의 공공기관과 어깨를 겨루어야 할 것이며, 그 내부의 관리기구나 노조 역시 세계 유수의 관리기구들이나 노조 및 단체들과 앞을 다투어나가야 하는 것이다.

그렇다면 이 무한경쟁 시대에 대한민국 316개 공공기관은 과연 어떤 역할을 하고 있으며, 장차 어떤 역할을 해야 할 것이며(비전), 그럼에도 현재로서 할 수 있는 최소한 혹은 최대한의 현실 가능한

---

1 즉, 우리는 무한경쟁의 존재성을 인정하면서 그것을 장차 '극복'하려는 노력 선상에서 '경쟁 승리'를 염두에 두어야 한다. 순서가 바뀌면 안 된다. '승리 후 극복'이 이치이지 '승리 전 극복'부터 미리 외치는 것은 망상에 불과하다. 일에는 순서가 있다.

역할은 어느 정도인 것인가(전략), 그리고 또한 무엇보다도 현실적으로 이를 위해 지금 당장 무엇에서부터 그 역할을 시작할 것인가? 나아가 대한민국 316개 공공기관을 둘러싼 거시세계와 미시세계는 어떠한가?

대한민국 공공기관의 미시세계는 그 각각의 공공기관 과업, 그 공공기관 종사자들, 그 종사자 일원인 나, 나를 이루는 정신과 물질의 궁극 본질 등이 될 것이다. 또한 공공기관 거시세계를 이루는 것은 그 공공기관을 있게 한 국가의 역사적 실체, 지구촌(글로벌), 우주 등이 될 것이다. 우리나라 공공기관은 2007년 4월에 시행되어 9년째 우리 사회에서 작동하고 있는 공공기관 운영체계의 기본 틀인 '공운법(공공기관의 운영에 관한 법률)' 체제[2]에 따라 공기업(시장형, 준시장형), 준정부기관(기금관리형, 위탁집행형), 기타 공공기관 등 5가지 기준으로 분류 운영되고 있다. 316개 공공기관 상임임원은 기관장 315명, 상임감사 87명, 상임이사 393명 총 795명. 316개 공공기관에 비상임 임원은 비상임감사 237명, 비상임이사 2,353명 총 2,590명. 총임원 수는 3,385명이며 이 중에 감사는 상임 87명, 비상임 237명 총 324명이다. 316개 공공기관 종사자수는 약 28만 정규직에다 비정규직·용역직 등을 합하면 약 35만에 육박하는데 이는 전체 임금근로자 약 1800만의 2%, 공공부문 종사자 250만의 약 14%를 차지한다.

이들 316개 공공기관은 오늘날 그 '건국이냐 정부 수립이냐'로

---

2 2006년 12월 제정, 2007년 4월 1일 시행. 공운법은 다음 내용을 결정한다. ① 공공기관 신설 및 지정, ② 공공기관 지배구조, ③ 임원 및 인력관리, ④ 재무건전성 관리, ⑤ 공공기관 경영평가, ⑥ 외부감시공시 및 고객만족도 조사.

논란 아닌 논란이 되고 있는 우리들의 자랑스러운 나라 혹은 장차 버림받을지도 몰라 몹시 서글픈 나라 '대한민국'이라는 국가를 그 전제로 하여 생겨났고 그것을 위하여 존재하는 조직이다. 그런데 그 주문 발주자 대한민국이 자랑스럽든 서글프든 그것이 현실은 현실이듯이, 지금의 정부가 각각의 해당 기관에게 요구하는 '공익 서비스'의 생산을 목적으로 하는 조직인 이들 316개 공공기관 역시 그 부여된 주문이 지극히 사바세계의 일이라 곧잘 번뇌에 휩싸이고 만다.

가령 모든 공공기관은 공적 서비스[3]의 특성상에 따른 공익성과 효율성 사이 긴장 관계, 독점적 지위(국민 세금으로 운영) 및 국가 재정 연동성(공공부문 확대는 국가 부담)에 따른 대체재 결핍 경향, 대리인 문제(국가 및 지방자치단체, 정부가 실질 사용자 역할) 및 거대 노조 문제[4]에 따른 사용자-고용인 책임성(중첩성 및 유동성) 분산화 경향 등등의 일반 특징을 가지게 된다. 또한 최근 들어 이와 같은 기왕의 번뇌 사안들에다 사회적 '공익성'이 꼭 국가만의 독점 사안이 아니며(사적 기업의 거대 성장으로 인하여) 그 공동체 내부 여타의 사회조직들도 생산가능하다는 점(거버넌스 측면), '서비스 생산'이라는 것이 정신적·육체적 노동에 있어 그 혼합 강도가 갈 수록 급속히 심해지고 있다는 점(신공공관리 측면) 등등 여러 사실

---

3 교원 및 공공부문 기업이 생산하는 (국가로부터 부여된 기관 고유의) 재화 및 서비스
4 특히 민간부문의 조직률은 지속적으로 감소하는 반면 공공부문(공무원 포함)의 조직률(정규직 경우 거의 100%)은 오히려 상승하고 있어 노동조합의 규모나 영향력에 있어 훨씬 더 큰 비중을 차지하고 있다. 전체 대한민국 노동조합 조합원 180만의 약 30%가 공공부문 종사자들이다.

들로 인하여 생겨난 공공기관의 새로운 번뇌까지 더해져서는 각종 다채로운 자체 변화를 급격히 초래하는 결과를 낳고 있다. 즉, 국가 이외의 공동체 사회 내의 여타 각종 공익적 조직들과의 관계 설정의 문제, 공익성·사업성 내지 정신적·육체적 노동의 양적 질적 가치를 어떻게 평가할 것인가 하는 측도의 문제 등의 심화된 각종 갈등과 대립을 낳고 있는 것이다.

그리고 이러한 '공익성'과 '서비스' 갈등·번뇌 문제 등등 온갖 번뇌들이 종합되어 공공기관 정부 정책이 나오는 것인데, 이에 따라 각각의 공공기관 종사자들이 역할 분담에 따라 국가의 '공익적 서비스 생산'을 노동하게 된다. 여기서 굳이 한마디 덧붙이자면 우리는 정부의 주요 정책이 대통령 한 사람의 머리에서 어느 날 갑자기 등장하는 것이 아니라 그 공동체 사회 내에서 일어나는 온갖 번뇌를 종합한 것임을 인지하고 일단 그 노고를 존중하는 예의와 고마움의 마음부터 가장 먼저 갖추어야 한다. 오늘날 대한민국은 구멍가게가 결코 아니며 세계 10위권의 경제대국인 거대 시스템임을 직시해야 하는 것이다. 특정인, 특정세력이 사회 전체를 좌우하는 시절이 아님을 자각해야 하는 것이다. 하나의 국가 정책에는 무수한 번뇌와 결단이 녹아들어 있음을 정상적으로 느껴야 한다는 것이다.

이처럼 공공기관 종사자들은 스스로 국민이면서 또한 공직자(공익 과제 담당자)이고, 스스로 공익 서비스의 소비자이면서 또한 생산자이며, 스스로 물질적(경제적)이면서 또한 정신적(정치·문화적)이라는 다양한 이중, 삼중성에 직면한다.

그러므로 다른 여타의 국가사회 공동체 구성원보다 훨씬 번뇌가 크며 따라서 더욱 자기 성찰적이지 않으면 안 되는 그런 처지에 놓인다.[5] 이러한 사실들로 인하여 대한민국 316개 공공기관 약 35만 종사자들에게는 남달리 뛰어난 현장감 있는 통찰력에다 다양한 이해관계를 녹여 하나로 주물해내는 폭넓은 사고력, 그리고 격렬한 흔들림 속에서도 단연코 흔들리지 않는 추진력 등등이 요구되는 것이다.

어쨌든 공공기관 종사자들의 이와 같은 존재론적 요구 사항 내지 정체성 문제[6]를 해결하기 위한 작은 불교적 방편 하나 소개하는 일에서부터 공공기관을 둘러싼 환경 논의를 시작하자. 만일 이 방편이 일말의 효과나마 거두어 공공기관의 선진화에 보탬이 될 수만 있다면, 그리하여 미시세계와 거시세계를 일통(一統)하는 한 진리로 확고히 무장하게 된 대한민국 공공기관으로 거듭 진화된다면, 능히 이들은 세계 일류가 되어 대한민국의 번영은 물론 통일의 최선봉 조직이 될 뿐만 아니라, 나아가 인류의 평화와 복리 증진에 크게 기여하게 되리라.

옛날 어떤 스님이 원주[7] 소임을 맡게 되었는데 기름등 두 개를 위아래로 준비하고 사용하였다. 그 이유는 자신의 개인 일로 등불

---

5   왜냐하면 그렇다고 국가사회 구성원 일반이 갖는 온갖 가족, 혈연, 지연, 학연, 종교 등등의 차별성 문제가 해소되질 않기 때문이다. 해소되지 않음은 물론이요 도리어 그 위에다 공공기관 고유의 각종 이중·삼중성의 덧씌워지는 구조에 속해 그 하중이 기하급수적으로 가중된다.

6   우리들의 미시적 사회관계 및 공동체는 어떤 방식으로든 거시적인 국가사회 정체성에 의해 영향받게 되며 그에 따라 다양한 모습들을 형성하게 되는 까닭에 정체성 개념은 중요한 의미를 지닌다. 특히 사회성원들의 정치 정체성(political identity) 확립은 사회통합과 질서, 그리고 나아가 사회변화와 관련하여 중요한 영향력을 미친다.

7   절집에서 일어나는 자질구레한 살림을 도맡아서 하는 소임

을 켤 때는 위에 있는 등잔을 사용하고 절 일을 볼 때에는 아래에 있는 등잔에 불을 커서 사용하기 위함이었다. 만약 위의 등잔에 기름을 붓다가 흘리면, 절일로 사용하는 아래의 등잔에 기름이 떨어지도록 해서, 조금도 개인 이익을 탐하지 않았던 것이다. 그만큼 옛 어른들은 공과 사를 구분하셨다. 사바세계를 떠난 절에서조차 원주 노릇은 잘 해내야지 잘못하면 욕먹는 법이다.

화쟁과 협업의 아름다운 하모니

"적극적 발견법이 부족했던 운동은 그로 인해 금방 지적
추동력을 잃어갔다."   ─라카토슈

한민족의 사상 속에는 자연주의를 토대로 하여 대립된 것을 통
합시키면서 삶을 총체적으로 바라보고자 하는 정신이 강하게 작동
해 왔다.[1] 그리하여 우리 문화의 특징 중에 특징으로써 진정 고유한
것은 여러 계통의 문화를 수용·종합·조화·융합·체계화하는 과정
에서 우리 특유의 확대·진보·창조된 문화적 특성을 일관되게 추
구한 그것 자체(대융합주의)라 할 수 있다. 이러한 사상적 힘이 바

---

[1] 이 정신은 현상에서 역설적이고 모순되는 특징들이 결합되거나 대조적인 사상
이 상호교호하고 통합되는 의식을 부각시켰다. 한·흥·무심 등 대립된 정서의 상
호교류와 승화뿐만 아니라 가령 풍류에는 자연 생명력(꾸밈없는 꾸밈, 조화)과 인
간의 정신 품격(심성), 삶의 본질과 이치를 파악하는 관조 정신(지성)이 모두 수렴
되어 있다. 즉 자연의 원리, 마음의 원리, 정신의 원리에 입각하여 '일탈', '신명',
'풍류', '고졸' 등이 등장한다.

로 화쟁이라는 불세출의 사상을 원효라는 사람을 인연 삼아 드러난 것이다.[2] 이 맥락에서 대승불교의 정수 "제법일체유심조(諸法一切唯心造)"[3]를 터득한 그의 일심사상(一心思想)은 진리의 대(大)줄기 였다. 그 줄기는 원력을 유감없이 발휘하면서 한민족주의 사상의 원류가 되고 그 차원을 넘어 동아시아의 사상체계에까지 많은 영향을 미치게 되었다. 또한 지금까지도 다양한 종교적 이해를 초극하여 우리 사상에 많은 영향을 끼치는 삶의 원리가 되고 있는 것이다.

그 일심이 세속에 잠깐 독수리 모양으로 드러난 것이라 할 화쟁 논리는 인간이란 무엇인가라는 인문학의 근본 질문으로부터 발생하는 온갖 모순과 각종 대립을 하나의 체계 속에 묶어 담는 일관된 정신이고 참된 생활 원리이다.[4]

화쟁, 그것은 자유분방한 '이념의 시나위'로써 무애(대자유)인 동시에 통섭(대이론)[5]의 밑바탕이 된다.

'통섭'의 통(統)은 '큰 줄기' 또는 '실마리'의 뜻이고, 섭(攝)은 '잡다' 또는 '쥐다'의 뜻. 그래서 둘을 합치면 '큰 줄기를 잡다'는 뜻이 된다. 통섭은 화쟁의 중요 방법론이다. 한쪽 날개의 하나이다.

"마음의 독수리인 화쟁(일심)은 통섭(이론)과 무애(실천)을 양 날

---

2 원효가 화쟁을 만든 것이 아니라 화쟁이 원효에게로 왔다!

3 모든 것이 마음으로부터 비롯된다.

4 헤겔의 변증법적 철학 원리는 이를 원용한 단순 작업에 불과하다는 주장도 이러한 차원에서 그 타당성을 찾아볼 수 있다. 원효는 일심의 바다에서 긍정과 부정의 두 가지 논리를 모두 부정도 인정도 않고 이를 잘 융합시켜 보다 높은 차원의 새로운 가치를 찾아내는데 몰두했다.

5 서양의 이론(theory)이라는 말은 '우주와의 불타는 공감'이라는 뜻에서 유래한다(러셀).

개로 날아간다."

그리하여 화쟁의 세계는 이론과 실천이 합치된 보편타당한 통섭의 세계와 대자유의 원융한 무애의 세계를 구축하게 되는 원리(실재)가 되고, 그것이 작동하는 정토세계를 창출하게 된다.

사실 통섭(consilience)은 화쟁에 기초하고 있어 동서양 경계는 물론 출세간(出世間)의 경계조차도(!) 쉽게 넘나들 수 있는 '원대한' 개념적 무기(날개)이다. 따라서 속세의 다양한 주장(분야)들을 가로지르며 사실과 그 사실에 기초한 이론들을 한데 묶어 공통된 하나의 설명체계를 이끌어내는 것은 '식은 죽 먹기' 하듯 작업할 수 있는 강력한 개념이다.

특히 워낙에 복합적인 현상[6]이라 여러 분야가 한데 모여 통섭적인 접근을 하지 않으면 문제해결은커녕 그 이해조차 도저히 할 수 없는 분야에 대한 최적의 해법이기도 하다. 오늘날 이러한 '복합문제'들이 말발굽에 먼지일 듯하고 있지만, 많은 경우에 이러한 '복합문제'의 경우 각자의 사고방식과 조직-문화적 차이가 종종 생산성을 유발하기보다는 생산적인 의사소통을 오히려 가로막아 문제해결을 어렵게 만들기도 한다. 복잡하고 여러 분야에 걸쳐 있는 현실적 문제에 대처하기 위해서는 다양한 지적 배경을 가진 전문가들이 머리를 맞대고 해결책을 궁리할 필요가 있다. 각자의 좁은 전공분야의 시각에 갇힌 전문가들에게 이는 매우 어려운 일이다. 여기에 통섭적 접근이 필요한 것이다. 또한 종종 이러한 '전문적' 논의는 본

---

6 실업이나 환경오염 같은 현대사회가 직면한 중요한 문제들.

질적인 논의에 접근하기도 전에 '윤리적'이나 '합리적', '효율적' 등과 같은 기본 개념이 분야마다 다르게 정의될 수도 있다는 점을 이해하려고 하지 않는 전문가들의 소모적 논쟁으로 대부분의 시간을 허비해 버리기 일쑤다. 여기에 화쟁적 이념이 필요하다. 국제경쟁에서 복합형 인재들을 두루 갖춘 세계 유수 기업의 경우에는 여타 전문 분야의 생산적 소통에 대한 요구가 훨씬 더 절실할 것이다. 여기에 협업적 자세가 필요한 것이다.

　오늘날을 흔히 '지식기반사회'라고 부른다. 이 현대 사회의 인프라가 되는 지식기반경제[7]의 특징은 무한경쟁 속도의 전쟁이며, 승자독식(Winner takes all)으로 수확체증의 법칙이 적용되며, 원천기술개발과 시장표준 선점이 필수적이고, 핵심인재 확보와 지식창출과 공유능력을 중요시하게 된다. 그런데 바로 이 지식기반사회는 혁신(革新, 무애, 대자유)과 함께 통섭(統攝)을 부르는 사회이다. 즉, 21세기 지식기반경제는 2등은 살아남지 못한다는 강한 생존의 메시지를 던지고 있는 것이다.[8] 결국 이것은 강력한 혁신을 요구한다. 사실상 혁신은 차원 높은 존재 통합의 원리를 확보하는 일, 즉 대자유(블루 오션)이다. 다 함께 같은 방향으로 '너 죽고 나 살기'가 아니라 '모두 함께', '같이 할래?'라는 포용과 공존과 화해, 평등과 상호 존중의 무애(無碍)적 자유를 결합하는 것이 혁신의 근본이념

7　지식기반경제(Knowledge Based Economy)란 토지ㆍ노동ㆍ자본 같은 유형적(물리적) 요소보다 지식ㆍ정보ㆍ기술ㆍ브랜드ㆍ경영능력ㆍ감성ㆍ마케팅ㆍ디자인 등의 무형적(정신적) 요소가 경제발전과 미래 성장 동력의 핵심으로 작용되는 사회체제다.
8　물론 우리 민족은 강한 생존력으로 장차 이런 승자독식의 무한경쟁시대를 극복하고 세계가 4등에게도 상을 주는 '철메달 사회'로 세계사의 물꼬를 터나가는 선구자적 역할을 해 나가야 할 것이다.

이 되어야 하는 것이다. 온갖 정신적·학문적·사상적 경계를 허물고 인간의 근본 가치의 연대감을 만끽하며, 초심은 여전히 인간생명의 미래를 걱정하는 통섭(統攝)과 혁신의 원리와 가능성을, 원효는 그의 시대를 초월한 사상과 실천으로 역사 앞에 던졌다.

토지·노동·자본 같은 유형적 요소 보다는 지식·정보·기술·브랜드·경영능력·감성·마케팅·디자인 등의 무형적 요소를 '통섭과 무애'라는 화쟁으로 엮은 원효야말로 우리 민족 혁신사상의 원조로 추앙받을 수 있을 것이다.

세계화된 21세기는 정부까지도 많은 변화를 요구하고 있다. 국가의 통제력은 상대적으로 축소되고 있지만 반면에 해결해야 할 문제들은 오히려 증가하는 경향이 있다. 경쟁이 심화되는 환경 변화에 따라 더욱 빠르고 효율적인 결정이 내려질 수 있도록 구조와 문화를 통합(통섭적 융합)하고 혁신(무애적 창조)할 필요성이 증가하고 있다. 특히 혁신은 이러한 환경변화의 대응 노력과 그러한 가치창조의 대자유 과정이다. 따라서 혁신은 관점에 따라 다양하게 이해되고 수용되어진다. 그래서 정부혁신은 구조개편, 행정과정 개선과 효율성 제고, 부패청산, 분권 등으로 인식될 수도 있다. 그러나 혁신의 이러한 기본 가치는 '효율성과 효과성'을 확보하는 것이 된다. 따라서 혁신은 변견과 아집의 포기를 전제하고 새로운 사고와 행동을 시대정신에 융합시키는 노력과 열정이다. 이러한 차원으로 볼 때 혁신은 참여와 공감을 전제로 한다. 침묵의 카르텔을 부수고 진정한 사회적 통합과 화쟁의 정신으로 나아갈 때만이 혁신의 성공을 담보할 수 있다.

공공기관의 화쟁협업
– 노조 · 감사 협업(勞監協業)모델

대한민국 316개 공공기관은 그 어느 나라도 견줄 수 없을 정도로 국가 발전에 매우 중추적인 역할을 하고 있다. 그럼에도 불구하고 장차 대한민국의 '지속가능발전' 및 세계일류국가 달성을 위한 선도 역할을 더욱 더 강화해야 할 필요성에 직면해 있다. 이는 한국사회를 본격 선진국으로 자리매김하게 해야 할 전환기적 막중한 의무가 공공기관에 집중적으로 몰려 있기 때문이다. 그럼에도 정치적 격변 속에서 현실적으로는 자신에게 주어진 권능에 비해 다소 미약한 임무를 수행할 수밖에 없는 온갖 구조적 문제들에 시달리고 있다. 이 모든 난관을 동시에 해결해 나가면서 지금 당장에 행동할 수 있는 가장 효과적인 핵심 방안의 하나로 거론되는 것이 바로 노·사·정 협업모델이다. 그 노·사·정 협업모델을 가장 효율적으로 구축할 획기적인 묘수로써 전체 공공기관 316개를 장차 아우를 '노조–감사기구' 협업모델에 관해 집중 제안하고자 한다.

이 '노-감 협업모델'이 지닌 잠재력은 무궁무진하다. 정부정책에 있어 단위 공공기관의 최고 감독자라 할 감사기구와 그 기관의 현장 최고 책임 당사자의 하나인 노동조합[1]과의 공동 과업을 위한 전체적이고 전면적인 만남의 장은 적게는 노·사·정 소통[2]의 '창'에서부터 크게는 '상호 인적 교류·협업의 실질적 기구'로까지 진화가 가능한 많은 긍정 요소를 가지고 있다.[3]

나아가 노-감의 이 '호쾌한' 협업모델이 즉각 행동해야 할 그 첫 단추로서 세계사적 흐름의 요구와 대한민국의 전환기적 시대 과제 및 사회적 책임(SR)에 대한 자각에 기초하여 '공공기관 노조-감사 반부패 선언 선포식'을 국가적 차원에서 대대적으로 준비하기를 제안하고자 한다. 세계에 그 유래가 없는 정규직 조직률(거의 100%)을 자랑하는 노조가 턱하니 버티고 있는 260여 개 공공기관에서 노조가 감사기구와 함께 지속가능한 선도 경영을 위하여 주동적으로 추진하여야 한다. 이 '대국민 약속 행사'는 그렇게 함으로써 기존의

---

1 노동조합이 없는 경우 근무자 조직의 대표체와의 만남도 가능하다. 그러나 한국의 공공기관은 거의 노동조합이 현장을 장악한 상태라 할 수 있으므로 노조와의 대화가 절대적이다.

2 소통은 하루아침에 '하자!'로 이루어지는 것이 아니다. 격이 맞추어져야 한다. 격을 맞추기 위해 소통 당사자들이 서로 진지하게 노력하여 점차적으로 공동 관심사의 장을 조성 확대시켜 나가야 하는 것이다. 어설픈 소통은 무책임하다. 대학교수와 분수계산을 배우고 있는 학생 사이에 고등수학에 대한 소통이 성립될 수 없다. 학생은 소통이 가능하도록 자신을 더 다듬어야 하는 것이며 스승은 그 길을 잘 인도해야 하는 그런 것이다.

3 감사기구의 입장에서는 오늘날 요구되는 감사의 선도경영 지휘 감독 기능을 강화할 거대한 협력자를 얻는 일이요, 특히 노동조합의 입장에서 본다면 사회적 책임이 더욱 더 무거워져만 가는 노조 활동에 있어 그 중요한 자산이자 기댈 언덕으로서 사회적 대화 채널 구성이 또 하나 더 생기게 된다는 점을 힘주어 강조하고자 한다.

공급자 중심의 서비스 제공방식에서 벗어나 소비자 중심의 서비스 제공방식으로 변모해 나가야 하는 와중에서 추락해 가기만 하던 국민적 신뢰를 회복할 수 있을 것이다. 동시에 나아가 대한민국의 든든한 선도기관 종사로서 스스로의 위상을 드높일 수 있는 첫걸음이 되기 때문이다. 이는 또한 한국사회에 '협의·협력·협업'의 선순환 구조를 정착·확대시키는 거대한 발자국의 선도적인 시작점이 될 것이기도 하다.

앞서 언급한 우리나라에 대한 최소 14가지 공감과 믿음을 바탕으로 필자는 공공기관의 '선진화' 내지 그 전제인 '정상화'(균형·역동·미래)를 위한 중대 해법의 하나로서 공공기관 '노조−감사 협업 모델'을 제안한다.

사실 노조−감사 협업 모델은 그 필요성을 거론하는 것 자체가 어색할 정도로 자연스럽다. 이러한 논의가 지금까지 없었다는 사실이 의아할 지경이다. 기관의 책임자들끼리 만나 대화하는 일을 행하지 않았다니, 감사는 점령군이고 노조는 식민지 원주민이라니, 한국의 민주주의가 다 무색하다. 노감협업의 타당성 측면을 살펴보면 최근의 바뀐 선진국 패러다임으로서 공공기관 감사제도의 선도 경영에 대한 역할 증대의 필요성, 공공기관 종사자들을 대표하는 공공노동조합의 무한경쟁 시대상황에 걸맞는 스스로의 공공성 증대의 필요성, 그리고 지속가능발전에 대한 전 지구적 시대 상황 공감대에 따른 국가 내 각급 조직들 나름의 대응 필요성 및 이를 위한 공공기관 전체에 부여되는 선도적 역할 임무 등등의 요소들이 배경이 될 것이다. 이 요소들은 또한 감사제도와 노동조합제도의 본격적 협업을 위한 이전 단계로서 협조의 필요성, 그리고 그런 협조를 가능하게 할 단초로서 '상호 대화'라고 하는 또 하나 다른 갈래의 공공성 강화 요구 상황을 배경으로 하고 있다 할 것이다. 노감협업의 적실성은 현 정부의 정책 방향에 대한 세밀한 검토를 요하는 부분이므로 자세한 논의는 생략한다.

노감협업의 시대적 과제와 과업범위를 표로 정리하여 〈부록 II〉로 싣는다.

한국자산관리공사(KEMCO)의
화쟁협업 사례

5년간의 노력, 마침내 비정규직 제로 일터로 재탄생

2007년 10월 15일 캠코노사(勞使)는 남은 비정규직 총 278명을 최종적으로 정규직으로 전환하기로 전격 합의함으로써, 공공기관인 캠코는 정규직보다 비정규직이 최대 4배나 많았던 조직에서 '비정규직 없는 일터'로 거듭나게 되었다. 캠코의 일반 직원 모두를 정규직으로 전환, 사실상 전원 정규직원이 된 것이다. 특히 별도의 직군을 신설하지 않고 정규직과 동일 업무를 유지하면서 1급에서 5급까지 동일한 정규직 전환을 결정한 것은 당시에 금융기관 일부에서 분리직군제 신설 등 '무늬만 정규직'이라 비난을 받던 것과는 확연한 차이가 나는 혁신적인 일로 평가를 받았다.

"자산관리공사(캠코) 정규직, 비정규직 노조의 통합은 〈한겨레〉 보도가 시사하는 바와 달리 정규직 노동자의 양보를 통한 비정규직과의 연대가 결코 아니다. 아마 지난 2년간 정규직 임금 인상률이 다소 낮았다는 점을 들어 〈한겨레〉는 '양보'라고 표현한 듯하다. 이것은 정부의 공기업 임금 가이드라인 정책 탓이 크다. 더구나 캠코가 고임금 작업장이어서 인상률은 낮았지만 인상액은 낮지 않았다. 〈한겨레〉는 정규직의 양보를 통한 비정규직의 처우개선 같은 하향평준화를 암시했는데, 캠코 정규직 노조는 비정규직의 임금인상률을 정규직의 두 배 이상으로 함으로써 격차를 줄였다. 이것은 상향평준화였다. 캠코 정규직 노조는 수년간 비정규직 정규직화와 차별 해소(정규직과 동등한 성과급 지급과 복지제도 적용 등)를 꾸준히 추진해 왔다."

―김문성, 노동과 권리 2006.06.27.

예견된 구조조정, 높아지는 조직내부의 벽, 그리고 노조통합

외환위기 전만 해도 캠코 직원은 400여 명에 불과했다. 하지만 외환위기를 맞은 1997년 말 캠코가 부실채권정리 전담기구로 거듭나면서 조직규모가 1700여 명으로 갑자기 확대 개편됐다. 문제는 정부가 조성한 부실채권정리기금 업무가 2002년 11월까지로 정해진 한시적 업무였고, 이에 따라 늘어난 조직구성원이 모두 계약직이라는 데 있었다. 정부는 채용 당시부터 부실채권정리가 끝나는 2002년에는 채용된 계약직의 계약해지를 공언했다. 한시적이라는 것을 못 박은 것이다. 계약직 부장, 팀장부터 계약직 사원까지 모든 직급에 정규직과 계약직이 섞여 있었고 한 사무실에서 함께 일해도 계약직은 시간외 수당조차 없었다. 시간은 보이지 않는 벽을 만들기 시작했다. 점심조차 계약직은 계약직대로, 정규직은 정규직대로 먹을 지경이었다. 이미 조직문화는 망가질 대로 망가져 있었다.

이러한 모순이 깊게 그림자를 드리운 2001년 12월 27일 필자는 제7대 노동조합위원장으로 당선되었다. 당시 출사표에서 "우리는 금융전문직의 노동자입니다. 그러므로 이에 걸맞는 세련되고 합리적인 노조활동으로 거듭나야 합니다."라고 말하고 "회사발전의 주역이 되면서도 사회전체의 주도세력으로 성장해야 하는 두 가지 목표를 동시에 추구할 것"이라고 포부를 밝히며 비정규직 처우개선과 노조가입 추진을 선포하였다. 2002년, 그해 캠코는 1,527명에서 1,227명까지 인원을 줄이는 조직개편을 하는 등 강도 높은 구조조정을 단행했다. 물론 모두 계약직원 퇴출이었다.

그러나 비정규직 노조가입 추진은 의지만으로 되는 일이 아니었다. 처음 비정규직 가입을 노조 내에서 얘기했을 때 집행부들조차도 반대하고 나섰다. 1년 동안 비정규직 가입 문제로 8차례나 워크숍을 진행했다. 여러 차례 비정규직의 노조가입 건을 올렸지만 번번이 벽에 부딪혔다. 1년여의 노력 끝에 5급 이하 계약직원을 조합원 가입범위에 포함하는 것으로 수정통과시켰다. 이로써 5급 이하 계약직 372명이 노조에 가입할 수 있게 됐다. 다만 정규직들과 사용자의 반발을 감안해 동의서를 받았다. 정규직의 기득권을 침해하지 않고 임금이나 처우개선은 정규직 수준으로 단계적으로 맞춰간다는 내용이었다. 노조가입 범위에서 제외된 4급 이상 계약직 직원들에 대해서는 노조를 설립할 수 있도록 노조규약을 개정했다.

2004년 카드대란으로 카드사의 부실채권을 매입하고 배드뱅크를 운영하는 등 업무량은 많아지는 상황이었는데도 계약직 30여 명에게 계약해지 통보가 날아간다. 이는 노조 가입대상에서 제외된 계약직협의회가 비정규직 노조로 변화하는 결정적 계기가 된다. 2004년 4급 이상 직원들, 채권회수업무에 채용된 단기계약직을 가입대상으로 하는 노조가 설립됐다.

하지만 비정규직 노조의 출범이 순풍만을 탄 것은 아니었다. 비정규직 노조와 회사와의 충돌은 점차 강도를 높여갔고 급기야는 비정규직 노조 위원장이 해고되기에 이른다. 또한 회사 측은 4급 이상에 대해서만 계약해지를 단행했다. 사실상 비정규 노조 조합원을 대상으로 한 것이다. 갈등은 더욱 고조됐고 서로 비방전이 난무했다. 하루 게시판에 비방 글이 60여 개 이상 올라왔을 정도였다. 비정규직 노조 자체만의 노력으로 성취가 안 되면 정규직 노조 탓으로 치부하는 경향도 생겨났다. 이때 양 노조 간에 극심한 다툼이 있었다. 성명전은 물론 대화로도 풀 일이 고소나 고발로까지 이어졌다.

작은 열매는 노조통합의 불씨를 살렸다

노노갈등은 조합원들을 불편하게 만들었고 노조통합 목소리가 현장으로부터 나오기 시작했다. 자연스럽게 통합분위기가 조성된 것이다. 또한 그 사이 정규직 노조의 오랜 노력이 결실을 맺어 계약직 17명이 정규직으로 전환된다.

정규직 노조와 비정규직 노조는 일반조합원들이 참여하는 통합추진위원회를 결성하기에 이른다. 여기에는 양측의 집행부들은 제외됐다. 좀 더 공정하고 합리적인 안을 만들어 내기 위해 고안해 낸 고육지책이었다. 결국 통합안이 만들어졌고 정규직 노조와 비정규직 노조가 결단을 내리면서 통합이 이루어졌다. 상급단체도 달랐고 선례가 없다는 점에서 양 노조의 결정은 모험이었다. 통합노조위원장은 필자가 맡고 오승헌 비정규직 노조위원장은 지도위원을 맡기로 했다. 또 집행부는 정규직 노조와 비정규직 노조 동수로 구성키로 했다. 서로 한발씩 양보하면서 이루어진 결과다. 양노조의 통합과정에서 집행부의 의지가 얼마나 중요한지를 여실히 보여 준 사례이다.

2005년 4월 정규직 노조가 먼저 '조합통합추진위원회'를 구성하고 2006년 2월에는 비정규직 노조에도 '조합통합추진위원회'가 구성된다. 비정규직 노조는 6월 12일 열린 조합원총회에서 95%의 찬성으로 노조통합을 승인했다. 다음 날인 23일 정규직 노조도 대의원대회를 열고 규약 중 '사업목적' 항목에 '비정규직 철폐, 고용안정, 계약직 처우개선, 계약직 정규직전환' 등을 첨가, 규약 개정승인과 함께 노조통합을 승인했다.

민감할 것 같았던 상급단체 문제(정규직 노조−한국노총 금융노조, 비정규직 노조−민주노총 사무금융연맹)도 비정규직 노조의 결단으로 쉽게 마무리됐다. 비정규직 노조가 해산하고 정규직 노조에 재가입하는 형태로 두 노조가 통합되는 것이므로 자연히 정규직 노조가 속해 있던 한국노총금융노조로 바뀌는 것을 받아들였다. 상급단체 문제가 조직 내부사정에 우선할 수 없다는 판단에서였다.

통합 노조가 출범하기까지는 당시 김우석 사장의 합리적이고 부드러운 리더십과 결단이 크게 작용하였다. 사측도 크게 환영하는 분위기였다. 회사 부담은 약간 늘어나더라도 직원들의 회사 충성도가 커진 것은 큰 수확이기 때문이다. 무엇보다 직원들 간의 반목과 갈등이 사라진 것은 다른 무엇과도 바꿀 수 없는 소득이다. 아울러 사측과 정규직, 비정규직이 다 같이 윈·윈·윈 할 수 있는 계기가 됐다.

모두가 한 걸음씩 양보해서 연 새로운 길

비정규 직원의 전원 정규직 전환은 결코 하루아침에 이루어진 것이 아니다. 필자는 캠코 노동조합 제5대 상임부위원장에 이어 2002년 1월부터 2008년 1월까지 제7대, 8대 위원장을 역임하였다. 위원장에 취임하기 전 인사과장으로 근무할 당시 일 잘하는 노총각이 있었는데, 비정규직이라는 이유로 여자 측에서 결혼을 반대했다는 얘길 듣게 되었다. 또 금융기관에서도 직원의 고용형태를 묻는 문의전화를 수시로 받으면서 비정규직은 대출받기도 어렵다는 현실을 알게 되었다. 업무현장에서 정규직과 비정규직 간의 갈등 또한 최고조였다. 서로 말도 하지 않는 상황이었다. 이를 더 이상 방치해서는 안 되겠다고 마음먹었다. 그리고 위원장에 출사표를 던진 것이다.

그러나 정규직은 자신의 밥그릇을 놓칠까봐 우려했고 비정규직은 믿지 않았다. 그럼에도 비정규직 문제는 꼭 해결해야 할 과제라고 확신하였다. 캠코가 축적해온 부실채권 처리 노하우를 보전하여 새로운 발전의 동력으로 키우기 위해서도 비정규직을 그냥 내보낼 순 없었다. 비정규직 문제 해결은 곧 캠코와 직원 모두를 위한 일이다. 직원들에 대한 설득작업을 지속적으로 해 나가는 수밖에 달리 도리가 없었다.

차츰 정부의 계획대로 부실채권정리 업무가 끝나 계약직들이 공사를 떠날 경우 조직에는 엄청난 손실이라는 인식이 조합원들 사이에 퍼졌다. 한편으로는 시간이 지날수록 업무가 줄어드는 상황에서 정규직들도 안전하지 못하다는 위기의식도 확산되기 시작했다. 또 정규직들 사이에서도 같이 일하는 동료가 비정규직이라는 이유로 차별을 받고 있는 것에 대해 불합리하다는 생각이 깊어가고 있었다. 계약직들은 정규직들과 같은 사무실에서 동일 업무를 했지만 임금은 정규직들의 절반에 그쳤다. 또 복지혜택은 전혀 받지 못했다.

통합을 위한 과정에서 불신과 반목도 있었지만 결국 신뢰가 쌓이게 됐고 그것이 기반이 되어 마침내 노조통합을 이루게 되었다. 통합을 계기로 노동조합은 비정규직 처우개선에 적극 나섰다. 캠코 노조의 최종 목표는 계약직의 노조가입이 아니라 계약직의 정규직 전환이었다. 그러기 위해서는 인력운용에 대한 구체적 전망을 가지고 매듭을 하나씩 풀어가야 했다. 구체적인 실천방안을 제시했다. 통합되더라도 1,700명의 직원이 다 같이 함께 갈 수는 없으며 일정한 인원이 줄어드는 것은 피할 수 없다는 점과 임금복지 등에서 비정규직의 처우개선이 절대 필요하다는 주장이었다. 이를 위해 정규직의 양보도 필요하다는 점을 제시했다.

노조는 비정규직 처우개선 3년 프로그램을 만들어 계획대로 시행해 갔다. 첫해에는 강제로 계약해지되는 직원들에게 전직창업지원금을 조성해 지원했고, 정규직에게만 지원되던 연말성과위로금 지급을 비정규직에게까지 확대했다. 2년째부터는 직원들에게 연월차수당을 반납받아 계약직에게도 명예퇴직금을 지급했다. 한편으로는 계약직에 대해 정당한 절차를 거치지 않는 계약해지는 철저하게 막아냈다. 대신 잉여인력을 감안해 정규직과 비정규직들을 대상으로 자발적인 퇴직을 유도했다. 정규직을 대상으로 합리적인 퇴출제도를 만들어 시행했다.

비정규직의 정규직화도 단계적으로 시행했다. 2004년 17명을, 2005년 62명, 2006년 100명을 정규직으로 전환하는 성과를 이룸으로써 비정규직의 정규직화는 이제 공론화를 넘어서 실행의 단계에 접어들면서 금융계 안팎의 큰 반향을 불러일으켰고, 마침내 2007년 278명의 잔여 계약직 전원이 정규직으로 전환되기에 이른다. 또 노사평화 선언이나 임금피크제 도입, 신규업무유치 활동도 적극 나서며 사측의 협조를 유도했다. 공공기관인 관계로 정부나 금융감독원의 눈치를 보지 않을 수 없는 상황이었기 때문이다.

정규직 조합원들은 계약직이 정규직 승진에 직접적 영향을 미침에도 함께 보조를 맞추기 위해 자신의 임금인상률을 양보했다. 계약직은 부당한 대우에 대한 책임을 정규직에게 돌리거나 조급해 하지 않고 '멀리 보며' 기다렸다. 노조는 회사에 요구 안을 제시하기 전에 경영상황과 예산을 살피는 등 스스로 조직에 대한 전망을 내놓고 업무영역, 수익구조를 함께 고민했다. 회사는 직원이기도 한 조합원들의 내부통합이 장기적인 조직성장에 플러스 요인이 될 것이라는 노조의 목소리에 귀 기울이고 계약직 처우개선에 한발을 내딛었다.

결국 2002년부터 3년 동안 정규직 임금인상률을 2.0%로 묶고 나머지 재원을 계약직에게 돌렸다. 그 결과 2002년까지 정규직의 50% 수준이던 계약직의 임금이 80% 수준까지 올라왔고 의료비, 경조사비 등 복지 부분도 동등한 수준으로 올라섰다. 이것이 마지막 남은 278명을 한꺼번에 정규직 전환을 이루게 한 기반이었다.

〈표 3〉 비정규직 보듬기, 그 5년간의 기록

2002년	비정규직 문제, 수면 위로 떠오르다	- 계약직과 정규직 최초의 연대 - 전직지원프로그램 시행, 계약직 성과급 지급 - 계약직 신규채용금지
2003년	통합의 이정표 세우다	- 건강검진, 시간외 수당 지급 등 계약직 복지 확대 - 계약직의 연봉테이블, 비누적적 방식 연봉제 도입 - 계약기간 1년에서 3년으로 연장 - 5급 이하 계약직 직원 372명 정규직 노조 가입
2004년	달디 단 첫 열매, 쓰디 쓴 두 살림	- 5월, 비정규직 노조출범 - 계약직 17명, 첫 정규직 전환
2005년	제자리걸음인 듯 천천히	- 4월 정규직 조합원통합추진위원회 구성 - 계약직 62명 정규직 전환

2006년	노조통합, 그리고 또 다른 시작	– 2월 비정규직 조합원통합추진위원회 구성 – 5월 26일 노조통합 합의 조인식 – 6월 12일 비정규직 노조 조합원총회, 노조통합 승인 – 6월 13일 정규직 노조대의원대회, 통합에 따른 규약 개정안 및 통합승인 – 7월 5일 통합노조 출범, 계약직 100명 정규직 전환
2007년	완전 정규직 쟁취	– 2007년 10월 15일 최종 계약직 278명 정규직 전환

조직통합으로 이룩한 찬란한 성과

한국자산관리공사(KAMCO)는 '금융회사의 부실자산 등의 효율적 처리 및 한국자산관리공사의 설립에 관한 법률'에 따라 설립되어 금융회사의 부실채권 인수, 정리 및 기업구조조정업무, 금융소외자의 신용회복지원업무, 국유재산관리 및 체납조세정리업무를 수행하고 있는 금융위원회 산하의 준정부기관이다. 현재 자본금 1조, 5본부 27부 10지역본부에 1,200여 명의 직원이 근무하면서 수십조 원의 기금을 관리하는 선망의 대상인 금융공기업으로 자리매김하고 있다. 그러나 IMF 직전인 1997년만 해도 300여 명의 직원에 5억에 불과한 자본금마저 잠식되고 있는 상태에 놓여 있었다.

필자가 노조 상임부위원장을 한 1996년 당시는 캠코가 부진을 면치 못하며 직원들에게 비전조차 제시할 수 없는 일터로 전락한 상태였다. 1981년 당기순이익이 41억원에 달하던 것이 83년에는

30억원, 85년에는 15억원, 88년에는 2억원 수준으로 떨어졌다. 급기야 1996년은 20억원의 적자가 발생하였다. 노동조합 표현대로 '파산직전'의 순간이었다. 인원 역시 1977년 공채 1기를 시작으로 80년대 초반까지 지속적으로 충원되었으나 80년대 중반부터는 신입직원 채용이 거의 없었다.

캠코의 부진은 정부의 금융산업 경쟁력 강화와 개방화 정책 및 관치금융 해소를 위한 금융자율화 바람에 기인했다. 변화하는 시장에 적극 대응하기 위해 각 금융기관들은 책임경영체제를 구축하고, 경영수지에 큰 영향을 미치는 부실채권 발생을 방지하기 위해 여신심사를 강화하기 시작했다. 특히 부실채권의 사후관리업무와 관련하여 은행연합회나 은행감독원 및 재무부 등에 규제완화를 지속적으로 건의했는데, 그중에는 캠코에 부실채권 및 비업무용자산을 회수, 또는 매각위임해야 하는 위임기준 및 업무수행에 따른 수수료체계에 관한 사항이 포함되어 있었다. 또한 법원의 경매절차 진행과정에서 금융기관 및 캠코에 특별한 지위를 부여한 '금융기관의 연체대출금에 관한 특별조치법'(연특법)에 대하여 지속적으로 형평성 시비가 일었고, 위헌심판 청구까지 제기되는 상황이 발생하였다. 연특법이 폐지되면 캠코도 그 존립기반이 뿌리 채 흔들릴 수 있는 중대한 국면에 접어들었다(실제로 연특법은 1998년 위헌결정이 내려져 1999년 4월 1일 폐지). 반면 업무영역이 줄어드는 대외적인 업무환경 변화에 캠코경영진은 적극적으로 대응하지 못했는데 이는 당시 캠코가 비전문가들이 낙하산을 타고 안착하는 대표적인 공공기관이었기 때문이기도 하다.

여타 노동조합과 달리 캠코노동조합은 설립 당시부터 경영참여에 방점을 찍고 활동을 집중해 왔다. 이는 캠코의 업무환경이 점점 축소되어 가는 것과 무관하지 않았다. 노동조합의 경영참여 및 협력적 노사관계의 기틀을 마련하기 위한 노력이 빛을 보기 시작한 것은 아이러니하게도 IMF 외환위기의 서곡이 울리던 1997년이었다. 사실 제5대 노동조합은 1996년 8월에 취임한 박경상 사장에게 신규업무 확보를 위한 경영정책 제언서를 제출하였다. 이 제언서는 노동조합이 바라보는 공사경영 악화의 구조적 원인을 지적하고 조직내부의 비효율적 요인을 구체적으로 명시하였다. 이 제언서는 물론 새로 부임한 신임사장이 업무를 파악하는 데 요긴한 자료가 되었음은 물론이다.

노동조합의 직장 사랑

또한 노동조합은 국정감사를 '신규업무 확보를 위한 기반조성의 장'으로 인식하고 국회 재경위원들에게 국세청 재경원 등의 감사시 캠코와 관련된 질문지를 직접 작성하여 전달하는 활동도 전개하였다. 예를 들어 '본 위원 판단으로는 국세징수법 제61조에 근거하여 체납정리업무 중 공매대행업무만을 처리하고 있는 캠코가 동일업무 수행에 적합한 경험과 자료의 축적이 대단한 것으로 알고 있고 또한 정부기구의 축소라는 시대적 조류에 맞춰 새로운 기관을 신설하기 보다는……' 식이었다.

그 무렵 1월에는 한보그룹이 법정관리를 신청하기에 이르고, 3월에는 삼미그룹, 4월에는 진로그룹 등 대기업이 줄줄이 부도나거나 도산하고 은행들은 자금흐름에 이상이 생겨 부실채권이 대폭 증가하였다. 사태의 심각성을 인지한 정부는 국가적 과제로서 금융개혁 및 행정개혁 문제를 논의하기에 이르렀다. 특히 금융개혁위원회에서는 금융기관의 부실채권을 효율적으로 정리하기 위한 방안의 하나로 캠코의 기능 활성화를 고려하였다. 종전의 위임, 정리만 하던 것을 확대하여 인수, 정리기능을 추가함으로써 적극적인 업무를 추진케 한다는 것이었다. 마침내 1997년 8월 22일 법률 제5371호로 '금융기관 부실자산 등의 효율적 처리 및 성업공사의 설립에 관한 법'이 공포되기에 이르렀다.

이를 계기로 향후 캠코는 납입자본금이 1조까지 확대되고 인원도 최대 1,700여 명에 이르고 직원들의 급여 및 복지도 대폭 개선되는 전기를 마련하게 된다.

(신)캠코가 발족한 1997년 11월 24일, 그러나 정부는 이보다 3일 앞선 11월 21일 IMF에 구제신청을 하고, 12월 3일 임창렬 부총리는 대한민국 정부를 대신해서 IMF와 협상타결 합의서를 조인했다. 노동자에겐 지옥 같은 IMF 외환위기가 도래했지만, 음지가 있으면 양지가 있다고 했던가. 캠코에는 비상의 날개를 달아주었다.

호사다마랄까? 캠코는 부실채권정리전담기구로 재탄생하면서 비상의 전기를 마련하였지만, 확대된 업무를 수행하기 위한 직원들을 전부 계약직인 비정규직으로 충원함으로써 앞서 밝힌 바와 같이 조직은 분열과 반목의 나날을 보내게 되었고 향후 전망 또한 매우 불투명한 상황에 놓이게 되었다. 이러한 상황에서 노동조합 통합과 비정규직 전원 정규직 전환은 캠코에 새로운 활력을 불어넣었고 캠코가 공공기관으로서 대국민 서비스를 획기적으로 혁신하는 계기가 되었음을 부인할 수 없다. 여기서 현재 캠코의 현황을 살펴보자.

- 캠코의 현황(2015년 10월 현재)
  - 1962.04 : 한국산업은행법에 의거 (구)성업공사 설립
  - 1997.11 : 금융기관 부실자산 등의 효율적 처리 및 한국자산관리공사의 설립에 관한 법률에 의거 (신)성업공사 설립 (부실채권정리기금 설치)
  - 1999.12 : 공사법 개정으로 한국자산관리공사로 명칭 변경
  - 2004. 5 : 배드뱅크 「한마음 금융」 업무개시
  - 2005. 5 : 공동추심기구 「희망모아」 업무개시
  - 2008. 9 : 「신용회복기금」 설치 및 업무개시
  - 2009. 5 : 「구조조정기금」 설치 및 업무개시
  - 2011. 4 : 국유재산관리기금 업무 수탁(국유재산법령 개정)
  - 2013. 2 : 「부실채권정리기금」 업무종료
  - 2013. 3 : 「국민행복기금」 설치 및 업무개시(「신용회복기금」 확대)
  - 2013. 6 : 국유재산 관리 일원화
  - 2014.12 : 본사 부산 이전
  * 법정자본금 1조, 5본부 27부 10지역본부에 1,200여 명의 직원 근무

신용회복기금 설립

캠코는 IMF의 의미를 잊지 않았다. 특히 2008년 설치된 신용회

복기금 설립은 부실채권 정리업무의 성공적인 운영과 조직통합으로 확보된 직원들의 내적 역량이 결집해 이룬 쾌거였다. 신용회복기금 설치 논의는 캠코가 운용하던 부실채권 정리기금 운용시한인 2013년 2월에 7조원 이상의 잉여금이 발생할 것으로 예상되면서 시작되었다.

이는 당초 정부가 부실채권정리기금 운용에 적자가 날 것으로 예상하여 추가로 3조원의 기금을 출자한 것을 포함하여 기금으로 투자된 자금은 모두 21조 6,000억원이었다. 이중 정부가 채권을 발행하여 20조 5,000억원을 마련하였고 산업은행에서 5,000억원을 차입하고 각 민간 금융기관들이 5,700억원을 출연하였다. 즉, 총금액의 2.7%를 투자한 민간 금융기관이 이익의 전액을 배분받게 되어 있었다. 이는 자산관리공사법 부칙에 '기금의 청산시 잉여자산에 대해 금융기관의 출연금 비율에 따라 배분'하도록 규정함으로써 발생했다.

이에 노동조합은 첫째, 민간 금융기관들은 기금의 투자자이자 주된 수혜자임을 지적하였다. 부실채권 정리기금의 목표는 당연히 금융기관이 보유한 부실채권의 정리였다. 둘째, 2.7%의 미미한 지분으로 전체의 잉여를 독점한다는 것은 부당하다. 부실채권 정리기금의 경우 주식회사와 달리 잉여금 금원을 전체 투자액으로만 귀속시킬 수는 없는 성격의 재원이며, 이익발생의 주요한 요소로서 정부의 리스크 부담과 캠코의 관리능력, 전반적인 국민경제의 정상화 등이 작용하였고 이러한 사회적 비용이 배제되어서는 안된다는 것이다. 셋째, 캠코는 이윤을 주주에게 분배해야 하는 주식회사가 아닌 공공기관이라는 점에 주목했다. 특히 부실채권 정리기금 운용과 관련해서 캠코의 역할은 금융기관들의 자산건전성을 높여 금융공황을 극복하는 공공적인 것이었음은 두말할 나위가 없다. 즉, 잉여금은 투자자에게 배분하는 것이 아닌 공공의 목적을 위해 사용되어야 하는 것이 바람직하다는 것이다.

이러한 노동조합의 문제제기는 언론의 많은 관심을 받았다. 언론들은 잉여금의 분석기사를 통해 정부의 허술한 법을 질타하는 한편 잉여금이 공공의 목적을 위해 사용되어야 한다는 논조를 폈다. 노동조합은 부실채권 정리기금 잉여금이 공공의 목적에 이용되어야 한다는 원칙 하에 재원의 사회적 활용을 위한 연구용역을 실시하였다. 이 연구용역은 2006년 12월부터 금융산업노조 부설 '금융경제연구소'가 '부실채권 정리기금 잉여재원을 활용한 금융양극화 해소방안'이란 주제로 수행하였고, 2007년 1월 5일에는 캠코노동조합 내 TFT을 구성하여 이 문제를 집중 논의하기 시작하였다. 이와 같은 발 빠른 노동조합의 대응은 부실채권 정리기금 관리주체로서 이 잉여금 처리를 주도한다는 당위성과 함께 2013년 2월 기금운용 기간이 끝남에 따라 '신사업'을 개척해야 한다는 현실적인 조건도 작용하였다. 또한 공공재원의 성격을 부각시켜 민간 금융기관으로 배분되는 것을 사전에 차단한다는 목적도 있었다. 잉여금 처리에 관한 부분은 결국 정부의 의지가 중요하고, 이에 대한 여론조성을 하는 데는 경영진으로서는 한계가 있으므로 노동조합이 실질적인 논의주체가 될 수밖에 없었다.

2007년 8월 9일 금융경제연구소와 캠코노조는 '사회양극화 극복을 위한 민생 대토론회'를 '금융소외, 어떤 재원으로 어떻게 극복할 것인가'란 주제로 개최하였다. 이 자리에서는 부실채권 정리기금 잉여금의 공공성이 강조되고 특히, IMF 외환위기에서 희생되어 양극화의 심화 원인이 된 노동자, 서민 등 금융소외자들을 위한 용도로 활용할 것을 주장하였다. 이를 위해 새로운 금융기구, 대안금융이 필요하며 그 형태는 '마이크로 크레딧(microcredit)'임을 제시하였다. 이 같은 부실채권 정리기금 잉여금 활용방안은 사회적인 반향을 불러일으켰다. 잉여금의 공공성에 못을 박음과 동시에 '금융 양극화' 해소라는 구체적인 방안을 제시함으로써 진일보했다는 평가를 받았다. 재경부는 잉여금 활용이 공론화되는 것을 바라지 않았으나, 시국은 대통령선거를 앞두고 있었다. 이 방안은 각 당의 대통령후보들에게 지대한 관심을 끌기 시작했다. 대선공약으로 매력이 있었던 것은 그것이 사회 양극화 해소 및 서민경제 문제를 해결하는 방안이라는 점과 특히 재원까지 확보가능해 실현가능한 공약이기 때문이었다.

노동조합은 마이크로크레딧의 운용과 실현을 위한 법적 제도적 정비를 본격적으로 연구하며 각 대선 후보들과의 채널을 확보하였다. 한나라당 박계동 의원은 2007년 10월 2일 '금융기관 부실자산 등의 효율적 처리 및 한국자산관리공사의 설립에 관한 법률 일부개정 법률'을 발의하였다. 주요 내용은 캠코의 부실채권 정리기금 잉여금 전액을 국고로 환수해서 금융 양극화 해소를 위한 기금(신용회복기금)의 재원으로 직접 활용한다는 것이다. 우여곡절 끝에 당선이 유력한 한나라당 대통령후보의 공약으로 확정되자 캠코는 2007년 10월 3일 '마이크로크레딧업무추진 TF팀'을 설치하고 12월 27일에는 '신용회복특별대책추진국'을 설치하여 신사업 착수를 위한 본격적인 행보에 들어갔다.

2008년 7월 정부의 '금융소외자 지원 종합대책'에 따라 캠코는 특수목적회사 형태로 신용회복기금을 설립하고 초기에는 금융소외자 연체채권 매입, 채무재조정, 바꿔드림론, 새희망네트워크 중심으로 운영하다가 이후 금융소외자에 대한 보다 실질적인 지원을 위하여 캠코두배로희망대출과 행복잡(Job)이 등 자활지원 프로그램으로 확대하였다. 이후 박근혜대통령은 18대 대선에서 국민행복기금으로 확대시행을 공약하고 캠코가 이를 수행하기에 이른다. 캠코는 신용회복기금을 활용하여 금융채무불이행자 약 91만 명의 연체채권 매입을 통해 신용회복 기회를 제공하고, 채무재조정 19.7만 명, 바꿔드림론 4.8만 명, 소액대출 0.8만 명 등 총 25.3만 명을 지원(2011년 5월말 기준)하였다. 또한, 약 120만 명에 대하여 자활지원 상담서비스를 제공하고, 598명에 대해 취업지원 성과를 달성하게 된다. 이는 캠코가 그간의 신용회복지원 프로그램 운영 경험, 관계 유관기관과의 지속적 커뮤니케이션을 통한 신뢰 확보는 물론 금융소외자 신용회복지원의 선순환 메커니즘 창출하였기 때문에 가능하였다고 평가된다.

정규직 노조가 비정규직 문제를 방치할 경우 조직내 갈등이 심화되고 이에 따른 부작용이 속출하여 성장잠재력이 잠식당해 결국 공멸할 수밖에 없다. 더 이상 비정규직을 정규직의 고용안정판으로 활용하거나 사회적 대의를 외면할 수 없어 투쟁의 명분으로만 삼고 정작 당사자들의 아픔을 외면하는 행위는 지양해야 한다. 비정규직 문제는 정규직 노조가 그 조직의 구체적인 상황과 근거를 가지고 현장에서 답을 찾을 때, 그리고 정규직이 양보할 경우 사용자들도 이의를 제기하지 못한다. 비정규직이 결사항전해도 처우개선을 못 해내지만 정규직이 나설 경우 좀 더 쉽게 해결할 수 있음을 캠코 사례는 말해 주고 있다. 노동조합은 합리적이고 전망있는 활동으로 전 조합원의 지지를 획득하여야 함은 당연하다. 즉 대표성이 확보되어야 사용자도 파트너로서 인정하고 그 말에 힘이 실리기 때문이다. 사업장의 현실은 외면하고 노동자의 입장만을 관철하고자 한다면 실패할 확률이 높아지지만 사업장의 현실을 정확하게 인지하고 대안을 가지고 사용자와 조합원을 설득하는 합리적 조합운동이 각 사업장에서 전개되어야 한다. 이 모두는 인간에 대한 신뢰와 더불어 살아가는 존재라는 인식에 기초해야 할 때 가능할 것이다.

대한민국,
하나된 공감(共感)

고난 많은 우리 민족의 근현대사는 온갖 풍상과 격변의 과정을 거치면서도, 결코 이에 굴하지 않고 분단의 어려움 속에서조차 대한민국 사회를 힘차게 그리고 굳건히 성장시켜 왔다. 근대이행기에 자주적인 민족국가 기획 좌절, 굴욕적인 식민지 체험, 공전의 동족상잔 전쟁과 참화 속에 죽어간 무수히 많은 인재들과 유무형의 재산상의 손실을 연이어 겪어야 했다. 그럼에도 우리 민족은 한편으로 참으로 고된 노동을 감수하면서 생존을 이어왔고, 다른 한편으로 분단과 외세에 맞서 한민족 고유의 '평화적 민족주의'를 확장하여 지금의 괄목할 만한 국가적 사회적 발전을 이룩하였다. 또한그 강인한 생활력과 혼연일치된 전통적인 평화주의를 바탕으로 공존공영을 위한 민주화도 과단성 있게 이루었으며 국제적 찬사와 존경을 받고 있다.

그러나 한국사회에는 세계사적인 거대한 변화의 물결 속에서 여전히 각종 첨예한 대립들이 엄존해 있고, 일상 삶에서 절대적으로 중요한 의미가 있는 가치관마저 오늘날 혼돈스런 상황에 놓여 있다. 이와 같은 상황에서 한국사회의 현재 문제를 점검하고 미래의 발전에 적합한 새로운 대안을 적극적으로 모색하는 것은 누구에게나 필요하고 의미 있는 작업이라 할 것이다.

오늘날 최대의 화쟁인 분단을 극복한 통일국가를 건설해야 할 과제를 안고 있는 대한민국에서 가장 긴급하게 제기되는 그 다음 화쟁은 무엇인가?

첫째 공감; 공공기관 제1의 화쟁은, 1948년 이래 대한민국 국민들 대다수가 대단히 '합리적인 진보' 진영과 대단히 '혁신적인 보수' 진영으로 적절히 양분되어 왔다는 믿음에서 출발한다. 그러므로 그 위대한 국민들이 이룩해 온 대한민국 현대사는 결코 폄훼될 수 없다고 생각한다. 왜 그런가? 이승만 건국대통령은 독립의 한을 해체한 한민족 근대민족주의 개척의 위대한 지도자였다. 윤보선 대통령은 5.16 군사정변을 기꺼이 수용함으로써 민주발전, 경제발전, 평화통일 3자가 하나라는 사실을 분명히 정립함으로써 민생의 한을 해체한 중도의 지도자였으며, 박정희 대통령은 가난의 한을 해체한 근대 민족주의 실현에 투철한 역사적 사명감의 지도자였으며, 최규하 대통령은 정권 이양의 과도기 소모적 · 물리적 충돌을 해체한 번영의 지도자였고, 전두환 대통령은 올림픽의 한을 해체함으로써 국제 외교력을 확장한 글로벌 지향의 저돌적 지도자였고, 노태우 대통령은 북방외교를 통해 대륙의 한을 극복한 포용과 융합의 지도자였으며, 김영삼 대통령은 민주화의 한을 해체한 원칙의 지도자, 김

대중 대통령은 호남의 한을 해체한 통합의 지도자, 노무현 대통령은 이 땅 진보세력의 한을 해체한 서민의 지도자, 이명박 대통령은 산업화 세력의 한을 해체한 실용의 지도자였다.

이처럼 역대 정부마다 그 정부를 대표하는 뚜렷한 업적[1]이 있다는 것이 대한민국 정치사의 가장 뚜렷하고도 위대한 특징이라고 세계사에 가장 분명히 그리고 당당히 한국정치의 고유 브랜드로 선보여 적시할 수 있다.

진실로 고난 많은 우리 한민족에게 있어 지난 광복 70년, 건국 67년의 대한민국 역사는 가히 기적의 경제발전사인 동시에 위대한 정치사이기도 했다.

물론 이 위대함은, 그 누구도 거부할 수 없는, 그 시기를 살아간 대한민국 국민들의 뜨거운 염원과 강한 의지와 지혜로운 역량에 다름 아니다. 지도자가 잘나서가 아니라 그 국민이 잘나서이며 모든 세대가 나름의 몫을 했던 때문이다. 그래서 한국정치의 특징에 있어 대통령 선거란 그 시작이 아니라 종말이라고 흔히들 말하게도 되는 것이다.[2]

그러므로 다음과 같은 지나친 역사인식은 변견(邊見)이라 할 것이다.

"대한민국 역사는 정의가 패배하고 기회주의가 득세한 역사이

---

1 자주, 민생, 자립, 번영, 글로벌, 융합, 원칙, 통합, 서민, 실용의 가치, 그리고 모두에게 평화

2 이 말은 우리네 대통령 선거란 미래 대결이 아니라 과거 심판이라는 뜻으로 결국 정치가 국민 여론을 이끄는 것이 아니라 국민 여론이 정치를 이끈다는 뜻이다. 한국정치가 더욱 분발해야 하는 이유이기도 하다.

다."

게다가 다행히도 우리의 대통령들은 한결같이 그런 국민들의 뜻을 본인이 원했든 아니었건 거부하지 않고 나름 투철한 애국심을 가지고 그 뜻을 올바로 받들어 나가려고 노력했다는 사실에도 또 하나의 방점은 찍혀야 한다. 즉, 위대한 국민들이 위대한 정치사, 위대한 대통령을 만들어 온 것이다. 물론 여기서 말하는 국민이라 함은 극좌 민중민주주의자들이 말하는 폭력투쟁의 대상으로서의 민중이라는 용어나 무책임한 극우 정치기회주의자들이 말하는 '내 밥그릇 속의 밥알' 따위의 정치놀음 대상으로서의 군중이 결코 아니다. 그렇게 말하는 사람들 그 자신까지도 포함하여 자랑스런 대한민국 헌법의 지배를 받는 모든 구성원, 즉 그 대다수가 합리적 진보 혹은 혁신적 보수를 지향하는 대한민국 인구 전체를 뜻하게 된다. 이런 측면에서 굳이 한국 정치의 또 다른 특징을 하나 더 들면, 역대 대통령들이 한결같이 퇴임 후에 스스로 '국민'이 되고자 소망했다는 사실을 지적할 수 있다. 이는 그들이 공적 책임감을 부담으로 생각하여 '보통 사람'을 소망한 소박함의 까닭이기도 하겠지만, 더 본질적으로는 그만큼 대한민국에서 국민이 가지는 위상은 높다고 보는 것이 더 정확할 것이다. 이에 대한민국 국민은 더 행복해져야 한다.

충고하기는 쉬워도 나를 알기란 어렵고 폄하는 쉬워도 장점을 크게 보기란 어렵다고 말들 한다. 전 세계가 경이로운 눈으로 바라보고 있는 자랑스러운 대한민국 현대사를 함부로 폄훼하는 일이란 참으로 지나친 자학이 아닐 수 없다. 세계 어느 나라 어느 민족 그 누구에게나 기회와 능력은 부여되는 것이지만, 과연 인류 역사상 지난 70년의 우리처럼 신속하고도 정확한 순서를 따라 인간의 각종 굴레를 합리적이고 평화롭게 해체해 온 경우가 있었을까? 오로지 위대한 문화를 가진 민족이기에 가능한 일이라 하지 않을 수 없다. 이것은 통일신라(668년) 이래 약 14세기 동안 오로지 하나의 정치 체제, 즉 민족국가를 유지해 온 결과이다. '개인-국가-민족'이 하나라는 사실을 부정하지 않은 복 받은 국민의 위대한 개인 결단의 연속점의 결과라고 할 것이다. 이는 세계에서 그 유례를 찾아보기 힘든 한민족의 위대함이다. 사실 조선 사람이니 고려인이니 하지만 한국인, 한국 사람만큼 우리에게 자연스러운 느낌을 주는 단어가 안 되는 것도 이런 이유 때문이다. 한국인이라는 단어 속에는 개인-국가-민족이 녹아들어가 융합되어 있는 것이다.

> "중생은 불공무명(不共無明)을 일으켜 진실한 뜻을 덮고 지혜의 눈을 가린다."
>
> —성유식론

이러한 부처님의 말씀처럼, 민족의 역사를 알려면 집단의 광기를 버려야 하는 것이다. 우리 민족의 존재를 똑바로 볼 수 있어야 하는 것이다. 그러므로 지금 당장은 비록 우리가 70년 질곡의 분단 상태로 아프게 살아가고 있지만, 결국 조만간 하나의 민족국가로 통일되리라는 점은 명약관화한 것이라 할 것이다. 왜냐하면 한민족 국가의 판 위에 살아가는 모든 개인이 바로 한국인이기 때문이다. 그것이 바로 한국인의 정체성이기 때문이다. 즉, 위대한 한국인만이 가질 수 있는 세계 인류사적인 정통성(존재 이유)의 하나이다.

통일국가건설, 이것이 바로 지금 한민족 정체성이 갖는 시대정신인 것이다. 그래서 또한 이 정체성을 놓고 불꽃 튀는 열전이 벌어지고 있는 것이다.

여전히 보수 대 진보, 우파 대 좌파에 대한 불확실한 철학과 개념상 혼란을 극복 못한 한국이지만, 그럼에도 역대 대통령의 업적과 정책방향이 혁신적 보수와 합리적 진보의 적절한 조화를 이루어 왔기 때문이다. 즉, 정치적 자유주의와 경제적 사회주의를 적절히 배합한 혼합경제를 주된 축으로 삼아 발전과 번영을 추구하였던 것이다. 그 첫 삽은 아마 농지개혁(토지개혁이 아니다)과 교육개혁이 었을 것이다. 지금의 우리는 어떤 삽을 잡아야 할까? 여기에 사색이 필요한 대한민국의 계절이다.

둘째 공감: 공공기관 제2의 화쟁은, 대한민국 정부 정책의 정당성은 민의로부터 나온 진정성에 언제나 기초하고 있었다는 믿음이다. 즉, 정부는 오로지 국민만 보고 정치를 했다고 감히 말하려는 것이다. 대한민국 국민만큼 똑똑하고 매서운 국민[3]도 없기 때문이다. 앞서 보았듯이 대한민국 그 어떤 정부도 감히 국민의 뜻을 거역하려 하지 않았으며, 설령 거역할 조짐이 있는 경우에는 강력한 저항에 직면하였으므로 결코 거역 못하였다. 오늘날 대한민국 지도자나 정치가, 정책입안자들 중에 이러한 사실을 모르는 사람은 아마도 없을 것이다. 지금의 박근혜정부도 또 하나의 뚜렷한 업적을 대

---

[3] 심지어 대한민국 국민만큼 놀라운 정보소통력을 가진 민족은 없다. 또한 팩트든 유언비어든 그 내용 역시 장난 아니다. 그 대부분 당장 행동에 선뜻 나설 수 있게 만드는 전략을 담고 유통되는 구조이다.

한민국 위에 이룩하기 위해 역시 고군분투하고 있다.

박근혜정부의 그것은 '분단의 한'을 해체하는 일이다. 그러므로 당연히 지금 시기 국민의 염원과 의지와 역량에 의해 추동되고 있는 것이다. 현 정부는 결코 무리하지 않고 이를 차근차근 진행하면서 통일한국의 초석부터 다지고 있다는 것[4]이 본 필자의 판단이다. 그런 이유로 현 정부는 특히 '국가적 개혁'을 기치로 한 광복 이후 70년 동안 누적되어온 적폐를 일소하는 일, 국제외교를 통한 한반도의 안정과 번영을 동시에 추구하는 일, 기업들에게 국제경제의 흐름을 열어주는 일 등 3대 과제에 크게 반응하면서 여타 정책들을 잘 조정해 오고 있는 것이다. 이 3대 과제들은 위대한 국민의 염원과 의지와 역량에 따르는 정부에게 부여된 과업이라고 능히 말할 수 있다. 통일을 위한 '적폐 일소', '외교적 해법', '글로벌 경쟁력'을 반대할 대한민국 국민은 없을 것이기 때문이다.

그러므로 여야를 떠나 대한민국의 모든 국민에게는 정부의 주요 시책을 도우면서 이 중차대한 역사적 과업의 달성을 위한 방법론에 관한 한도 내에서 나름의 해결책을 더욱 풍부히 하는 일에 기여해야 하는 엄중한 책임이 있다. 이는 절제나 선택의 차원을 넘어 역지사지의 입장으로 금도를 지키는 것과 같은 것이다. 이러한 시대적 과제를 도외시한다거나 아전인수 격으로 해석하여 정부와 국민의 일치된 뜻을 무시한 채 기득권 유지를 위해 정부와 국민을 대립시킨다거나 그것을 흔드는 일에만 몰두하는 짓은 가히 매국 행위와 진배없다고 말할 수 있을 것이다. 가령 야당은 통일한국의 초석을

---

4 '통일대박론' 이것은 아마도 만고의 진리가 될 것이다.

다지기 위한 현 정부의 전략적 과제인 '적폐 일소', '외교적 해법', '글로벌 기업화' 같은 문제들에 대해 지엽 말단적이고 단편적인 반대를 위한 반대만 할 것이 아니라 더 나은 대안을 종합적으로 개발하여 국민 앞에 일목요연하게 선보여야 할 의무가 있는 것이다. 그렇게 여당이 아닌 국민을 보고 하는 정치를 해야 하며, 여당은 그저 정부의 시책에 잘 알지도 못하거나 고개만 끄덕일 것이 아니라 국민의 뜻을 더욱 깊이 살펴 더 세밀한 내용으로 끊임없이 보완하고 보조해 나가는 풍토가 이루어져야 하는 것이다. 진정 국민을 바라보고 하는 대한민국 정치는 이렇게 시작되어야 한다. 진보가 미래로부터 배우지 않고 과거의 문제만 끄집어낸다거나 보수가 과거로부터 배우지 않고 뜬구름 잡는 앞날의 일이나 떠벌리는 것은 저 자신의 정통성을 배신하는 온당치 못한 일일 뿐이다.

셋째 공감: 공공기관 제3의 화쟁은, 전혀 완벽하지 못한 자본주의적 체제에 대한 오만과 확산만을 터무니없이 과장시켜 놓은 상태 바로 그것에, 모든 문제의 근원인 현 시기 세계사적 변혁 흐름의 본질이 있다고 하는 믿음이다.[5] 때문에 현재의 세계사적 흐름은 정보화나 세계화 같은 단편적인 것보다는 훨씬 종합적이다. 주로 물적 · 경제적인 관점에 의존한 세계화와 정보화 같은 관점 이외에도 더 많은 흐름이 존재함을 알리는 의미에서 최근 국제적 주요 흐름

---

5 물론 그 불완전함이 곧장 반자본주의 의미는 아니다. 현실 자본주의의 맹점을 의미한다. 보다 나은 대안을 못 만들고 있는 인류의 수준이긴 하지만 자본주의가 문제 많은 체제라는 것은 모두에게 너무나 잘 알려진 사실이다. 문제는 그 맹점이 개선할 여지가 무진장 많은 것임에도 지나치게 그 자본주의적 폐해가 절대시된다는 것에 있다.

을 낳고 있는 동인들을 나름대로 정리해 보면 다음과 같다.

〈표 4〉 오늘날 세계 변화를 이끄는 원동력 11가지

세계 윤리	붕괴된 가치체계 복원을 위한 적응력	가치 조정력
평화	인류공존을 위한 세계안보 유지력	안전(종합적 안보능력)
불평등	새롭게 등장하는 불평등에 대한 대처력	인권(차별 해소력)
환경	인구과잉에 따른 환경 보존력	생태계 순응력
정보	정보화 적응력	지식확장력
인류	세계화 추진력	개척력
통합	지역 통합력	특히 아시아의 통합
노동	고용창출력	노동시장 분위기
국가	국가 정체성 및 정책 추진력	신뢰
기업	기업의 구조조정력	혁신력
미래	사회적 책임능력	봉사력

넷째 공감: 공공기관 제4의 화쟁은, '선진화' 용어에 대한 인식의
전환, 즉 코페르니쿠스적 발상의 전환이 필요하다는 믿음이다. 경
제 체질이 '추격(catch-up)형'에서 '선도형'으로 전환되는 시점에 서
있는 지금 대한민국에서, 선진화[6]에 대한 올바른 시각 정립을 갖추
는 일은 특별히 중요하다고 본다.

"선진국!' 1970~1980년대 한국인에게 이는 '꿈의 단어'였다. 개

---

6   사실 선진화, 선진화 말들은 많이 하지만 "선진화가 무엇?" 하고 질문하면 성
이 선씨요 이름이 진화라는 그 이상의 대답을 듣게 되는 경우가 드물다. 선진화란
과연 무엇인가?

선의 의욕은 충만했지만 '살아생전 선진국 대한민국에서 살게 될 것'이라고 확신한 사람은 거의 없었다. 40여 년이 흐른 지금, 우리는 스스로 혹은 남의 입을 통해 '선진국'이란 말을 하기도 하고 듣기도 한다. 심지어는 기정사실화도 한다. 우리도 모르는 새 어느덧 선진국이 된 것일까?"

오늘날 대한민국에서 바람직한 선진화 개념은 무엇인가? 그것은 바로 "인간 삶의 환경을 결정하는 정치·경제·사회·문화 등의 각 분야별 발전이 전반적인 상호작용 속에 균형·역동적으로 발전해 나가는 수준(단계)의 사회화!!"라고 정의할 수 있다.

이 선진화 정의 속에는 특정 부분에서만 비정상적으로 성장하는 '첨단적 발전성'이 아니라 '균형과 역동성'에 방점이 있다. 첨단적 발전성의 가산점 안에는 이제 그 자신만이 아니라 타 분야도 포용하는 '균형과 역동성'에 대한 기여도 역시 수치로 포함되어야 하는 것이다. "첨단 발전성은 균형발전성을 포함한다." 즉, 불균등한 발전이 초래하는 부분을 제거하는 일, 나아가 지나치게 뒤떨어진 부문의 추동 내지 발달 촉진, 각 부문의 발전이 다른 부문의 발전에 미치는 상호영향력의 증대 등등이 오늘날 선진국 따라잡기 그 이상으로서 우리나라 선진화의 중요 지점이 되는 것이다.

이렇게 비정상의 정상화를 진정한 선진화의 전제라고 볼 때, 불균등 발전이야말로 오늘날 대한민국 각종 비정상의 본질적 원인이다. 문화는 일류, 경제는 이류, 사회는 삼류, 정치는 사류, 윤리는 오류와 같이 들쭉날쭉하는 사회는 결코 현대의 선진국이라 말할 수 없다. 부문 간 불균등이 선진화의 걸림돌이라고 보는 이러한 시각의 전환은 우리들로 하여금 그간의 불균등한 발전의 결과가 낳고 있는 지금의 각종 폐해를 '균등화'시키는 작업을 통해 그 격차를 조정하고 정화하는 일이 매우 중요하다는 사실을 인식하게 만든다. 가령 그러한 시각은 일차단순적인 지역간 균형발전론보다 진일보한 관점을 제공하는데, 지역간 균형발전이 부문간 균형발전과 병행되어야 한다는 시야를 열어준다. 또한 이러한 시각의 전환은 지금까지도 한국사회를 갉아먹는 망국적 지역주의가 지역간 불균등(경제)발전에서 유래하였다는 단선적 측면보다는 한국사회의 정치와 경제 및 문화 부문 간의 불균등성 심화에 기생한 지역패권주의 발호(정치의 후진성)에 어쩌면 더 큰 원인이 있을 수 '있다'고 말할 수 있다. 또한 선진화에 대한 이러한 시각의 전환은 사람들로 하여금 균형적 사고를 크게 발달시키게 한다. 모름지기 균형적 사고는 많은 지식과 크나큰 경륜을 요구하는 일이므로 과정으로서의 역량 강화가 중요시된다. 이에 우리 사회에서 벼락출세자나 무임승차자 같은 '야심가적 악화'가 양화를 구축하는 일을 크게 줄여 나가게 할 것이다.

다섯째 공감: 공공기관 제5의 화쟁으로, 현재 대한민국 선진화의 최대 장애물이 한국 정치 후진성이라는 믿음이다. 대한민국의 진정한 선진화를 위해서는 그 어떤 것보다도 가장 먼저 경제 발전에 걸맞는 정치 발전이 단호히 이루어져 하루빨리 그 균형을 맞추어야 한다. 대한민국 정치에 대해 말을 하자면 속이 터져 중단하고 싶지만, 최대한 자제력을 발휘하면서 논의를 계속하자.

현재의 한국정치야말로 진정 대한민국 발전의 최대 걸림돌이요

원흉이라 단호히 말할 수 있다. 국민에 대한 배신을 능사로 삼는 기회주의가 횡행하고 역사 속이기를 능사로 삼는 정치공학이 유례없이 발달한 국회에서 국회의원들이 하는 저 행태를 보라! 저들이 과연 대한민국을 위해 무엇을 생산하였던가? 더 큰 문제는 이러한 정치가 국가발전의 최악의 방해물이 된 지 이미 한참 오래된 것이라는 점이다.[7]

　　그러나 무엇보다도 한국 정치의 후진성을 극복해야 할 가장 큰 이유는 저들 무자격 정치인들이 국가설계도 작성을 끊임없이 방해한다는 것과, 귀중한 국가 자산인 국가행정력을 계속해서 훼손하고 있다는 심각한 문제점에 있다. 국가안보에 필수적인 국가설계도를 여야가 합의하여 정교하고 멋지게 생산해내기는커녕, 오히려 그 책임을 행정부에 전가하고 나아가 국가행정력을 훼손함으로써 그 국가설계도 작성의 기본 역량마저 갉아먹고 있다는 사실은 문제점 중의 중대 문제라 할 것이다. 국가설계도 문제는 또 다른 논의가 되므로 잠시 미루기로 하자. 어쨌든 국가설계도와 같은 중요 장치도 마련하지 못한 채 벌이는 끝없는 정치 놀음(낮에는 야당 밤에는 여당 식으로 서로 싸고도는 싸움)은 저열한 직무유기이다 못해 국가에 대한 범죄 행위에 가깝다. 유능한 사람들이 국가를 위해 일할 기회조차 막는 행위임에 다름 아니다. 이를 인지조차 못한 채 기득권 지키기에 급급한 정치 분야의 초라하기 그지없는 낙후성이야말로 국

7　지난 20년간 한국 정치는 대한민국 발전을 위해 대체 무엇을 하였는가! 어째서 자살률 세계 1위의 나라를 만들었단 말인가? 어느 누구 하나 이 문제를 뼈아프게 호소하지 않았더란 말인가? 정치인의 전문성을 높여야 하며 그 전문성이 정부와 각종 공공부문 곳곳에 튼튼히 뿌리내려야 한다.

가의 가장 큰 걸림돌임은 자명하다.

　　여섯째 공감: 공공기관 제6의 화쟁으로, 국가설계도 작성이 매우 시급하다는 믿음이다. 지금 대한민국이 당면하고 있는 가장 큰 과제 중의 하나가 '국가설계도' 부재 상황의 극복이라 할 수 있다. 국가설계도는 집문서 같은 것이다. 우리 대한민국 호는 어디서 왔으며, 지금 왜 여기 서 있고, 장차 어디로 나아갈 것인가 하는 '통합된' 국가지표가 없는 상황이다. 혼돈에 혼돈을 거듭하면서 수평적 수직적으로 마구잡이 되는 대로 각개약진하고 있는 상황이 지금의 대한민국이 처한 참으로 큰 불행이다. 국가와 정부에 대한 국민들 생각은 제각각이고, 기업과 노조에 대한 시민들 입장 또한 제멋대로이며, 현재와 미래에 대한 구상 역시 가지각색이다. 중심 없는 다양성만이 난무하다 보니 원심력은 하늘을 찌르고, 각자의 삶은 분절되고 파편화되고, 타인을 존중 않으니 내가 존중될 수 없고, 강육강식이 횡횡하면서 결국 행복지수는 세계에서 꽁무니를 맴돌고 있다. 이와 같은 그 풍요 속의 국가설계도 부재의 원인에 대해서는 여러 갈래로 분석할 수 있겠지만 여기에서 특별히 하나를 지적하자. 건국 이래 언제나 중요한 역할을 수행했고 지금도 여전히 잘 수행하고 있다고 국제적으로 평가되는 대한민국의 '우수한 국가행정' 분야에 대한 무차별적이고 무책임한 훼손의 결과라고 할 수 있다.

　　국가행정 분야에 대한 무차별적이고 무책임한 훼손이 왜 발생하였는가? 이는 단적으로 여전히 낙후성을 면치 못하고 있는 정치력의 후진성에 따른 후유증 때문이라고 간단히 요약할 수 있다. 가령 1990년대 냉전 붕괴 이후 새로운 시장(new market; 글로벌 소비시장의 형성), 새로운 도구(new tools; 인터넷 등 미디어네트워크), 새로운 규율(new rules; WTO를 중심으로 하는 다자간 협정 등), 새로운 주역(new players; 강력한 힘을 가진 국제기구나 시민단체 등의 등장) 등에 기인한 변화된 국제적인 국가행정환경의 패러다임의 변화는 다음과 같았다.

〈표 5〉 1990년대 이후 행정환경의 패러다임 변화

구분	1990년대 이전	1990년대 이후
정치적 환경	· 권위주의 정부하의 제한 · 중앙정부 중심의 집권성	· 자유화, 민주화 · 지방화, 분권화
경제적 환경	정부의 규제와 보호	시장화, 경쟁화
사회적 환경	가부장적 획일적 사회	다원화, 공생화
기술적 환경	제조업 중심의 아날로그 기술	정보화, 첨단화
글로벌 환경	개발도상국으로 보호주의 허용	세계화, 개방화

하지만 그에 대해 당시의 대한민국 정치 분야의 적응 능력이 대단히 미흡하였다는 점을 지적하지 않을 수 없다. 예를 들어 무기력한 여당과 무책임한 야당이 국가행정 부문에서 마련한 선제적 대응책을 '날치기 통과' 싸움으로 폐기시켰고, 결국 세계화의 도전 앞에 무장해체된 한국경제는 IMF 늪에 내동댕이쳐졌음은 모두가 주지하는 바이다.[8] 대한민국 정치 분야의 낙후성은 지금도 여전히 정부

---

8 1996년 12월 당시 여당인 신한국당이 노동법을 날치기로 통과시키자 민주노총과 연대투쟁! 1996년 12월 26일 새벽 6시 집권여당 신한국당은 노동법과 안기부법을 비롯한 11개 법안을 단 7분 만에 날치기 통과했다. 한국노총은 이에 맞서 국제노동단체의 지원 및 민주노총과의 연대로 총파업 투쟁을 전개했다. 결국 이듬해 1월 19일 대통령으로부터 "모든 것을 원점에서 다시 시작하고 여야 영수회담을 개최할 용의가 있다"는 선언을 받아냈으며 3월 10일 여야 합의로 노동법이 재개정됐

행정력을 제대로 뒷받침 못하는 형편인데, 그 단적인 예의 하나가 국민의 뜻을 받든 여당과 야당이 공히 합의한(대표나 일부 정치인들끼리의 야합이 아닌) 국가설계도(공통의 게임 룰)가 부재하다는 사실이 그 움직일 수 없는 증거인 것이다. 여야 양당이 각기 두 번 이상의 집권 경험이 있음에도 불구하고 국가설계도와 같은 필수 장치조차도 합의로 생산하여 국가 행정부문에 제대로 제공하지 못한다는 것은 심히 부끄러운 일이 아닐 수 없다.

이 설계도는 특히 두 가지 중요 사항이 고려되어야 한다.

그 하나는 '세계 경략'의 내용을 담고 있어야 한다는 점이다. 전략 수준이 아닌 경략 수준이어야 한다는 점에 방점이 있다. 분단 때문이다.

1948년 건국 이후 미국의 세계전략에 편승하기만 하면 오히려 유리한 냉전의 상황이다 보니, 세계변화를 읽고 대처하는 독자적인 세계 전략조차 경원시되었던 것이 우리 현실이다. 하지만 이제는 독자적인 세계전략을 갖지 못한다면 더 이상 국가 이익을 실현할 수도 신장시킬 수도 없다. 지금 우리에게는 생산적인 국가 아젠다의 실종 상태가 IMF 이후 18년이 지난 지금까지도 여전히 계속되고 있다. 국가가 유지되고 있는 것이 기적일 정도이다. 이를 조속히 극복해야 한다. 특히 우리의 경우 국가 전략의 차원을 넘어 대한민국 국가의 입장에서 세계를 통일적으로 조망하고 예측하면서 정교하고도 조직적인 행동을 보증할 지침이 될 '세계 경략' 수준에서 그 결과가 나와야 한다. 즉, 우리는 분단된 상황을 극복해야 하는 처지

다. 그러나 그 10개월 후 우리는 IMF를 받아들여야 했고 한국노총은 결국 그토록 사랑하던 무수한 조합원들이 길거리로 내몰리는 것을 쳐다만 보아야 했다.

이므로 이 국가 전략은 세계 전략을 넘어 오히려 그 차원을 더욱 높여 '세계 경략'의 수준으로까지 격상되어야 하는 것이다. 이는 우리나라의 운명[9]은 우리 스스로 헤쳐 나갈 수밖에 없는 냉엄한 국제현실의 엄연한 요구요 리트머스 시험지이기도 하다. 중국, 일본, 미국, 러시아가 설령 마음으로는 반대하더라도 우리의 통일 염원을 도울 수밖에 없도록 만들려면 우리가 그들을 경략하는 비전과 실력을 갖추어야 하는 것이다. 이 세계 경략을 구성하는 핵심 축의 하나가 통일의 전략임은 불문가지이다. 국가설계도는 통일의 전략을 담고 있어야 한다. 통일은 대박이라는 말이 있듯이 통일은 대한민국 사회에 엄청난 번영과 영광을 가져다 줄 노다지이자 블루 오션이라는 비전을 전 세계에 입증해야 하는 것이다.

국가설계도와 관련하여 염두에 두어야 할 두 번째 사항은 미래 세대를 위한 전략, 즉 '세대 전략'을 담고 있어야 한다는 사실이다.

미래세대 문제는 단순히 국가설계도 차원을 넘어 현재의 세계사적 흐름과도, 또한 세계 경략 문제와도 밀접한 연관을 가지므로 또 다른 논의의 전제가 된다.

일곱 번째 공감: 공공기관 제7의 화쟁은, 국가설계도의 구체적인 작성 수단의 지표로써 국가경쟁력[10] 세계 1위라는 국가 목표가 대단히 '유용'하게 되리라는 믿음이다.

---

9 전 세계가 걱정하는 일을 안심시키고 해소해야 하는 한반도 통일을 숙제로 가진 업보.

10 국가경쟁력이란 기업이 다른 나라의 기업들과 세계시장에서 성공적으로 경쟁할 수 있게 하는 효율적인 사회구조 · 제도 및 정책을 제공하는 국가의 총체적인 능력을 의미한다.

오늘날 국가경쟁력은 모든 나라의 이념[11]이 되어 있다. 전에도 그랬고 앞으로도 한참을 그러하겠지만, 오늘날에도 국가와 무관한 조직이나 기업이란 사실상 존재치 않는다고 해도 과언이 아니기 때문이다. 다국적이나 초국적기업이든 초국적 단체나 노동조합이든 알 카에다든 뭐든 그 핵심 형태는 어떻게든 자국과 연결되어 있다. 역으로 오늘날엔 세계 없는 국가 주권도 또한 존재치 않는다. 즉, 그런 나라 주권은 사실상 무의미하다.[12] 국가 빠진 세계 없고 세계 없는 주권 없다. 이것이 현재의 세계이다.

이처럼 세계 모든 것들이 특정 국가들 하나하나를 중심으로 무리 지어지고 또한 모든 국가 하나하나가 전체 세계를 상대(한가로운 '무대'가 아니다!)로 그야말로 '만국에 의한 만국의 경쟁'이라는 무한 경쟁을 벌이고 있는 것이 작금의 형국이다.[13] 결국 세계 공동체 일원으로서의 개별 국가들과 그 국가들 사이의 치열한 무한경쟁 오로지 그것만이, 또한 그 무한경쟁을 위한 각 나라의 국민들끼리의 무한 경쟁을 포함하는 그것만이 실존적으로 존재하게 되어 있는 것이다.

현재 국가경쟁력 1위인 나라는 한반도 절반 크기에 인구는 6분의 1에 불과한 800만 인구를 가진 스위스이다. 세계 국가경쟁력 1

---

11   사실 이 국가경쟁력 이념은 또한 우리나라 한류의 지속과 확산을 뒷받침하는 원동력이기도 하다. 국가경쟁력 개념의 발달이 없었다면 한류도 불가능한 것이었다는 말이다. 이념은 분단된 우리나라의 매우 큰 강점이다.

12   나홀로 주권을 주창하고 있는 북한체제의 종말을 확실하게 만드는 그런 것이다. 1997년의 온 나라를 들었다 놓았던 쌀시장 개방문제는 오늘날 단순히 그 이익 보조금 액수에 관한 문제로 축소되었다.

13   모름지기 단일 국가와 전체 세계가 동전의 양면처럼 맞물려 있는 데 뒷면엔 똑같은 세계 그림이 그려져 있고 앞면엔 각 나라의 국가경쟁력 번호가 적혀 있는 것으로 오늘날 국제사회를 형상화할 수 있겠다.

위, 혁신지수 1위, 사회기반시설 품질 1위, 근로자의 글로벌 경험 1위, 기업의 1인당 R&D 투자 1위, 인구당 노벨상 수상자 1위. 이 모든 지표가 스위스라고 하는 한 국가의 성적이다.

특이한 것은 17세기 스위스 베른 출신의 위대한 수학자 오일러 (Leonhard Euler)[14] 단 한 사람의 업적과 매우 밀접히 연관되어 있다는 것이다. 수학강국의 스위스식 규제혁파…… 이처럼 수학적인 사고력의 산업생산 접목이 끝이 없는 나라이다. 한국과 같은 자원빈국이면서 정밀성, 완벽성으로 대표되는 국민성을 바탕으로 교육, 연구개발 등에 중점을 두어 강소국으로 거듭났다.

스위스를 제치는 일은 물론 스위스와 일대일 경쟁은 아니다. 즉, 대한민국이 국가경쟁력 1위로 우뚝 서는 일을 국가적 과제로 삼는 것은 전혀 이상할 것이 없다. 이는 우리나라를 세계에서 제일 살기 좋은 나라로 만들자는 뜻과 일맥상통하며, 대한민국 국민이라면 모두 동의할 목표가 될 수 있다. 그러므로 이 국가경쟁력 1위라는 국가 목표를 실행하는 과정을 통해 대한민국의 국가설계도를 완비해 나가는 것은 매우 유용한 도구적 효과를 낳을 수 있다. 왜냐하면 국가경쟁력 회복 및 제고를 위해서는 기업 활동에 안성맞춤인 최적의 사업 환경 창출을 위한 정부의 노력, 정부정책이나 제도개선의 한계를 극복할 각 경제주체들의 자발적인 국가경쟁력 향상 노력, 글로벌 통합추세 및 정보기술의 혁신적 발달 등 향후 국가경쟁력에 영향을 미칠 요인에 대비하는 선제적 대응 능력 강화, 국가경쟁력

---

14 "수학자들은 오늘날까지 소수(素數) 수열의 질서 발견에 헛되이 노력해 왔다. 그럼에도 우리는 그것이 인간 정신으로는 결코 꿰뚫어 볼 수 없는 미스터리라는 것을 믿을 만큼의 분별력은 지니고 있다."

평가에서 최대 취약점으로 지적된 각 부문별 항목을 집중 보완하여 의도적으로 국가경쟁력 순위를 제고하는 국민적 노력, 국가경쟁력의 시스템 디자이너로서 정부 역할 확대, 대외신뢰도를 제고시키기 위한 가시적이고 지속적인 글로벌 표준 개혁 추진, 정부의 제도개선 상황 등을 적극 홍보하는 전략적 방안 강구 등과 같은 것이 일반적으로 요구된다. 그 하나하나가 모두 국가설계도 완비 방향과 일치하고 있는 것들이기 때문이다.

그렇다면 이 국가경쟁력 1위를 목표로 한 국가설계도를 과연 무엇으로 그려나갈 것인가? 즉, 그 국가설계도를 구체적으로 실현시켜 나갈 수단으로서의 인프라는 과연 무엇일까? 그것은 바로 '안정된 한국적 국가경제모델'이다.[15] 확고한 국가경제모델이 없으면 국가설계도는 반듯하지 못한 채 비뚤비뚤하게 그려질 것이다.

다만 여기서 우리가 절대 놓치지 말아야 할 부분은, 국가설계도의 부재와 국가경제모델의 불안정이라고 하는, 이 풍요 속의 두 가지 빈곤이라 할 비정상을 정상화하여 국가설계도 완비와 국가경제모델의 완성을 이루어가는 그 핵심에는 반드시 공공기관의 중요 역할이 존재한다는 사실이다. 즉, 가장 높은 가능성을 생각할 때 대한민국의 공공기관이 국가모델의 공적 기능성에 굳건히 뿌리내린 상태에서 기업모델의 사업성을 마음껏 발휘하게 하는 것이 지금 대한민국 정부의 가장 중차대한 과제의 하나인 것만은 분명하다. 그리고 또한 이러한 공공기관의 역할을 높이기 위한 최적의 전략 중의 하나로 공공기관 노동조합의 역할을 획기적으로 강화시키는 동시

---

15   바로 본 논의의 제8의 전제이기도 하다.

에 그 관리감독 기구의 선도적 전문성을 대폭 강화시켜 낼 '노동조합-감사 협업 모델'의 가능성과 유용성이 매우 크다는 사실이다.[16] 장차 이 노감협업 모델을 통해서 국제노동포럼(ILF)이 탄생하여 세계 각국의 공공기관 노동조합 협력 지표 등을 통한 국가경쟁력을 발표하는 날이 오지 말라는 법은 없다.

세계 최강의 혼합경제 견인차가 될 공공기관을 선도할 핵심 엔진의 하나인 노감협업모델의 창출!! 역사적으로 충분히 의미가 있는 국가적 생산 활동인 것이다. 기존의 공공기관 노사관계의 한계(대리인 문제), 기존의 공공기관 노정관계(지배구조의 문제)의 한계를 일거에 극복할 공공기관의 지속가능한 선도경영을 보장하는 획기적 고안 장치인 동시에 장차 대한민국 전체 노사관계시스템에 있어 노·사·정 협력[17]을 선도할 공공기관 노·사·정 협력모델의 새로운 구심체가 될 수 있다. 노감협력모델의 창출은 한국사회의 수준을 한 단계 업그레이드시키는 견인차가 될 것임이 거의 확실하다. 또한 그것은 세계 최초의 국가적 발명품으로서 국가경쟁력 세

---

16 역동의 21세기 속에서 한국이 세계 최일류 선진국으로 거듭나기 위해서는 노동·경제·사회개혁을 해야 한다. 지금 젊은 청춘들에게 허송세월을 하라 할 수 없고 또한 비정규직과 무노조근로자들에게 계속 어렵게 살라고도 할 수 없다. 공공기관이 앞장서 하루라도 빨리 노동조합 개혁부터 가동해서 세계 최일류 선진국을 견인해야 한다. 그래서 청년들과 비정규직과 무노조근로자들에게 희망을 주고 삶의 의미를 찾을 기회를 주어야 한다. 이제 공공기관 노동조합은 국민 모두의 힘을 모아 또한 국민 모두의 뜻을 받들어 21세기 노동조합을 위한 모든 개혁을 받아들이고 스스로 모든 혁신을 다해야 한다.

17 중앙의 노사단체들은 1987년 이후 25년간 노동법 개정을 비롯하여 대부분의 쟁점에 대하여 대립·갈등하면서도 결국에는 타협하고 노사협력하는 경험과 관행을 정착시켜 왔다. 노사정위원회는 이러한 협력과 타협의 좋은 인프라를 갖고 있기 때문에 이를 사회적 타협에 적극적으로 활용할 가치는 충분하다.

계 1위를 향한 국가설계도와 그 인프라가 될 국가경제모델 완성의 비밀 병기가 되기에도 충분하다.

여덟 번째 공감: 공공기관 제8의 화쟁은, 대한민국 국가경제모델의 '불안정성' 문제의 해결이 긴급하다는 믿음이다. 주지하다시피 대한민국은 인류역사상 전무후무하다 할 위대한 경제 기적을 이룬 나라이다. 오늘날 그 '한강의 기적'을 가능하게 했던 모든 긍정적 요소는 여전히 유효하며, 여전히 대한민국 경제모델의 중요한 구성 요소로 작동하고 있는 중이다. 건국 이래의 애국애민의 전통 아래 계획경제 요소와 시장경제 요소의 시의적절한 조화를 통한 혼합경제를 원동력으로 하여 이룩된 대한민국 경제 기적의 핵심 요소는 여전히 건재하다. 아니 이 모든 것들이 당금의 무한경쟁시대를 맞아 차라리 더욱 빛나고 있다고 할 것이다.[18] 하지만 이러한 유리한 세계적 흐름에도 불구하고 오히려 더욱 불안정한 것이 현실이다.

양극화는 그 슬픈 단면이다. 표면적으로 보았을 때 우리나라의 경제성장률은 여전히 다른 선진국보다 높으며, 주요 대기업의 경쟁력은 빠르게 신장되어 왔다. 심지어 한류 열풍이 지구 곳곳을 달구고 있기도 하다(혼합경제의 효과). 그러나 이러한 성공의 이면에 세계 최고의 자살률, 세계 최장의 노동시간과 OECD 최고 수준의 비정규직 비율, 그리고 세계 최저 수준의 출산율이 놓여 있는 것(불안전성)은 또 어떻게 이해해야 하는가? 성장분단화, 이중성장화, 이중

---

[18] 무한경쟁시대를 맞아 많은 국가들이 순수 영미형이나 순수 유럽형이 아닌 한국형 경제발전을 따라 하고자 노력하고 있다. 최근의 새마을운동에 대한 국제적 관심도 그 일례이다.

성장구조화, 성장의 역기능화, 불균등 성장의 고착화, 불균등 성장의 장기화, 불균등구조의 심화, 선진화역주행 등등의 이유로 경제의 선도 부문 성과가 물이 넘쳐흐르듯 하층부문에 전달되는 낙수효과(trickle-down effect)가 작동하지 않고 있다. 왜? 바로 국가경제 모델이 불안정해져서 경제정책이 임의적으로 냉온탕을 왔다갔다 하므로 그 피해가 힘이 없는 국민들에게 집중적으로 전가되고 있기 때문인 것이다. 분단 상황에 대처하여 수립되었던 애국애민의 혼합경제에서 애국애민이 사라진 혼합경제는 국민 분열을 오히려 부추기는 민족의 흉기가 될 뿐이다. 국가는 국민을 위해 존재하는 것이므로 이러한 부조리는 하루속히 제거되어야 한다. 개인 차원에서 꿈이 있으되 직장이 없는 것처럼, 국가 차원에서 아무리 좋은 국가설계도가 있더라도 경제모델이 불안정하면 설계도 자체가 불안정한 일이므로, 우리는 한국적 경제모델의 그 불안정한 요소를 찾아 속히 제거해 나가야 한다. 아니 어쩌면 그 불안정성 요소를 녹여 버릴 획기적인 '새 국가경제모델'을 창출해야 할지도 모르겠다.

현재 대한민국은 국가설계도 완비와 국가경제모델의 재창조(리모델링)라는 국가적 과제를 안고 있다. 이에 대한민국 모든 조직과 기관은 '국가경쟁력 세계 1위'라는 목표를 통해 국가설계도를 완비해 나가는 한편, 공공기관을 중핵으로 삼아 기업모델을 강화하는 방식으로 업그레이드된 혼합적 국가경제모델을 완성해 나가는 역사적 과정에 속해 있다고 할 것이다. 이런 의미에서 공익성과 사업성을 아우르며 성공적인 진군을 계속해 온 한국의 공공기관은 장차 한국사회의 발전을 담당할 가장 선진적인 부분이라 할 수 있다. 그리고 한 차원 높은 사회로 나아가기 위한 견인차 역할을 담당해야 하는 민족사적 선도 세력이라 할 수 있다. 과연 잘 할 수 있을까? 이에 그 묘책 중의 하나가 바로 '노동조합 - 감사기구'의 협업 모델에 있음을 재차 강조해 둔다.

아홉 번째 공감: 공공기관 제9의 화쟁은, 정부 역할이 여전히 중차대하다는 믿음이다. 이는 앞의 제1의 공감에서 말한 것처럼 오늘날 정부는 민의를 완전하게 바탕으로 한 진정성이라는 정당성을 가지고 민의를 받들어 가는 방식으로 행정을 하기 때문이기도 하다. 아울러 세계사적 흐름 속에서 정부의 국제적 역할이 특히 한없이 증대되고 있기 때문이기도 하다. 즉, 정부 역할의 국내 부분은 거의 줄어들지 않은 반면에 국제 부분의 역할은 매우 증대되었기 때문이다.

21세기 현대 정부 역할은, 단적으로 '그럼에도 그렇지 않다'라고 표현할 수 있다. 무슨 말이냐 하면 정부라는 기관은 대체로 효율적이지 못한 조직체임이 오늘날 분명히 드러났기 때문이다. 관료제의 폐해가 대표적이다. 국가소유 기업들 대부분이 효율적으로 운영되지 못하고 있다. 그래서 전 세계적으로 민영화가 진행되고 있는데, 민영화의 요인[19]이 무엇이었든 그 결과는 항상 바람직했다.[20] 또한

---

19 그것은 대처의 영국에서 대규모로 시작되었다. 아이러니컬하게도 이러한 정책을 적극적으로 실시하게 만든 요인 중의 하나는 민영화를 실시하면 국고수입이 증대될 수 있다는 사실이다. 국가의 역할을 키우기 위해 국가의 역할을 줄인다는 약한 역설이 성립되는 것이다.

20 혹자는 민영화의 성공한 사례가 없다고 말하지만 민영화란 본래 그 회사 자체가 아니라 국가 전체 이익의 관점에서 제기된 사안이므로 그 회사 자체의 성공 여부는 중요하지 않다. 그럼에도 선진 각국의 민영화 정책은 국가경제의 활력과 성장에 지대한 공헌을 했다는 사실이다. 그런 면에서 모든 민영화는 항상 성공적이었

각국의 정부들은 국내외 교역에서 시장 활동을 통제하는데 성공적이지 못했다. 바로 이런 이유 때문에 정부는 경제를 시장의 힘에 넘겨주고 있다. 점증하는 무역, 자본이동 개방화는 물론 환영할 만한 일이므로 이 부분에서 정부의 역할이 줄어드는 것은 당연하다. 개방성이 증가함에 따라 경쟁도 역시 커질 것이며, 또한 이 경쟁은 효율성을 증대시켜 혁신과 비용절감을 가속화함으로써 소비자와 생산자 모두에게 이익이 된다. 그리하여 냉전 종식 이후에 국내 경제정책의 '효율성' 개념은 점차적으로 변화해 왔다. 세계경제가 국제교역과 국제적 자본흐름에 더욱 개방되고 있기 때문에 세계경제는 더욱 더 통합되고, 그래서 개방화 시대에 정부는 국내 경제정책의 효과적 수단을 상당수 상실하게 된다. 경제정책이 효과를 낳으려면 국제적 수준에서 조율되어야 한다는 '경제의 세계화'가 더욱 더 설득력을 얻게 되었다. 이러한 세계화 진전에 대한 정부의 대응 방식 중의 하나는 다른 국가와의 '협보'를 통하여 경제정책을 서로 조율하는 것이다.

그러나 경제의 수행은 여전히 국가와 지역에 따라 매우 다양하다. 경기순환의 차이도 역시 크며, 생산성 수준과 생활수준 역시 대단히 불균등하다. 그렇기 때문에 정부는 여전히 중요한 경제적 기능을 수행하고 있다. 즉, 정부의 국내 역할은 여전히 중요하다. 아니 정부의 국제 경제적 위상은 이에 반비례하여 크게 증폭되었다고 할 수 있다. 글로벌 표준에 맞추기 위한 국가경제적 개혁을 여전히 지휘해야 할 경우가 많았기 때문이다. 즉, 그 글로벌 표준이라는 것

―――――――
다. 실패한 민영화는 공산권밖에 없는데 이는 자본주의 경험 부족에 기인한 것이므로 다른 사안이다.

이 정부에 대한 한편으로는 국내 수요(복지 등)를 새로이 만들었고, 과거보다 더 많은 국제적 정부 수요를 낳은 것이다. 정부는 효율적인 재정과 화폐정책을 통해 거시경제적 안정을 유지할 책임을 지고 있으며, 국방이나 도로사업과 같이 시장에서 공급될 수 없는 서비스 그리고 교육과 같이 불균등한 기초 위에서만 시장이 기능하는 서비스를 제공하고 있다. 또한 정부는 더 강화된 글로벌 표준에 따라 건강과 환경보호, 시민의 안전 및 치안 등 매우 중요한 규제 기능을 맡고 있다. 점차적으로 정부가 시장에서 한 발 물러나야 한다는 것이 대처와 레이건 경제철학의 핵심이자 1980년대 이후 경제정책의 특징이다. 그러나 여전히 정부는 모든 국가경제에서 없어서는 안 될 중요 역할을 맡고 있다. 주로 기업과 그 종사자를 보조하기 위한 역할이긴 하지만 정부의 세부적인 국내 경제정책 또한 여전히 중요한 것이 많이 남아 있다.

이와 같은 국내외 환경의 변화에 따라 장차 근본적으로 정부 기능은 조정되어야 한다. 근대적 형태의 행정기구가 '발명' 되었을 때 신뢰성, 평등, 질서 그리고 전횡이라는 간섭으로부터의 자유는 하나의 위대한 성취였다. 특히 현대 정보화사회 융합 관점에서 21세기 정부 역할을 재정립해야 한다. 산업계는 주장한다. "전자정부는 업무 프로세스를 단순화하고 IT를 접목해서 업무의 생산성과 효율성을 높이자는 것이므로 전자정부 세계 1위 국가인 한국이 효율적인 시스템을 통해 공무원 조직을 슬림화해야 한다." 또한 정부는 여전히 20세기 일을 하려 하면 안 되며 민관협업 등 일하는 방식도 바꿔야 한다. 단순 수치 포커스보다는 정보화 디지털사회에서 정부 기능에 어느 정도 포커스를 둬야 할지 질적인 근본 관점에서 다시

봐야 한다. 다른 나라와 비교할 문제가 아니라 우리나라 헌법에 있는 일을 충분히 하느냐로 직업공무원들을 정예화해야 한다. 일례로 고도군사과학기술과 전술장비고도화 현대무기를 사용하는 현대전에서 지금 군인의 수를 유지할 것인지까지조차도 이제 구체적으로 고민해 봐야 할 문제가 되는 것이다. 더불어 우리나라 고유의 발달된 국가 운영체계에 대해서도 더 적극적인 연구와 도입을 시도해야 한다. 노감협업모델은 이러한 문제의식을 공유하고 있다고 할 것이다.

열 번째 공감: 공공기관 제10의 화쟁은, 오늘날 현재 세대는 미래 세대에 대해 반드시 무한책임을 져야 한다는 믿음이다. 무한경쟁 때문에 더욱 그렇다.

물론 후손의 앞날을 막는 선조는 없을 것이다. 그럼에도 현세의 이기주의가 미래세대의 이익을 전면적이고 광범위하게 침해하는 경우가 다반사로 발생하게 되는 것이 현 시대의 특징의 하나이다. 개인이나 조직의 힘이 너무 강해 국제적인 재앙을 넘어 항구적인 재앙까지 얼마든지 일으킬 수 있는 까닭이다. 100년 후에 일어날 재앙을 배태한 오늘날의 국가정책은 그 누구도 책임질 필요가 없으며 또한 어떤 사람에게도 해가 되지 않는 것이라고 주장할 수 있는 것이 현재의 인류 윤리체계이다. 하지만 이제는 그래서는 안 된다. 대안을 찾아야 한다. 사실 100년 후에는 재앙이 되겠지만 지금 당장 경제발전에 도움이 되는 경우에는 현재 세대에게는 좋은 정책일 뿐만 아니라 미래세대에게 전혀 무해하다는 주장은 타당성이 있다. 100년 후면 현재 세대는 다 흙이 되고 그 100년간 모두가 행복하였으므로 그 정책은 좋은 것이다. 또한 100년 후에 발생하는 그 재앙은 당시의 사람들 중에는 아무도 책임이 없으므로 모두가 그저 조상 탓이려니 하고 자연스러운 일로 받아들일 수밖에 없다. 하지만 미래세대 전략을 가진다면 이와 같은 반윤리적인 행위는 즉각 중단될 수 있다. 그러므로 미래세대 보호자로서의 21세기 정부는 반드시 미래세대 전략을 갖추고 있어야 한다. 그야말로 국가백년지대계의 의미를 모든 윤리적인 분야에서 되살려야 한다. 그리고 앞서 말했듯이 우리의 경우 국가설계도 프로그램의 양 중심축 중의 하나에 반드시 속해야 한다. 즉, 국가백년지대계인 교육 같은 것은 이제 미래세대 전략에 편입되어야 하는 것이다.

21세기 정부는 현세의 이기주의에 대항하는 미래세대의 감시인이 되어야 한다. 터미네이터가 되어야 한다. 미래에 관한 한 눈에 보이는 현상에 대한 설명은 지나칠 정도로 많이 논의되고 있지만 실제로 미래의 편에 직접 서서 책임감 있는 당사자 입장에서 얘기하는 사람이 거의 없는 것이 현 인류 수준의, 특히 한국사회의 현실이다. "내려놓음은 일어남이다." 그러므로 그것은 21세기 정부의 과제일 수밖에 없는 공익성을 띠게 된다.

이 미래 준비에 관한 한 아마도 21세기 정부의 첫 과제는 미래 아젠다를 대중적으로 제기하는 일이 될 것이다. 이에 정부는 우리 사회의 규율과 책임과 모범(모델)의 지속가능성에 대해 정기적인 평가를 제공해야 한다. 그렇게 함으로써 미래를 의제로 전면에 내세우고 높이 올려 전사회적 일상 대화로 공명시키는 일이 일어나도록 촉진해야 한다. 미래에 대한 대대적인 '공중토론의 조직'은 우리들이 공동의 미래를 다루는 새 규칙과 새 접근법에 이르게 할 뿐만 아니라 미래를 향한 기술 쇄신에 필요한 사회혁신 분위기 조성에도 크게 기여할 수 있다.

현안과 관련하여 청년 일자리 창출은 이러한 측면에서 큰 진전이 될 수가 있다. 다만, 그것이 '일자리' 문제로 인해 더 큰 주제인 '미래세대' 전략 마련을 가려 버리는 일을 사전에 경계는 해야 한다. 즉, 청년실업 해소를 위한 일자리 창출은 그 방점이 '일자리'에 있는 것이 아니라 '청년' 그 자체에 있다는 사실이다. 일자리로 접근하면 세대 간 갈등이라는 공격을 피할 길이 없다. 청년으로 접근하면 되려 그것이 세대 간 갈등의 해결책이 되는 것이므로 공격은 무의미해진다. 이 부분은 중요하므로 여기서 좀 자세히 설명하겠다.

장기 대량실업, 특히 지금 대한민국의 실업은 젊은이들에게 가장 큰 충격을 주고 있다. 우리의 미래사회를 건설할 수많은 젊은이들이 사회수준으로부터 뒤떨어져 직장에서 나머지 사회성원들과 통합해내지 못하게 될지도 모른다. 우리는 신속히 노동시장의 관행을 수정해야 한다. 밥그릇 싸움이 아니라 우리의 미래를 위해서이다. 그러므로 우리 현재 세대는 미래세대를 위해 노동시장의 구조조정에 적응해야 하며, 나아가 노동시장의 상시적 구조조정 상황을 심지어 스스로 주도해 나가야 하는 것이다. 자식 위해 못할 일이 무엇이겠는가? 우리는 신속히 노동시장의 관행을 수정함으로써 기업들이 젊은이들을 훈련시켜서 고용할 수 있게 해야 한다. 그렇지 않으면 사회는 공동체의 붕괴, 소외, 인간 수난, 비효율 경제라는 비싼 대가를 치르게 될 것이다.

이제 준비를 시작해야 하며, 이에 '세대의 복지와 책임'에 관한 특별연구팀의 필요성을 제기하려 한다. 이는 앞서 제기한 공공기관 노감 협업모델 등으로 능히 담당할 수 있다는 점을 강조하고자 한다. 그 미래세대 전략이 노감 협업모델에 주어진 경우라면, 최우선적으로 '세대의 복지와 책임'에 관한 특별연구팀을 각 공공기관별 단위로 결성할 필요가 있다.

〈표 6〉 '세대의 복지와 책임'에 관한 특별연구팀 조사 내용

후대에 남겨질 유산은 광범위하다.	
복지수단	복지 수단들이 한 세대에서 다른 세대로 계승되고 있는가?
대차대조	물려줄 유산이 물려받은 재산 보다 더 많은가?
인간자원	어떤 종류의 인간 자산(가령 교육)을 물려줄 수 있는가?
자연자원	어떤 종류의 자연자원을 물려줄 것인가?
환경자산	어떤 종류의 환경을 물려줄 것인가?
사회자산	어떤 종류의 공동자산 및 제도를 물려줄 것인가?
세대정책	세대 간 적용될 규칙, 세대 간 평등 방침이 정해져 있는가?
세대계약	나이든 세대로부터 젊은 세대로 소득 이전이 이루어지고 각 세대는 자신들이 기여한 것보다 전체 시스템으로부터 더 많은 것을 받는 '세대 계약'(generational contract)이 존재하는가?
지속가능성	경제적, 인구통계적, 생태학적, 사회적, 윤리적 고찰이 결합된 진정으로 지속가능한 발전 조건들 중에 빠진 것은 없는가?

대한민국의 오늘날 기성세대는 현재의 노력에다 과거 선조들의 소득이전으로 생활하고 있다. 지금의 대한민국 기성세대의 사고방식에다 앞으로 계속해서 경제성장이 둔화된다면, 아마도 미래세대는 현재와 같은 물질적 복지를 결코 누릴 수 없을 것이다. 오히려 복지제도에 대한 재정 부담이 미래세대로 넘겨질 것이다. 적정한 규모의 성장(매년 1.5%의 1인당 소득 증가) 조건 하에서는 현재의 세대들이 보다 많은 세금을 내고 사회보장혜택을 줄여야만 세대 간 소득분배문제가 해결될 수 있다. 또한 이를 방지하기 위한 지속적

인 급속 성장(매년 3%의 1인당 소득 증가) 역시도 마냥 환영할 것만은 아니다. 왜냐하면 이 조건 하에서는 특단의 노력이 없는 한 생태학적인 지속성 문제가 필히 발생할 것이기 때문이다. 오늘날 대한민국 저성장과 생태계 시장에 대한 적응에 필요한 막대한 재원과 문제의식조차 왜곡하는 기성세대를 놓고 볼 때, 미래세대가 세대계약으로 누릴 혜택은 거의 불가능해 보인다. 우리는 세대 간 갈등문제를 직시해야 한다. 미래에 대한 전문가들의 평가는 젊은이들의 의문을 정당화하고 있다. 그들의 미래에 대한 태도는 한결같이 불확실하면서도 공격적이다. 우리는 변화와 그에 수반되는 세대 간의 공정성 문제에 정치적·윤리적 책임을 지고 있다.

　더욱 심각한 것은 윤리적이다. 즉, 배제가 더 심각한 배제를 불러일으킨다는 사실에 그 심각성이 있다. 저소득 직장과 실직상태를

〈표 7〉 청년들 근심의 배후에 있는 기본 요소들의 중대 변화

산업화된 국가의 과거	산업화된 국가의 오늘
경제 성장이 빨랐다	수년 이상 경기 침체, 성장 전망 불투명
실업 5% 이하로 유지됨	실업률 평균 11%대로 급증, 급속한 실업률 감소는 환상, 청년 실업률 20~30%
노동인구 대다수 젊음	노령인구 급증, 저출산, 외국인노동자 의존, 나이 든 세대의 양적 우세, 즉 유권자 숫자 우세는 전체사회의 성격과 방향에 큰 영향을 끼칠 것이므로 청년층 두려움 증대
환경문제가 지방 범위에 국한	환경문제가 지구촌 전체와 현 시대 소비수준을 결정하는 '궁극 부문'으로 부각, 청년들이 폭넓은 국제협력, 건전한 환경기술에 대한 거대한 투자, 생활양식의 근본 변화를 통해서만 환경문제를 해결할 수 있음을 인식

들락날락하는 청년들이 통합된 사회를 만드는 데 매우 큰 어려움을 주고 있는 것이다. 배제는 암과 같다. 치료하기 위해 더욱 많은 시간을 기다릴수록 병의 치료는 더욱 힘들어지는 것이다. 골든타임이 존재하는 문제이다. 각종 청년 실업이 낳을 현재적·미래적 비용은 계산조차 할 수 없다. "사회조직은 갈기갈기 찢어지고 있으며 머지 않아 우리는 그것을 다시 기울 수 없는 처지가 될 것이다." 향후 몇 년 동안 세계 최고 감소속도로 내달리고 있는 대한민국의 인구통계학적 격동으로 생산에 소요되는 노동력은 더욱 감소할 것이다. 사회조직에 가해지는 압력과 부담의 급증에 대한 이러한 예고는 더욱 침울한 일이 되고 있으며, 그때쯤이면 새로운 세대들을 좀더 적절히 수용하지 못한 것에 대해 후회한들 아무런 소용이 없다.

그 어느 때보다 대한민국은 세대의 의무를 자각해야 한다. 주지하다시피 오늘날 세계는 근본 변화의 과정을 '힘든 조정'을 통해 헤쳐 나가는 중이다. 그럼에도 인류는 여전히 위대하다. 전지구적·권역적·국민국가 수준에서 벌어지고 있는 최근의 사건들은 무수한 표면적·잠재적 갈등 속에서도 점차 통합을 향해 나아가고자 하는 의미의 예측불가능성과 불확실성으로 요약되는 '힘든 조정'의 선반에서 떨어져 나온 파편에 다름 아닌 것이다. 그 중에 두드러진 하나가 세대 갈등이다. 모두를 위한 정신적·물질적 환경정책을 실현하려면 미래세대의 이익을 위해 단기적인 이익이 희생되는 것은 불가피한 일이다. 하지만 이것은 우리 세대의 의무이자 윤리이기도 하다. 젊은이들이 배제되어서는 안 된다.

대한민국 공공기관은 이제 미래를 국가의 선두에 서서 준비해야 한다. 변화의 과정 속에서 주요 프레임(윤곽)에 대한 기본 가정을 재검토하는 일과 불확실한 미래에 대한 대안적인 방향을 나름 명확히 선택하는 일은 매우 긴요하다 할 것이다. 명확한 선택이란 우리의 인식 지도(cognitive maps)와 지적 구조를 수정케 하여 더욱더 나은 방향으로 인도할 것이기 때문이다. 과연 "매일 매일이 과거보다는 낫다"는 익숙했던 믿음이 사라진 지금, 그럼에도 그렇기 때문에 더욱 우리는 미래를 더 잘 준비해야 한다. 익숙했던 '내일에 대한 기대'는 역사적으로 유례가 없는 장기간의 성장, 높은 고용률 그리고 급속하게 높아진 교육 수준 등에 기초한 것이었음을 이제 분명히 해야 한다. 알다시피 최근 몇 년 동안 저조한 경제성장은 미래에 대한 기대를 더욱 불확실하게 만들고 있으며, 특히 청년층에겐 더욱 그러하다. 새로운 불평등에 대해 공공기관, 특히 공공기관 노동조합은 이제 눈을 정말 크게 떠야 한다. 아마도 대한민국 노동조합의 전체 운명이 여기에 있을지도 모른다. 왜냐하면 청년세대 일자리 창출을 가장 효과적으로 이룩할 기관이 될 수가 있기 때문이다. 특히 공공기관의 전투적 노동조합들은 자본주의를 가지고는 평등에 이를 수 없다는 가정에 대한 전면적이고 근본적인 검토를 시작해야 한다. 그것이 본 논의의 그 다음 전제이다.

　　열한 번째 공감: 공공기관 제11의 화쟁은, 자본주의를 가지고는 평등에 이를 수 없다는 가정을 토대로 수립된 '평등이론'에 대한 진지한 재검토가 필요하다는 믿음이다. 우리는 오늘날 '자본주의 4.0=지속가능한 자본주의' 이론이 거의 정설로 되어가고 있음을 직시해야 한다.
　　자본주의 4.0 이론의 결정적인 타당성은, 자본주의 체제 하에서는 노사관계시스템이나 기업지배시스템이나 각종 정치·경제·사회·문화시스템 및 그 각각의 하부구조 시스템에서도 진화가 다차원적으로 활발하게 이루어지고 있다는 것이다.

그러므로 오늘날 세계는 마르크스가 백 명이 나오고 레닌이 천명이 나와도 현재 자본주의의 폐해를 극복할 대안을 만들기는 힘들어 보인다. 이에 자본주의도 여러 가지 질적으로 다른 것들(다양성)로 병립할 수 있는 유연한 시스템이라는 접근이 매우 합리적이며, 무엇보다도 시장경제가 그 어떤 체제도 감히 해내지 못할 만큼 가난한 사람들의 생활수준을 획기적으로 향상시켰음을 자각해야 한다.

원래 평등이란 말은 지난 수세기에 걸쳐 철학자, 이상주의자, 혁명가들의 꿈이자 길을 안내하는 빛이었다. 그리고 산업혁명 이후에 등장한 거의 모든 '평등이론'들은 자본주의를 가지고는 평등에 이를 수 없다는 가정을 토대로 수립되었다. 즉, 자본주의 성장은 평등은커녕 부자와 가난한 사람들 사이의 격차를 더욱 벌려놓을 것이라고 예언했다. 과연 이 가정은 여전히 유효한가? 불변일까? 혹은 자본주의의 불평등을 대체하려던 모든 '평등이론'이 냉전 종식을 끝으로 최종 실패한 지금, 즉 자본주의식 부익부빈익빈 예언은 오류임이 분명하게 증명되어 버린 지금 오로지 '자본주의식 평등'만이 유일한 인류의 대안일까? 아니면 한때는 가장 굳센 신념이었다가 지금은 한낱 타령으로 변해 버린 사회주의 구호를 수호해야 할까? 자본주의식 평등의 진화는 가능한가? 이러한 문제들에 대해 진지하게 고민하는 공공기관, 노동조합이 되어야 하는 것이다. 예를 들어 환경문제가 자본주의 구조적 특성이 아님은 구소련의 체르노빌 사고가 웅변한 바 있다. 순탄치 않은 미래가 우리 앞에 놓여 있다. 우리가 파국을 서둘지 않더라도 인류의 미래는 그리 밝지 못하다. 과잉인구와 부적절한 시장경제, 이 2가지 이유만으로도 조만간 우리의 지구촌 사회구조는 어쩔 수 없이 급변의 물결에 휘말릴 수밖에 없다. 즉, 우리는 현재의 경제체제가 어떤 해답도 제공하지 못하는 인구폭발에 관한 현실적인 논의를 회피하고 있을 뿐이다. 그러면서도 시장경제는 계속해서 수요에만 기초해서 상품가격을 얘기하고 있다. 이것은 에너지 사용비용 그리고 생산과정에서 사용된 천연자원이나 자원의 재생 가능성이나 희소성 등 실제 가치를 은폐하고 있다. 지도자들의 수동적인 태도는 2가지 참을 수 없는 결과를 낳을지도 모른다. 하나는 기근, 질투, 폭력, 더 나아가 핵무기 사용으로 초래될 무시무시한 학살이고, 다른 하나는 부자와 빈자 사이 불화의 가속화이다. 서로 이질적인 두 종류의 인간이 지구라는 동일한 행성에서 살면서 끊임없이 생존을 위해 투쟁해야 할 것이다. 이러한 문제에 공공기관 노동조합은 책임 있는 답을 가져야 한다. 그 대안은 무엇인가? 이에 우리는 어려운 질문을 하나 꺼내 그것에 답해야 한다. "우리는 무엇 때문에 이 지구상에 존재하는가?" 그리고 그 대답은 간결해야 한다. 모든 인간이 존엄과 삶의 즐거움을 누릴 수만 있다면 지구는 살 만한 것이다. 이 2가지 목표(존엄과 즐거움, 인권과 행복)는 오직 궁핍함이 없고 좋은 의료혜택과 수준 높은 교육이 있을 때 이루어질 수 있다. 그것은 부유함, 낭비, 걱정 등과는 아무런 관련이 없으며 오히려 그것들 때문에 손상받게 된다. 인권과 행복을 창출하지 못한다면, 70억, 100억, 200억의 사람들이 사는 세계에서는 어떤 유형의 지속가능한 경제발전도 불가능한 것이다. 오늘날 제안된 그 어떤 해결책도 유토피아적일 가능성을 가지지만 "오늘의 유토피아는 내일의 현실이었다." 이를 위한 대전제로는 선진화에 대한 시각 교정, 국가경제모델에 대한 합의, 미래세대 전략 마련, 통일을 생활의 상수로 놓는 일 등 4가지에 기초한 국가설계도 창출이 특히 중요하다.

열두 번째 공감: 공공기관 제12의 화쟁은, 현대적인 국가적 가치 윤리의 확립과 정착이 그 어느 때보다 중요하다는 믿음이다. 사람들은 물질이 아니라 정신으로 움직이고 있다. 특히 분절된 자아의식과 더 높아진 추상성, 사이버 세계의 광대함으로 인해 그 삶이 차라리 마음의 바다를 향해하고 있다고 해도 무방할 정도이다. 물질적으로 보면 광복 70주년을 맞이한 올해, 대한민국 경제성장사는 세계에 그 유례를 찾아보기 힘든 '한강의 기적'으로 축약된다. 70년간 우리나라는 식민지에서 벗어나자마자 인류역사상 그 유래를 찾아보기 힘든 동족상잔의 한국전쟁을 겪은 최빈국에서 일어나 비약적인 압축 성장을 달성하였다.

단적으로 1953~61년 5%대, 70~79년 10%대 급상승, 80~88년 9%대, 89~97년 7%대였던 잠재성장률이 1998~2007년 4%대, 2008~2013년에는 3%대 중반까지 급감하고 있다. 따라서 잠재성장률을 재차 상승시키고 지속가능발전을 보장할 물질적 토대인 각급 조직의 생산성 향상과 미래성장 동력확보 전략이 그 어느 때보다 절실한 것이다. 그 전략은 질적인 변화를 수반하는 것이어야 할 것이다. 그러므로 또한 우리네 삶의 질도 선진국 수준에 맞게 더 향상될 필요가 있다. 특히 가족·공동체(Community) 회복 노력은 매우 시급하다. 이것 때문에 지난해 OECD BLI(Better Life Index) 기준으로 우리나라의 '삶의 질' 순위는 36개국 중 25위에 그쳤다고 할 수 있다.

하지만 질적 변화와 관련하여 이 모든 물질적 생활적 가치보다도 더 중요한 것으로 21세기를 살아갈 국가적 윤리 기준을 확보하는 일을 들 수 있다. 사실 이 윤리 가치의 문제는 오늘날 세계가 직면하고 있는 여러 문제들 중의 하나일 뿐만 아니라 그 모든 문제들의 근원이기도 하다. 그러므로 정부의 청렴도 측정 같은 것은 더욱 확대되고 강화될 필요가 있다. 특히 정부관리 측면에서, 공공 및 민간경제의 국제화와 병행해 공공관리의 국제화가 진행되는 상황에서 국가적 가치의 문제가 정부 정책과 국민 삶의 질을 결정하는 최대의 변수임을 힘써 강조해 둔다.

그렇다면 점증하는 국가적 가치체계의 중요성은 과연 어디에서 시작되는가? 사실 윤리란 가장 효과적이면서도 현실적인 '최적의 적응력'에 다름 아니다. 이에 동서고금을 막론하고 사람들은 언제나 경제적 환란, 질병, 자연재해, 정치적 격동 등의 변화에서 기인하는 난관에 부딪쳐 오면서 살아왔지만 자신들만의 굳건한 가치체계 덕분에 거뜬히 효과적으로 그것들에 적응하면서 부단히 전진할 수 있었던 것이다.[21] 이처럼 가치체계의 궁극 원천은 거의 정신적인 것이지 별로 물질적이지 않다.

---

21 단적으로 1990년 냉전이 붕괴될 때에도 온갖 굳건한 신념들과 가정들이 함께 붕괴되면서 발생한 공산권 혼란과 달리 대한민국은 자신의 가치를 가지고 있었기 때문에 사실 우리만큼 공산주의 붕괴를 확신한 국민도 없었으므로 매우 쉽게 북방정책으로 적응할 수 있었다.

많은 사람들이 새 기술의 확산에 의해 가속화되고 있는 현재의 엄청난 사회·경제적, 지리·정치적인 변화를 능숙하게 다루지 못한다. 느긋하게 즐기지 못하고 오로지 격변 내지 흥분 상태에서 바라보고 있다. 그 이유는 거의 전적으로 준비된 가치관, 즉 현실에 합당한 최적 윤리시스템의 부재 때문이지 순수 물적 위기의 결과는 결코 아니다. 도덕적 행동, 봉사, 희생, 이타적 열정 등의 원천은 여전히 정신 영역에 놓여 있으며, 삶의 흐름 한가운데에서 언제나 회복되어지고 유지되어야 하는 것이다. 그 가치체계가 인간 삶에 주는 의미는 순수한 사회경제적 목적이나 정치 목적에 비해 결코 가볍지 않으므로, 더 이상 부차적인 일로 평가되면 안 된다.

이에 인류는 지금도 그 가치체계의 최대공약수로서 지속가능발전과 같은 개념의 크기를 키워나가는 일에 매진하는 중이다. 나라의 국민들은 합당한 일상 윤리체계 구축 노력에 더욱 힘쓰고 있으며, 특히 정부는 사람들의 그러한 노력을 적극 지원해야 한다는 문제의식을 더욱 분명하게 지표화해 나가고 실현하려 한다.

특히 현재의 국가협력체, 정부, 조직, 개인들은 다른 사람과의 협조와 봉사를 강조하는 개혁을 제도화하는 일에 역량을 더욱 집중해야 한다. 오늘날 '협조와 봉사'는 경영학 이론에서든 심리학 연구에서든 진정 협조적인 행동은 이기적·공격적인 권모술수 접근법에 비해 훨씬 나은 결과를 만들어 내고 있다. 상대적으로 부정적인 사건에만 초점을 맞추는 뉴스기사가 때로는 급속한 세계 발전의 모습을 암울한 것으로 잘못 나타내고 있더라도, 봉사의 윤리를 향해 나아가는 사람들은 결코 두려워할 필요가 없다. 분명한 것은 오늘날 우리들 삶의 무대는 평화와 번영이 확대되는 지역과 실패, 폭력, 파괴로 점철되는 지역으로 극명하게 구분되고 있다는 점이다. '대화·협력·협업' 선순환 구조의 사회적 용량 증대라고 하는 지표가 시대적 요청이 되고 있다. 개인과 개인, 개인과 조직, 조직과 조직, 제도와 제도, 부문과 부문 간의 종횡(화쟁적 합종연횡)이야말로 시대적 요청이라 할 것이다.

오늘날 사회의 모든 조직과 개인들은 바로 이 '협력 선순환 용량' 증대에 기여해야 한다. 대립과 투쟁의 시대는 한참 오래전에 막을 내렸다는 사실을, 협력과 대화의 총량을 늘리는 것이 진정한 진보라는 사실을 분명히 자각해야 한다. 특히 국제 흐름에 발맞추어 정부·조직·개인들은 협조와 봉사를 중점적으로 제도화해야 한다. 새로운 국가적 가치체계의 창출과 관련하여 주로 물적인 관점에 의존한 세계화와 정보화 관점 이외에도 많은 흐름이 존재함을 알리는 최근의 국제적 주요 흐름을 잘 정리해 나가야 한다.

특히 대한민국의 경우에는 연속성과 균형감의 증대가 필요하다. 극단성은 상황을 차분하게 바라보지 못하게 가로막는다. 전면 부정이냐, 전면 수용이냐는 이분법이 난무한다. 이런 상황에선 내 편이냐, 네 편이냐의 편 가르기가 곧잘 이뤄진다. 냉정한 관찰과 분석, 현실적 판단과 행동은 그만큼 어렵다. 시민들도 욕망의 포로가 돼 추세에 적극 영합한다. 고쳐 쓸 생각을 잘 안한다. 그렇다 보니 성장지수의 거품 속에 한쪽에선 쓰레기가 양산되고, 가계는 가계대로 찌든다. 진정한 행복감이 그만큼 떨어지는 것이다. 조금 보수적일 필요가 있다. 중요한 건 연속성과 균형감이다. 이에 주목할 때 공존과 조화를 바탕으로 한 발전이 가능하다. 내가 남을 부인하면 남 역시 나를 부인하기 쉽다. 예수도 성서 마태복음에서 '황금률'로 가르치지 않았던가. '너희가 무엇이든지 남에게 대접받고자 하는 대로 너희도 남을 대접하라'고. 이는 공자가 논어의 위령공편에서 이르는 '기소불욕 물시어인(己所不欲 勿施於人)'과도 딱 들어맞는다. 현 정부가 옛 정부의 긍정적 성과와 토대마저 외면한다면 후일 자신이 옛 정부가 됐을 때 그런 취급을 받지 말란 법도 없다. 이를테면 퇴행적 악순환에 빠지는 것이다. 자신을 떠나 국민 행복과 민족 번영이라는 큰 틀에서 취사선택을 얼음처럼 차갑게 해 선순환의 계기를 마련해야 하리라고 본다.

열세 번째 공감: 공공기관 제13의 화쟁은, 우리나라 공공기관이야말로 세계에서 가장 선도적인 부분의 하나이므로 대한민국 국가 경쟁력 세계 1위를 이끌어 갈 견인차라고 하는 믿음이다. 그것은 대한민국 공공기관이 성공적인 지도력을 행사해 온 정부의 영향력을 가장 강하게 받고 있다는 사실, 그 자체로 이미 풍부한 경험과 역량을 축적하고 있다는 사실, 세계에서 가장 우수한 인력과 그런 인력들이 거의 100% 가깝게 뭉쳐 있는 강력한 노동조합의 존재 등등의 이유 때문이다.

대한민국은 공기업과 준정부기관을 포함한 공공기관의 규모와 범위가 오히려 정부부문보다 더 큰 대표적인 국가에 해당한다. 한국의 공기업 자산 가치 규모는 OECD 국가 중에서 네 번째로 꼽히고, GDP 대비 공기업 자산 가치 비율도 여섯 번째에 해당할 정도로 국민경제에서 차지하는 공기업의 위상과 비중은 지금도 여전히 국민경제의 성장·발전에 직·간접적으로 큰 파급효과를 미치고 있다. 따라서 공기업을 포함한 공공기관의 경영 성과는 곧바로 국

민경제 전체의 경쟁력과 국민들의 삶의 질의 제고 문제와 직결되어 있다.[22]

〈표 8〉 공공기관 노동조합 정규직 조직률[23]

유노조 기관수		노동조합 개수				조합대상 직원수	직원 조합원 수			조직률 (명/%)
		한	민	미	계		한노총	민노총	미가입	
공기업 (30)	시장형 (14)	14	5	8	9	22	36,273	17,085	7,222	11,701	36,008 / 99.27
	준시장 (16)	16	16	5	7	28	40,301	15,752	20,420	977	37,149 / 92.18
준정부 (86)	위탁(69)	60	30	22	22	74	49,342	15,418	11,680	15,624	42,722 / 86.58
	기금(17)	17	8	12	7	27	16,590	6,647	7,329	1,550	15,526 / 93.59
기타 공공기관 (200)		123	33	75	33	141	69,642	18,727	24,597	4,790	48,114 / 69.09
합 계 (316)		230	92	122	78	292	213,148	73,629	71,248	34,642	179,519 / 84.22

22 우리나라는 선진국에 비해 제3섹터로 분류되는 공공부문의 범위가 매우 큰 특징을 지니고 있다. 즉, 공공서비스를 제공하는 주체가 중앙정부와 지방정부를 제외하고도 공사와 공단 등 다양한 주체가 그 역할을 수행하고 있다는 점이다. 이와 같이 공사와 공단 등 제3섹터의 역할과 비중이 높은 우리나라에서는 공공기관 간 협업의 필요성이 매우 크다고 볼 수 있다. 그러나 이러한 필요성과 중요성에도 불구하고 아직까지는 성공적으로 협업이 이루어지지 않고 있는 것으로 판단되며 이에 대한 해결책이 모색되어져야 할 것이다.

23 기존의 공공기관 노조조직률은 조합원수에다 직원수를 나눈 경우가 있다. 노조조직률은 직원수가 아닌 가입대상수로 나누어야 한다. 왜냐하면 직원 중에서는 관리자(공공기관 대략 20~30%)도 들어 있기 때문이다. 위 표는 이것을 교정한 것이다. 데이터는 2015년 6월 알리오에 등재된 노동조합 공개자료를 활용했다.

일제 식민지배와 동족상잔의 6.25전쟁을 겪은 한반도에 남은 것은 벌거벗은 산뿐이요 사라진 것은 무수히 많은 인재들이었다. 그나마 남아 있던 산업기반 시설도 북쪽에 치중돼 남한엔 가난만이 도처에 산재해 있었다. 그런 비참한 상황 속에서 산업화에 매진한 결과, 한국은 반세기가 흐른 지금 기적을 일군 주인공이 되었다. 하지만 그 성과에 대한 정당한 평가를 덜 받는 분야가 있다. 질풍노도의 고속 성장 산업역사를 뒷받침한 공공기관들의 비약적 발전부분이 바로 그러하다. 오늘날 세계 각국, 특히 전쟁을 치렀거나 개발이 뒤처진 국가들은(사실상 세계의 대부분 국가들) 한국의 공공의 능력을 높이 평가하고 차원 높은 기술력을 앞 다투어 받아들이려 애쓰고 있다. 사실 이보다 더 큰 브랜드 자산은 없는데, 실로 놀라운 일이 아닐 수 없다. 이 한 가지 브랜드 가치만으로도 '대한민국 공공기관'은 삼성 그 몇 배의 브랜드 가치를 가진 한국사회의 가장 선진적인 부분이라 할 수 있다. 그리고 한 차원 높은 사회로 나아가기 위한 견인차 역할을 거뜬히 담당할 세력임을 보증한다. 그럼에도 브랜드 가치를 높이기는커녕, 세계 일류 기업으로 성장한 대기업들의 휴대폰과 자동차 등 '메이드 바이 코리아 상품'들이 세계 시장에서 각광을 받고 잘 알려진 반면에, 소비재가 아니라는 이유로 시스템과 노하우 등 인프라를 수출하고 있는 공공기관들의 놀라운 경쟁력은 상대적으로 주목받지 못하고 있는 것 또한 사실이다. 한강의 기적을 이루어낸 원동력의 하나임이 분명한 한국의 공공부문, 주요 선진국과 비교했을 때도 한국 공공기관은 높은 경쟁력을 보여 준다.

새마을운동 이후 한국이 시도한 다양한 방식의 개발이 어떤 국가들에게는 하나의 모범적 전형이 되고 있다. 모방을 통해(뒤따르기, catch-up) 국가 부흥을 외쳐 온 한국은 이제, 다른 국가들의 벤치마킹 대상이 되어 있다. 즉 한국 공공기관들이 이제 국내가 아닌 세계를 시장으로 인식하고 경쟁하면서 경쟁력을 확보하고 있으며, 이런 변화를 세계가 주목하고 있는 것이다. 한류 열풍에 동참하고 있는 우리 공공기관들의 사례는 무수히 많다. 이처럼 문화 한류에 이은 경제 한류는 한류의 파급력을 증폭시키며 한국의 위상과 국격을 높이는 효과를 동시에 가져오고 있다. 공공기관들의 명운을 건 해외시장 진출 전략과 정부의 적극적 지원책이 조화를 이룬다면 경제 한류의 한 축을 담당하고 있는 공공 부문의 글로벌화는 더욱 심화될 것이 분명하다.

중요한 것은 공공 부문의 한류가 지속성을 확보하면서 그 영역을 확대할 수 있도록 정부의 세심한 지원과 기업들의 각별한 노력이 더 한층 강화될 필요가 있다는 점이다. 그렇게 된다면 세계의 많은 국가들이 한국의 공공 부문을 모델로 성장하는 모습을 보여 줄 것이 분명하다.

세계로 수출하는 공공 부문의 '코리아 기적 노하우'는 동족상잔을 딛고 일어선 배경 때문에 더 큰 공감을 준다. 농업 기술에서 에너지, 부동산, 공항 운영 분야에 이르기까지 다종다양한 분야에서 그간의 노하우를 세계로 발신하며, 한국의 공공기관들이 또 하나의 한류를 주도하고 있다. 한국식 공공 부문의 노하우를 가장 필요로 하는 곳은 개발도상국일 가능성이 높다. 사업 분야 역시 물 관리와 원전 건설, 철도 건설, 교통 계획 등 사회기반시설 구축이 우선적일 수밖에 없다. 특히 물 관리와 원전 건설, 철도 건설, 교통 계획 등

사회기반시설 구축 등 한국은 사회기반시설 건설에 있어 무에서 유를 창조한 저력의 국가이기 때문에 개도국의 입장에서 보자면 신뢰가 가는 교사가 아닐 수 없다.

마지막으로 열네 번째 공감: 공공기관 제14의 화쟁은, 대한민국 노동조합이 세계 최고의 노동조합으로 거듭날 것이라는 믿음이다. 이에 대한민국 공공기관 감사 기구의 최고의 중차대한 사명이 다름 아닌 대한민국 노동조합이 세계 최고의 노동조합으로 거듭날 수 있도록 선제적으로 돕는 일임을 분명히 하자는 것이다. 공공기관 노동조합은 보다 사회통합적이고 생산적인 노사관계를 구축하기 위하여 각고의 노력을 경주해야 한다.

노동조합은 그 종사자 전체의 삶과 그 가족들의 생활과 그 주변의 모든 이해 관계자들의 행복이 걸려 있는 일을 담당하는 곳이다. 전태일 열사의 분신 사건은 (평화시장) 노동자들의 열악한 근로조건을 법대로 시행해 달라는 생존권 투쟁이었고 고성장의 그늘진 단면을 국민에게 알리는 계기였다. 87년의 노동자 투쟁은 오랫동안 억눌려온 노동자들의 불만과 요구가 민주화 투쟁과 함께 동시에 분출되고 노동운동의 공간을 자율적으로 넓히는 기폭제가 됐다. 그럼에도 여전히 한국에서 노동은 자본에 맞서기 위한 투쟁의 역사라고 해도 과언이 아니다. 일부 대기업을 제외하면 아직도 노동은 자본과 상생협력을 논할 위치에 있지 않다. 이처럼 노동이란 주제는 사회경제학적으로 워낙 많은 쟁점들이 얽혀 있어 한 마디로 정의하기 어려운 면이 있다. 노사관계는 보는 관점과 기반이 되는 이론, 그리고 수집된 자료와 연구자가 접촉한 사례 등에 따라 매우 다각적이고 풍부한 내용을 갖는다. 그러한 이유로 세계사적 흐름, 대한민국이 처한 현실, 그 속의 공공기관에 부여된 책임과 의무, 윤리적 자각에 대한 깊은 성찰 등이 문제해결을 위한 다양하고 풍부한 아이디어를 도출하는 데 진정 도움이 될 수 있는 것이다. 그리고 '노동기본권 보장', '비정규직 차별 철폐', '최저임금 인상' 등은 모든 노동자의 절박한 요구이기도 하지만, 우리나라가 모두가 행복한 선진국으로 도약하기 위해서도 반드시 해결해야 하는 중요한 선결 과제이다. 즉, 대한민국 국민이라면 누구나 그 중요성을 알고 있는 사안이다. 이는 심지어 윤리적이기조차 한데, 우리 사회가 노력한 만큼 정당한 대가를 받을 수 있을 때 국민들은 행복해지고 삶이 나아질 것이기 때문이다. 정치가 존재하는 이유도 바로 그런 나라를 만들기위해서이다. 정치인이 노동자의 뜻을 꼼꼼히 챙겨 새기고 함께 힘을 모아서 일하는 사람들이 행복한 나라를 만들겠다는 약속을 지키는 것은 당연한 의무이다.

　노동자가 행복한 사회를 만들기 위해서는 반드시 해결해야만 하는 과제들이 산적해 있다. OECD 국가 가운데 가장 근로시간이 긴 근로관행을 개혁해서 근로시간을 단축하고 그 자리에 새로운 일자리가 늘어나도록 해야 한다. 초과 근로시간을 줄이고 교대제를 개선해서 노동자의 근로시간을 줄여나가겠다는 정부 의지를 어떻게 생각하는가? 근로자들의 기본적인 생활임금이 반드시 보장되어야한다. 생활임금의 기준이 되는 최저임금 결정을 둘러싸고, 해마다 반복되는 노사갈등을 이제 끝내야 한다. 물가상승률과 경제성장률을 합한 숫자 이상을 인상하도록 원칙을 정하고 노동계의 목소리를 충분히 수용해서, 합리적인 최저임금 인상이 이뤄지도록 만들어야 한다.

또한 짧은 정년으로 인한 고통을 반드시 해결해야 한다. 초고령 사회로 가면서 노년인구는 늘고 있는데, 이렇게 일찍 노동의 권리를 박탈당하면 개인적으로는 국민연금을 받을 연령도 안돼서 기본적인 생활보장조차 위태로워진다. 정년을 60세로 올리고 임금피크제를 도입해서 일할 수 있는 중장년층이 사회에 적극 참여할 수 있도록 실질적인 정년을 반드시 연장하도록 하겠다는 정부의 의지에 대해 어떤 방안을 가지고 있는가?

이러한 과제들을 해결해 나가기 위해서는 무엇보다도 노동기본권 보장이라는 최우선 과제부터 풀어내야만 한다. 어느 부분을 주목해서 보느냐에 따라 다르겠지만 전체적으로 노동계의 정치화는 아주 미약한 수준이다. 국회에서 노동계의 목소리가 반영될 수 있는 창구는 거의 없다. 노동계 출신이 국회에 많이 진출했던 17대와 18대에도 고작 10명 내외에 불과했다. 노동계 내부에서도 정규직과 비정규직의 양극화가 심화되고 있다. 정규직과 비정규직의 양극화 해소에는 법과 제도적 측면은 물론 경영계와 노동계가 모두 더불어 사는 삶이란 인식을 가져야 해결의 길이 열린다.

비정규직법은 이제 본래 취지대로 개정돼야 한다. 예컨대 차별 시정을 신청할 권리를 노조에도 줘야 하고 사용사유 제한 역시 검토돼야 한다. 또 경영계는 비정규직을 비용절감의 차원이 아닌 기업의 인적 경쟁력으로 바라봐야 한다. 안정적이고 좋은 대우를 받는 노동자가 그렇지 않은 노동자보다 일을 잘할 수 있다는 얘기다. 노동계에도 마찬가지 주문을 하고 싶다. 현재 노동조합으로 조직된 노동자들은 정규직 위주다. 노동계가 비정규직 문제해결을 주장하고 있지만 사실 내부를 들여다보면 실천적인 내용이 부족하다. 비정규직을 같은 조합원으로 받아들이는 것조차 꺼리는 노조가 적지 않다. 정규직들이 비정규직을 자신들의 고용을 방어해주는 고용의 안전판으로 생각해선 안 된다. 관련하여 국내 노동계가 나아가야 할 방향에 있어 무엇보다 중요한 것은 단결이다. 자본에 비해 힘이 부족한 노동계로서는 단결을 해야 당당히 교섭하고 투쟁할 수 있다. 한국노총과 민주노총은 10% 대에 머물러 있는 조직률을 끌어올려야 한다. 비정규 노동자들을 같은 조합원으로 끌어안는 노력이 중요하다. 1969년 10월 대한조선공사 파업을 보라. 당시 대한조선공사(현 한진중공업)가 국영기업에서 민영기업으로 전환되면서 사측이 임시공(비정규직)에 대한 집단해고를 시도했다. 그에 맞서 파업을 전개해 집단해고 방침을 철회시켰는데 지금으로 말하면 비정규직과 정규직이 똘똘 뭉쳐 비정규직 집단해고를 막아낸 첫 번째 사례였다. 청심사달(淸心事達)이라고 했다.

"마음을 맑게 가지면 모든 일이 이뤄진다."

대한민국 공공기관 노동조합이 진정 새겨들어야 할 경구이다.

부록 I

분단일지

뭐니 뭐니 해도 대한민국 사람의 최대의 화두는 결국 분단이다. 화쟁은 바로 이 지점에서 언제나 특별히 더 높이 비상한다. 이에 저 높은 곳에서 그 실상부터 분명히 아는 것이 우선 급선무이므로 주장보다는 그 객관적 일지를 싣는다. 실증 자료를 하나라도 더 제시하고자 했다.

- 1943년 10월 : 모스크바 외상회담
– 스탈린이 처음 대일전 참전할 용의[1] 밝힘

- 11월 22일~26일 : 루스벨트, 처칠, 장제스 3거두 카이로 회담.

- 11월 28일~12월 1일 : 테헤란회담(미·영·소 3거두)
– 스탈린, 독일 패전하면 대일전 참전용의 공식 재확인
– '한국 독립을 지지한다.' 공동선언 발표(1943년 12월 1일)
– 단서 '때가 오면'을 통해 (UN)신탁통치 구상 공식화[2]/ 스탈린 동의

- 1945년 초 : 모스크바 미소 교섭
– 미국이 소련군 전략목표 지정 (1.시베리아 횡단철도와 블라디보스토크 반도 확보. 2.연해주 및 캄차카 반도에서 대일작전 위한 미소용 전략공군 설치. 3.일본 본토와 아시아 대륙간 연

---

1 일본과 협력 관계에 있던 소련의 전략적 변화의 이유 살펴야 함
2 "3대 동맹국은 한국인의 노예상태에 유의해, 때가 오면 한국을 자유 독립케 할 것을 결정한다."

락로 차단. 4.만주 소재 일본군 육공병력 격멸. 5.태평양 보급
선 확보.)
- 스탈린은 소련 작전범위를 만주에 국한시킨 넷째 항에 이의제기[3]
- 미국 반론 않음. 당시 미국은 정치목표와 군사목표 갈등

▪ 2월 8일 : 얄타회담 - 소련의 대일참전 매듭[4]
- (탁치안 재론) 루스벨트는 한국을 미·소·중 3국 대표로 구성
  된 신탁통치위원회 관리 아래 둘 생각을 스탈린에게 말했다.
- 스탈린, 탁치 필요성에 의문 제기, 반대는 않음. 대신 영국도
  이 신탁통치에 참가해야 한다는 의견 피력

▪ 3월 13일 : 일본의 '이중 플레이' 원칙 완성
- 다카키 쇼키치[5] 〈중간보고 초안〉
- 문건의 핵심 요지는 소련과 손잡아야 함.[6]

▪ 4월 12일 : 미국 대통령 루스벨트 사망.

---

3 일본군 격멸 위해 서쪽 장자커우(張家口)와 베이징(北京) 강타, 동쪽 북한의 여러 항구 점령 주장

4 참전 조건 : 유럽전쟁 종결 후 2~3개월 내에 만주의 일본군 격멸 임무 수행

5 당시 일본 해군 소장, 종전 후 해군성 교육국장

6 전쟁에 지더라도, 일본이 누렸던 동북아 기득권을 송두리째 미국에 넘겨 헤게모니 행사 못하게 미국을 저지할 유일 세력인 소련과 손잡아야 함. 추후 동아시아 질서에 미소 양립 세력균형 도모. 항복 선언에 즈음한 일본의 '이중 플레이' 원칙 제시. 항복 '최소조건 3개항' (1) '천황제 존속' (2) '일본의 산업과 경찰력 유지' (3) '한반도와 타이완' 일본 지배권 유지(한반도 영구지배)

– 한국 탁치안 주도 당사자가 미소 공식 합의가 없는 상태에서 사망[7]

▪ 5월 8일 : 독일 항복

▪ 1945년 6월 ; 일본 전쟁 지휘부 '대본영' 소련 참전 확신

▪ 6월 18일 : 미 대통령과 군지도자 회담 ; 대일전 수행 방침[8] 확인

▪ 6월 29일 : 소련군 최고사령부 대일전 작전구상 완성
– 소련 외무성도 한국 구상 정책보고서 마련 ; 한반도에 소련 우호 독립정부[9] 수립

▪ 6월 30일 : 스탈린–송자문(중국 외교부장) 회담(모스크바)
– 한국에 친소정권 수립 기도를 상기
송자문이 알기에 소련은 시베리아에서 훈련된 한국군 2개 사단을 갖고 있음. 이 군대를 한국에 남겨놓을 것이며, 소련에서 훈련된 정치인들도 한국으로 데려올 것이라 믿고 있음. 송은 이 때문에 4개국 신탁통치 아래서도 소련이 한국문제에 대한 지배권을 갖게 되지 않을까 우려.
– 한국은 극동에 옮겨놓은 폴란드 문제

---

7 트루먼 승계. 루스벨트 탁치안 무시. 탁치안과 모순되는 분할점령 결정.
8 규슈상륙작전 11월 1일 실시, 인명 손실 줄이기 위해 소련 참전 실현 등.
9 소련 안전보장의 최선책. 신탁통치는 소련 주도 조건에서 차선책. 극동지역 소련 안보를 위협해왔고 앞으로도 위협 잠재력을 지닌 일본의 영향력을 한국에서 철저히 제거(일차 관심)

소련은 4개국 신탁에 동의했지만 상세히 합의된 바 없고, 스탈린은 외국군이 한국에 주둔하지 않기를 촉구한다고 알고 있습니다. 본관의 정보로는 소련은 이미 1, 2개 한국인 사단의 훈련을 완료했으며 이 군사력을 한국에서 사용할 의도를 지닌 것으로 추론됩니다. 만약 국제신탁이 한국에 설치되지 않는 경우 혹은 설치되더라도 이들 한국인 사단은 상당한 지배력을 발휘해 독립정부보다는 오히려 소련 지배하의 지방정부(소연방 가입) 수립에 영향을 줄 것입니다. 이것은 바로 극동에 옮겨놓은 폴란드 문제입니다. 본관은 신탁통치안을 강력히 추진할 것과, 신탁통치 기간에 최소한 미군의 상징적 병력을 한국에 주둔시킬 것을 제안합니다.[10]

- 1945년 7월 26일 ; 포츠담선언[11]
- 일본 항복요구, 카이로선언 모든 조항 이행(제8항).
- 트루먼, 포츠담회담 종반에 소련 참전 이전에 일본 항복을 받아내기로 '돌연' 정책 변경[12]

---

10   스팀슨 미육군장관, '한국의 신탁통치' 각서

11   포츠담 연합국 회담(처칠, 트루먼, 스탈린) 전시 마지막 거두 회담(7월 17일–8월 2일).

12   포츠담회담 직전에 발생한 몇 가지 정세 변화 ; 트루먼과 국무장관 번스가 '대일전 조기종결' 쪽으로 방향을 선회한 이유는? 첫째, 일본의 종전 선회 때문. 미국은 일본 암호를 해독해 포츠담회담 수일 전부터 이 사실을 인지. 둘째, 소련이 대일참전을 늦추기 때문. 얄타협정에 따르면, 소련은 늦어도 독일 패전(5월 8일) 꼭 3개월째가 되는 8월 8일까지 참전할 의무. 그러나 스탈린은 회담 첫날인 7월 17일 "대일작전 준비를 끝낼 것이지만, 그 이전에 중소 교섭 완료돼야" 말한 데 이어 이튿날에도 8월 15일 전에는 대일참전 어려울 것이라고 말했다. 셋째, 원자폭탄 보

- 8월 6일 : 히로시마에 원폭 투하
- '일본 조기 항복으로 아시아 지역 지배권 장악'이라는 트루먼의 정치 목표 실행
- 규슈(한반도와 너무 먼 곳) 침공이라는 맥아더의 군사 목표와 조정 안 된 시점
- 일본의 항복 결정은 트루먼 예상보다 늦게 이루어진다.

- 8월 8일 : 소련 참전(참전 기한 마지막 날)
- 일본의 소극 대응은 소련(교전 당사국)조차 의심할 정도(만주 방면 일본군 약 100만)[13]
- 더 중요한 점 ; 일본의 이 괴상망측한 투항 때문에 파죽지세로 소련이 엉뚱하게 한반도에 밀려들고, 이에 미국이 소련 남하 막기 위해 서둘러 38선을 확정한 사실.

- 8월 9일 : 밤에 열린 어전회의에서 일본이 포츠담선언 수락을 최종 결정

- 8월10일 : 일본의 최초 항복 제의, 다음 날 38선 그어짐
- 소련은 여전히 신탁통치에 동의
- 이 지점에서 미국은 타협안으로 38도선 제의

유. 원폭실험 성공은 7월 16일(소련 49년 핵실험).

13 일본은 소련 의심을 우려해, 만주 거주 150만 자국 민간인조차 소개치 않음. 그 결과, 무질서 속에서 만주 지역만 일본 민간인 18만 사망. 일본교과서는 이를 태평양전쟁 말기 소련군 만행으로 묘사

– 조선총독부 단파방송 통해 일본의 포츠담선언 수락 소식 접함.

▪ 8월 11일 : 38선 획정
– 10일 밤부터 11일 아침에 걸쳐 미 국무–육군–해군 3부조정
위원회[14]

신탁통치 합의로부터 분할점령(38선)으로 사태가 '급변'한 전체
과정

〈표 1〉 한반도를 둘러싼 관계국 이해 조정

43년 3월 24일	신탁통치	막연한 합의	–루스벨트, 전후 국제신탁통치지역으로 한국과 인도차이나 언급/ 영국(이든 외상) 반대
43년 12월 1일			'한국 독립 지지' 공동선언(테헤란) ; '때가 오면'을 통해 (UN)신탁통치 구상 공식화
45년 2월 8일			루스벨트, 한국을 미·소·중 3국 대표로 구성된 신탁통치위원회 관리(얄타회담)
45년 8월	분할점령	현실적 합의	38선 분할점령

14　점령지역 할당에 관한 제1절 작성. 초안 제1절의 한국 관계 항목 ; b. 만주,
북위 38도 이북의 한국 및 사할린에 있는 일본국의 선임지휘관과 모든 육상, 해상,
항공 및 부조부대는 소련극동군 최고사령관에게 항복할 것 / f. 북위 38도 이남의
한국에 있는 일본국의 선임지휘관과 모든 육상, 해상, 항공 및 보조부대는 미합중
국 한국파견군 사령관에게 항복할 것.

45년 12월	신탁통치	면피용 합의	모스크바 3상 회의
46년 – 48년 8월	좌우대립	현실적 대립	북한 혁명기지화, 남한의 극심한 좌우대립
48년 8월 –	단독정부	현실적 합의	대한민국 건국, 북한 단독정부 수립
50.6.25 –	6.25동란	현실적 대립	체제 경쟁 통일의 길이 포기된 무력통일
53.7.25 –	정전체제	현실적 합의	체제경쟁을 통한 통일의 길로 복귀

- 8월 12일 : 소련군 함경북도 웅기 상륙. 13일 청진 진격.

- 8월 15일 : 일본 항복.
- 새벽, 총감관저에서 여운형과 엔도 정무총감(총독부 실권자) 만남
- 회담 끝나자 여운형은 곧장 건국준비위원회(건준)를 구성

- 8월 16일 : 소련, '일반명령 제1호'[15] 비밀 통지받고 수락
- 군사적 편의조치였을 뿐임.
- 장안파 공산당 출현[16]

- 8월 17일 : 일제의 건준 견제

---

15 한국을 38선을 경계로 해 이북은 소련군, 이남은 미군이 각각 점령해 일본군 항복 접수.
16 광복이 되자 바로 다음날 정치활동을 가장 먼저 재개한 것은 공산주의자들.

▪ 8월 20일 : 공산당 재건파 등장

－ 일제 경찰, 건준 위시한 모든 단체 해산 명령

▪ 8월 21일 : 소련 제25군 선발대 함흥 진주

▪ 8월 22일 : 건준의 좌경화 － 조선공산당 건준 거의 장악

▪ 8월 23일 : 송진우의 건준 영입론 16대 17로 부결

－ 안재홍 건준 사퇴.

▪ 8월 24일 : 소련군 평양 입성

▪ 8월 26일 : 38선 폐쇄, 소련 제25군 북한 점령 완료

－ 88특별여단 근무 한국대원들[17] 배치

▪ 8월 29일 : 소련군 지도부 평남인민정치위원회 결성 요구

－ 건준과 공산당 1대 1 합작을 건준 받아들임

－ 조만식을 위원장으로 하는 평남인민정치위원회에 행정권 이양

－ 소련군은 잘 준비된 점령정책을 갖고 진주(체계적)

---

17 '주민들 사이 경무사령부 영향력 강화 목적'으로 경무사령관 부관, 보좌관, 혹은 보안대원으로 배치. 김일성과 최용건 평양, 김책 함경남도, 박성철 함경북도에 배치/ '고려인들은 소련의 계획 아래 북한정권 수립 때 각 부서의 2인자에 임명됐다.' 북한은 소련에 철저히 통제당한 꼭두각시 정권. －조선일보 2009.06.20. 〈고려인으로 北문화선전성 차관 지낸 정상진〉

- 9월 1일 : 송진우 '대한민국임시정부 환국환영준비회' 조직

- 9월 2일 : 38선 한반도에 공식 등장
- 맥아더 장군 일본군 무장해제 지침으로 '일반명령 제1호' 공포

- 9월 3일 : 백범 김구 '국내외 동포에게 고함' 성명 발표

〈표 2〉 미군정과 백범의 차이

	미국	백범
정책이념	소련의 '일방적인 한반도 지배 방지' (소극적 정책목표)	반공 좌우연합국가론 (적극적 정책목표)
	이념은 맥락을 같이 함	
신생 독립국 모형	신탁통치안에 따른 좌우연합 정부	완전(즉각) 자주적인 통일국가
정책추진	미국에 우호적이고 미국 정책에 동조하는 인물과 세력	민족의 주체 역량
정책목표	한반도 분할정책	자주사상
정책방향	미소 협조 바탕한(한시적) 신탁통치	임시정부가 정국을 주도
정책주체	남한의 유일한 권력체인 미군정	'임시정부의 위신과 권위' 인정을 강력히 요구
	임정 주도의 '국내외 각 계층, 각 혁명당파, 각 선교단체, 각 지방대표와 저명한 민주영수회의 소집' 요구는 미군정에 양날의 칼	

- 9월 6일 : 조선인민공화국(인공) 급조

- 9월 8일 : 미군 서울 진주/ 남한 점령 종결

- 9월 9일 : 한반도 주둔 일본군 (최종)항복

- 9월 11일 조선공산당 발족[18]

- 9월 16일 : 한민당 창당

- 9월 19일(추석) : 오전 8시 김일성 원산(元山)으로 입국[19]

---

18   이날 발표된 중앙간부는 박헌영 파 일색. 장안파 이영, 정백, 최익한 제외돼 파쟁 불씨 남김

19   "블라디보스토크에서 소련 해군함 '푸가초프'를 타고 원산항에 왔어요. 나와 원산시 인민위 부위원장 태성수, 시 공산당 조직부장 한일무, 시 상공부장 박병석 4명은 소련군 25군 정치부(군사위원 레베제프)의 명령을 받고 마중 나갔지요. 저는 당시 시 인민위 문화부장으로 정율(鄭律)이란 이름으로 불렸지요." 정씨는 놀랍게도 '김일성'이 없었다고 했다. '푸가초프' 함에서 내린 일행은 김성주와 부대원, 유성철을 비롯한 고려인 등 10여 명이었다. 정씨가 선두에서 서서 배에서 가장 먼저 내린 사람을 접견하자 그는 '김성주입니다' 하고 악수를 청해왔다는 것. "정치부에 '김일성이란 자는 없다'고 하자 '김성주가 있더냐'고 물어요. '예'라고 했더니 '바로 그자가 김일성이다'라고 하는 겁니다. 놀랄 수밖에 없었지요. 33살에 붉은 군대 장교복에 카피탄(대위) 계급장을 달고 적기 훈장을 달고 내린 자가 김일성이라니 ……." 김일성 일행은 기차 편으로 평양으로 떠났다. 이 김일성이 다시 모습을 보인 곳은 한 달 뒤인 10월 14일 '조선의 해방자 소련군 환영대회'였다. 하지만 이날이 실질적으로 '김일성 환영대회'였다. 모든 게 소련의 각본이었던 것이다. "북한은 해방 후 20년 역사를 위조했다"며 "일본군을 내몬 뒤 소련정부에서 북한정권수립을 지원하라는 명령을 받았어요. 해방 후 원산항에 귀국하는 김일성을 맞으러 간 것도 접니다. 소련은 고려인을 통해 북한에 영향력을 행사하려 했어요. 1945년부터 1965년까지 북한에서 발표된 모든 연설문은 다 소련에서 작성됐어요."라고 폭로했다. -조선일보. 2009.06.20. 정상진(鄭尙進·91)

- 9월 20일 : 스탈린의 '지령'
- 이 '지령'은 소련군이 북한점령정책을 수행하는 데 반드시 따라야 할 강령. 스탈린은 북한에 독자적인 정권 수립이 최우선 과제임을 분명히 했다!

"이 지시가 내려간 시점부터 분단 움직임이 시작됐다고 해도 과언이 아니다."   —동경대 교수 와다 하루키

- 1945년 9월 말 : 소련군 군표 발행(북한 땅은 소련 땅)

- 1945년 10월 8일 : 북한 5도 인민위원회 회의 소집
- 북한 독자 중앙정권기관 창설 현실화(스탈린 지령 실천)
- 주민 선거 결정(11월 1~15일 리 총회. 11월 15~30일 면 대회)
- 북조선중앙은행 설립

- 10월 10일 : "군정은 남조선에서 유일한 정부"

"북위 38도선 이남의 조선에는 오직 한 정부가 있을 뿐이다."   — 미 군정장관 아놀드(기자단 회견)

- 10월 14일 : '조선의 해방자 소련군 환영대회'에 김일성 최초 등장(평양)

- 10월 16일 : 맥아더 군용기를 타고 이승만 박사 귀국(광복 2개월 후/2주 아님!)

- 10월 17일 : 소련 정부 지령
- (1) 북조선임시민정자치위원회 창설 (2) 10개 행정국 조직 (3) 북한주둔 소련군 사령부의 직접적 상시적 통제 (4) 민정담당 부사령관 직제 도입 (5) 실행기구 창설
- 사실상 북한 단독정부 수립 설계도

- 10월 말 : 조선공산당 북조선분국 창설(수립될 북한정권 지도체)

- 11월 3일 : 조선민주당 창립 (조만식)

- 11월 15일 : 조만식의 서울방문 계획 취소
"김일성이 점령군 철수를 방해하고 있다." - 조만식

- 11월 19일 : 북조선 행정 10국이 창설

- 11월 23일 : 임시정부 개인 자격으로 입국 (이승만 입국 1달 1주일 후)
- 경교장 도착 1시간 후인 6시경 미군정은 짤막한 성명서 발표
"오늘 오후 4시 백범 선생 일행 15명이 서울에 도착했다."
- 백범이 도착했다는 소식은 금방 퍼져나갔고 경교장 일대는 발 디딜 틈이 없이 인파로 가득 찼다. 이날 북한에선 신의주 학생 의거가 일어났다.

- 12월 17일 : 소련 군정, 김일성을 조선공산당 북조선 분국 책임비서로 임명

- 12월 27일 : 김구 '삼천만 동포에게 고함'이라는 성명 발표.(귀국 1달 4일)

- 12월 28일 : 모스크바 3상회의(16일-25일). 반탁운동 시작

- 1946년 1월 2일 : 좌우익 분열의 실제 분기점[20]
  – 박헌영 찬탁으로 돌변, 정국 냉각
  – 애초 반탁(反託)이던 박헌영은 1일 평양에 소환돼 치스차코프 대장과 레베제프 민정장관으로부터 "소련 정책이니 따르라"는 압박을 받았다. 1월 2일 새벽 서울에 온 박헌영은 찬탁으로 돌변하면서 "이는 조선을 위해 가장 적당한 것이니 그 결정을 지지한다."고 궤변을 늘어놓아 정국을 냉각시켰다.
  – 당시 신문은 임시정부 수립보다 신탁통치 문제를 더 부각시켰다.

---

20 광복 당시 한국 국민 70%가 '사회주의'를 지지했다는 것은 미군정청 조사 결과도 있다고 한다. 그러나 이 사회주의 지지란 것은 천민자본주의 지지보다 못한 봉건적인 지지였음이 48년 남한 단독총선거에서 90% 이상이 참여한 사실과 6.25 이후 공산주의를 겪고 난 다음에 생긴 반공주의를 보면 잘 알 수 있다. 당시 사회주의 지지란 공산당의 속임수에 일시적으로 넘어간 것에 다름 아니다. 소련이 북한에 진주했을 때 가장 즐겨 쓰던 수사 중에 하나가, "조만식은 조선의 간디"라는 말이었다.

- 1월 5일 : 반탁을 주장한 민족지도자 조만식 감금
- 북한의 정치지형도 좌우합작에서 우익타도 방향으로 빠르게 선회.

- 1월~2월 : 북한의 각급 인민위원회, 지주와 부농 대대적 숙청

- 1월 16일 : 서울에서 미소양군사령부대표회의 열림

- 2월 14일 남조선대표민주의원 첫 회의
- 비상국민회의가 민주의원으로 개편되는 과정에서 이승만이 우익의 최고지도자로 부상, 우익 내부에서 임정을 제는 직접적인 계기를 제공
- 민주의원을 만든 2월 14일은 북한에서 북조선임시인민위원회가 창설된 날이기도 하다. 3월로 다가온 미소공위를 염두에 두고 미군정 쪽에서 민주의원을 급조했으며 이는 북조선 임시인민위원회에 대응하기 위한 성격이 크다.
- 우익진영은 반탁 구호와 함께 이승만을 의장, 김구, 김규식을 부의장으로 하는 대한국민대표 민주의원을 중심으로 활동했고, 좌익진영은 찬탁 프로파간다와 함께 여운형, 박헌영, 허헌, 김원봉 등을 의장단으로 하는 민주주의민족전선을 중심으로 결집함으로써 양 진영의 암투와 대결은 매우 날카롭게 전개됐다.

시간을 거꾸로 돌려

- 2월 8일 : 실제적 정권인 북조선임시인민위원회 결성
- 33세의 소련군 대위 출신 김일성을 위원장에 선출
- 그러므로 남한에서 이승만이 먼저 단독정부 수립을 기도해 한국을 분단국가로 몰아갔다는 좌파의 주장은 궤변. 김일성은 3월 5일엔 토지개혁법을, 3월 23일엔 정강정책, 남녀평등법, 산업국유화법을 잇따라 공표하면서 '국정'을 수행
- 북조선공산당으로 당명을 바꾼 김일성은 당·정·군을 장악하고 파업, 파괴, 살상, 납치 등 남한 교란을 책동. 1년 후인 47년 2월 17일 '북조선인민회의'가 출범. 태극기가 내려지고 인민공화국기가 게양됨으로써 남북은 완전히 분단됐다. 그리고도 남한 단독정부를 비난하니 한반도 좌파의 양심은 그야말로 표리부동하다 할 것이다.

부록 II

노감협업의 14가지
시대적 과제

노감협업의 시대적 과제와 과업범위를 정리하면 다음 표와 같다.

〈표 1〉 노감협업의 14가지 시대적 과제

	관계자	내용
전제 1	내용	**대한민국 국민들 대다수가 합리적인 진보 내지 혁신적인 보수이다.**
	기관	기관의 고유한 역할 수행에 충실하므로 이념과는 독립적이다.
	노조	노조 안의 진보와 보수의 존재를 인정한다.
	감사	정부의 시책에 따른 기준을 제시한다.
	노감협업	각각 상급노조와 정부로부터 있을 수 있는 이념적 편향성을 지켜냄으로써 기관 고유의 업무에 집중할 수 있는 방파제가 된다.
전제 2	내용	**대한민국 정부 정책은 민의로부터 나온 것으로 정당성을 가진다.**
	기관	정부 정책에 충실한 경영을 기관 특성에 맞게 창조적으로 적용한다.
	노조	정부 정책에 있어 기관 조합원의 목소리를 대변함으로써 정부 정책의 내용을 수정 보완케 한다.
	감사	정부정책에 대한 기관과 노조의 의견을 파악하고 정부정책을 설명하며 정부정책의 보완 사항을 정부에 전달하는 등 실질적인 노사정 모델에 있어 정부 측 역할을 기관에서 담당한다. 기관내 노무관계자는 사측 입장에 충실해야 하기 때문이다.
	노감협력	기관과 노조는 구조적 대척 입장에 있음에도 기관과 감사의 협업 구조에 비해 노조와 감사의 협업 구조가 부재함으로 인해 발생하는 균형 평행의 파괴를 막아내고 복원시키는 3자협의의 균형추 역할을 할 수 있다.

	관계자	내 용
전제 3	내용	**서구 자본주의 체제의 터무니없는 일반화가 현 시대 변동의 본질이다.**
	기관	시대 환경의 변화를 활용하는 경영 전략을 강구한다.
	노조	자본의 일방적 전횡으로부터 조합원의 노동 가치를 지켜낸다.
	감사	현 시대 변동이 야기할 폐해를 미리 차단하고 선도경영을 지휘한다.
	노감협력	세계 변화의 11가지(윤리, 평화, 불평등, 환경, 정보, 인류, 통합, 노동, 국가, 기업, 미래) 원동력에 대한 공동의 대응 방안을 마련하고 실행한다.
전제 4	내용	**선진국은 정치·경제·사회·문화 등 전 분야가 상호작용하며 골고루 발전해 나가는 수준에 오른 나라이다.**
	기관	분야별 불균등 발전에 따른 경영상 폐해를 진단하고 대책을 마련하여 기관 고유 업무를 통한 선진화 견인차 역량을 배가한다.
	노조	분야별 불균등 발전에 따른 조합원의 고충을 해결한다.
	감사	기관과 노조의 불균등 극복 노력을 지원하고 비정상의 정상화를 지휘 감독한다.
	노감협업	정부 시책에 빠진 기관 고유 업무에 따른 비정상의 정상화 목록을 작성하고 체계적으로 추진한다.
전제 5	내용	**대한민국 선진화의 최대 장애물은 한국 정치 후진성이다.**
	기관	기관 고유의 역할이 침탈되는 일을 막아낼 부당한 정치적 간섭이나 압력에 대한 저항력을 기른다.
	노조	노조의 주인인 조합원의 역량을 강화하기 위한 민주성을 키운다.
	감사	기관과 노조에 대한 정치적 편향성에 따른 기관의 효율성과 역량을 훼손하는 요인들을 찾아 선제적으로 제거한다.
	노감협업	경제발전에 걸맞는 정치발전이 국가적 선결과제임을 토론하여 바람직한 방향에 대한 기관 고유의 사업 목록을 작성하고 실행한다. 특히 조합원들이 다양한 정치적 견해를 일목요연하게 정리할 수 있는 객관적 자료 생산에 협업한다.

	관계자	내 용
전제 6	내용	**국가설계도 작성이 매우 시급하다.**
	기관	국가설계도의 양축인 한반도 통일을 위한 세계 경략론과 미래세대전략론을 기관의 실정에 맞게 적용한 방안을 생산하여 경영의 기본 지침으로 삼고, 그 결과를 정부에 보고하여 종합되도록 노력한다.
	노조	기관 고유의 주객관적 조건에 알맞은 세계경략론과 미래세대전략을 조합원 입장에 서서 마련하고, 그에 알맞은 노조 활로를 개척한다.
	감사	기관과 노조의 국가설계도 방안 생산 활동을 적극 지원·보호한다.
	노감협업	노조의 입장을 더욱 강화한 국가설계도 작성이 가능하다.
전제 7	내용	**국가설계도 작성 과정에 있어 국제경쟁력 지표는 대단히 유용하다.**
	기관	기관 고유의 국제경쟁력 강화방안을 종합적으로 마련하고 실행한다.
	노조	대한민국 노조의 국제경쟁력 강화방안을 마련하고 실행한다.
	감사	기관과 노조의 국가경쟁력 강화 방안을 적극 지원한다.
	노감협업	공공기관 노조의 국제경쟁력 강화방안을 마련하고 실행한다. 노감협력체 그 자체가 유력한 국가경쟁력 강화 방안인가를 연구한다.
전제 8	내용	**대한민국 국가경제모델의 '불안정성' 문제의 해결이 긴급하다.**
	기관	기관의 기존 경영목표에다 민간과의 협업 부분을 강화시킨 경영목표 업그레이드를 실행한다.
	노조	국가경제모델의 확립을 위한 노조의 입장을 총체적으로 정리한다.
	감사	기관의 국가경제모델의 국가적 정합성을 높이기 위한 장치를 마련
	노감협업	국가경제모델에서 공공기관 노동조합이 담당해야 할 과제를 도출. 노감협력체가 그 중핵이 돌 수 있는 프로그램 마련.

	관계자	내용
전제 9	내용	**21세기에도 정부 역할은 여전히 중차대하다.**
	기관	근본적인 정부 기능 조정에 따라 줄어들 정부의 국내정책을 보완하고 늘어날 정부의 국제정책을 하나씩 분담한다.
	노조	정부의 노사정책을 종합적으로 진단하고 협력할 것은 적극 협력하면서 부족한 부분에 대해서는 대안 제시의 현실성을 강화한다.
	감사	관료주의 감독을 강화하고 기관과 노조의 정부시책에 대한 깊은 이해를 지원한다.
	노감협업	근본적인 정부 기능 조정에 따른 노사정책에 대한 종합적인 판단을 선제적으로 마련하고 공공기관 노조-감사, 단위기관 노조-감사의 고유한 융합적 역할 및 목록을 작성하여 실행한다.
전제 10	내용	**기성세대는 미래세대에 대해 무한 책임을 진다.**
	기관	기관 차원의 미래에 대한 공론의 장을 반드시 마련하여 실행한다.
	노조	미래세대에 대한 노조의 사회적 책임(SR)을 찾아 실천한다.
	감사	미래세대를 위한 기관의 선제적 계획을 검토하고 실행을 감독한다.
	노감협업	미래세대를 배제한 노동시장 관행 및 공공기관 조직문화를 수정할 구체적인 목록을 작성하고 실행한다. 특히 '세대의 복지와 책임'에 관한 특별조사팀을 각 공공기관별 단위로 결성하고, 청년실업 해소를 위한 선봉의 역할을 담당한다.
전제 11	내용	**자본주의로 평등에 이를 수 없다는 가정에 대한 재검토가 필요하다.**
	기관	기관을 중심으로 한 주변 환경의 시스템 진화과정에 대한 종합적인 판단을 마련한다.
	노조	노사관계체제의 진화 과정을 연구하여 향후 나아가야 할 지침을 마련하고 조합원 전체와 공유한다.
	감사	기관 내 낡은 자본주의적 불평등 요소를 찾아내 적극적으로 제거하고 대한민국 자본주의시스템이 한 단계 높이 진화함에 있어 소속 기관이 이를 선도할 수 있는 여건을 마련한다.
	노감협업	자본주의 불평등의 집중적 대상이 되는 노동이 한국자본주의시스템의 발전 단계 진화에서 주동적인 역할을 할 수 있는 방안을 마련하고 실행한다. 궁극적으로 노동개혁은 노동자 조직에서 할 수 있도록 그 기반 마련이 가능한 형태로 지향되어야 한다.

	관계자	내용
전제 12	내용	**국가적 윤리의 확립과 정착이 그 어느 때보다 중요하다.**
	기관	기관의 공동체 윤리 회복이 효율성 증대의 가장 효과적인 수단이므로 이를 위한 방안과 계획을 수립하고 실행한다.
	노조	조합원 가족들의 삶의 질이 상호 협조와 봉사를 매개로 국가적 가치와 밀접히 관계가 있으므로 노조의 주요 사업으로 도입한다.
	감사	진정성 있는 협조 행동은 이기적·공격적인 권모술수 접근법에 비해 훨씬 나은 결과를 만들어 내고 있다는 통찰력에 입각하여 기관의 구성원, 그 가족 및 이해관계자 사이의 협조와 봉사의 윤리를 확립하고 이를 감독한다.
	감사협업	대화(협의)협력협업' 선순환 구조의 사회적 용량 증대를 위한 지표를 기관의 특성에 알맞게 마련하여, 기관의 개인과 개인, 개인과 조직, 조직과 조직, 제도와 제도, 부문과 부문간의 융합과 종횡(합종연횡)을 통한 개혁을 제도화하는 목록을 작성하고 실행한다.
전제 13	내용	**공공기관이 대한민국 국가경쟁력 세계 1위를 이끌어 갈 견인차이다.**
	기관	무사안일주의에 함몰된 공공성 논리에 안주 않고 '경쟁을 통한 자발적 개혁'을 위해 CEO의 강력한 지도력, 목표 지향적 혁신, 효율성을 위한 구조조정을 강화한다.
	노조	조합원이 세계적 노동경쟁력을 갖도록 지원하며, 스스로도 세계 제일의 노동조합이 되고자 추구한다. 특히 국가경쟁에서 최하위권을 맴돌고 있는 노사관계의 경쟁력 강화를 위해 노사관계 선진화를 견인하는 선도적 역할을 강화한다.
	감사	세계 최고의 감사 역량을 추구한다.
	노감협업	기관의 국제경쟁력 약화 요인을 즉각 제거하고 강화 요인을 즉각 강화할 원스톱 경쟁력강화 협업구조를 마련하여 실행한다.

	관계자	내 용
전제 14	내용	대한민국 노동조합이 세계 최고의 노동조합으로 거듭날 것이다.
	기관	좋은 노동조합이 기관의 가장 중요한 자산이므로 글로벌 최고를 지향하는 노조선진화 노력에 전폭적인 지원을 아끼지 않는다.
	노조	WEF 국가경쟁력 평가의 3대 취약부문 '제도적 요인'(69위) '노동시장의 효율성'(83위) '금융시장 성숙도'(87위). 대책이 현재 정부가 추진 중인 구조개혁과 그 목표 및 방향성에서 일치하므로 앞으로의 구조개혁, 경제혁신 3개년 계획을 강도 높게 추진하면 국가경쟁력을 높이고 국민 체감 성과를 도출할 수 있는 상황을 직시하고, 더욱 사회통합적이고 생산적인 노사관계 구축을 위해 각고의 노력을 경주하여 국가경쟁력 강화에 일등 공헌을 함으로써 국민의 노조에 대한 불신을 일시에 제거할 전략적 판단을 한다.
	감사	노조선진화를 위한 노사간의 상생협력을 지원하고 감독한다.
	노감협업	WEF 발표의 인프라(13위) 분야의 국가경쟁력으로 취약한 노동시장의 효율성(83위) 분야의 강화를 도모하며, 특히 노사협력(132위), 해고비용(117위), 고용 및 해고관행(115위) 등 여전히 100위권 밖에 있는 부분의 실효적 개선책을 마련하고 실행한다. 대한민국 노조선진화의 목록을 작성하고 공공기관 차원에서 실행한다.

제1장　거시세계와 미시세계

1. 이기영, 『원효사상 I 세계편』, 홍법원, 1989

2. 홍법원 편집부, 『불교학 대사전』, 홍법원, 1992

3. 원정, 『침묵의 깊은 뜻을 마음으로 보게나』 맑은소리, 1997

4. 아놀드 토인비, 『역사의 교훈』, 김진유역, 범조사, 1981

5. 대한불교조계종화쟁위원회, 『화쟁, 인류의 미래를 여는 아름다운 몸짓』, 2015(불기 2559년)

6. 원효, 『대승기신론소』·『대승기신론별기』·『금강삼매경론』·『열반종요』·『본업경소』·『대혜도경종요』·『보살계본지범요기』·『십문화쟁론』(『한국불교전서』1, 동국대출판부, 1979)

7. 한스 퀑, 『프로이트와 신의 문제』, 하나의학사, 손진욱옮김, 2003

8. 플라톤, 『테아이테토스』, 이제이북스, 정준영역, 2013

9. 문선명, 『평화를 사랑하는 세계인으로』, 김영사, 2009

10. 이재운, 『소설 금강경(상, 하)』, 서해문집, 1994

11. 헤르만 헤세, 『싯다르타』, 문예출판사, 차경아역, 2006

12. 버트란트 러셀, 『서양철학사』, 한국번역도서주식회사, 1955

13. 존 마틴 리치 & 조셉 드비티스, 『도덕발달이론』, 백의, 추병환역, 1994

14. 르네 데카르트, 『방법서설』, 홍신문화사, 1989

15. 월암당 정대, 『천지는 꿈꾸는 집이어니』, 초당, 2008

제2장 통한의 역사, 치열했던 여름

1. 함석헌, 『죽을 때까지 이 걸음으로』, 한길사, 1983

2. 한림화, 『한라산의 노을』, 한길사, 1991

3. 문창극, 『문창극의 역사읽기』, 기파랑, 2015

4. 산케이(産經)신문, 『김일성 비밀교시』 2004년 6월(5회 연재)

5. 이오시프 스탈린, 『레닌주의의 기초, 레닌주의의 제문제』 두레, 윤시인역, 1990

6. 이인제, 『한라에서 백두를 보네』, 『통일은 경제다』

7. 존 루카치, 『히틀러와 스탈린의 선택 1941년 6월』 책과함께, 이종인역, 2006

8. 로버트 서비스, 『스탈린 강철 권력−문제적 인간』, 교양인, 윤길순역, 2007

9. 행정자치부 국가기록원, 『"누가 이 사람을 아시나요?" 이산가족찾기 기록 30건』, 2015

10. 제주 4.3사건진상규명및희생자명예회복위원회, 『제주 4.3사건자료집』, 2001

11. 프란체스카, 『6.25와 이승만』, 기파랑, 2010

12. 김대중, 『새로운 시작을 위하여』, 김영사, 1993

13. 이회창, 『아름다운 원칙, 이회창의 삶과 세상이야기』, 김영사, 1997

14. 이광복, 『인간 김영삼, 섬소년에서 대통령까지』, 행림출판, 1993

15. 김진, 『청와대 비서실』, 중앙일보사, 1992

16. 힐러리 로댐 클린턴, 『살아있는 역사』, 웅진닷컴, 김석희역, 2003

제3장 투쟁 너머 화쟁으로

1. 이청, 『성철 큰스님 전기소설, 우리 옆에 왔던 부처』, ㈜서울문화사, 1993

2. 성철 큰스님, 『산은 산 물은 물, 영원한 자유의 길』, 도서출판 장경각, 불기 2542(1998)

3. 이지관, 『가산 불교대사전』, 가산불교 문화원, 2006

4. 『송고승전』(『대정』49)

5. 法藏, 『華嚴五敎藏』, 조계종출판사, 2001

6. 조계종, 『포교이해론』, 조계종출판사, 2008

7. 오법안, 『원효의 화쟁사상 연구』, 홍법원, 1988

8. 박태원(울산대), 『원효 화쟁사상의 보편 원리』, 새한철학회 논문집 철학논총 제38집 2004, 제4권

9. 고익진, 『한국고대불교사상사』(서울:동국대출판부, 1989)

10. 목정배, 『한국문화와 불교』(서울:불교시대사, 1995)

11. 안계숙, 『신라정토사상사 연구』(1987)

12. 권탄준, 『화엄경의 세계』, 도서출판 씨아이알, 2013

13. 전해주, 『화엄의 세계』, 민족사, 2001

14. 박태원, 『원효의 불이(不二) 사상, 둘 아닌 존재 지평과 실천』, 철학논총 제46집, 2006

15. 박종연 편역, 『직언과 포용의 인간학』, 북&월드, 2009

16. 한자경, 『일심의 철학』, 서광사, 2002

17. 한국정신문화연구원 역주, 『삼국유사』, 이화문화사, 강인구외 공역, 1976

18. 전국금융산업노동조합 한국자산관리공사지부, 『한국자산관리공사 노동조합 20년사』, 2008

19. 동국대학교 개교80주년기념논총 편찬위원회, 『불교와 제과학』, 동국대학교 출판부, 1987

제4장 대한민국과 공공기관 화쟁 14가지
1. 클라우스 슈밥 엮음, 『세계석학 103명이 제시한, 21세기 예측』, 매일경제신문사, 장대환 감역, 1996

2. 장흥, 『유럽통합의 역사와 현실』, 고려원, 1994

3. 현대경제연구원, 『2015년 다포스 포럼의 주요 내용과 시사점, 세계경제 대변혁기 대응이 필요하다』, 현안과 과제 15-02호

4. 박세일 · 나성린 『21세기 대한민국 선진화 4대전략』, 한반도선진화재단, 2007

5. 대통령비서실 21세기 기획단, 『국책연구기관이 본 전망과 과제, 21세기의 한국』, ㈜동화출판사, 1993

6. 존 알렌 파울로스, 『수학나라에 바보는 없다』, 박래식 외 역, 푸른산, 1994

7. 이완영, 『노사 달인 이완영의 노사형통』, 유토피아북, 2013

8. 마이클 노튼, 『살기 좋은 지구를 만드는 53가지 이야기, 세상을 바꾸려 태어난 나』, 명진출판, 환경재단 옮김, 2008

9. C.A. 반 퍼어슨, 『현상학과 분석철학』, 탑출판사, 손봉호역, 1980

10. 문재인, 『문재인의 힘, 사람이 먼저다』, 퍼플카우, 2012

11. 구자경, 『오직 이 길 밖에 없다』, 행림출판, 1992

12. 김성홍 · 우인호, 『이건희의 개혁 10년』, 김영사, 2003

13. V.I. 레닌, 『무엇을 할 것인가, 우리 운동의 긴급한 문제』, 도서출판 백두, 김민호역, 1988

14. 엘빈 토플러, 『전쟁과 반전쟁, 21세기 출발점에서의 생존전략』, 한국경제신문사, 이규행 감역, 1993

15. 엘빈 토플러, 『제3의 물결』, 홍신사상신서, 원창엽역, 1980

16. 안치용 외, 『청춘은 연대한다』, 프로네시스, 2011

17. 서정명, 『반기문의 꿈, 김용의 도전』, 무한, 2013

18. 박철언, 『변화를 두려워하는 자는 창조할 수 없다』, 고려원, 1992

19. 루드비히 폰 미제스, 『관료제』, 지식을만드는지식, 황수연역, 2012

20. 박효종, 『합리적 선택과 공공재』, 인간사랑, 1994

21. 전경갑, 『현대와 탈현대의 사회사상』, 한길사, 1993

22. 최진배, 『해방 이후 한국의 금융정책』, 경성대학교 출판부, 1996

23. 마이클 노튼, 『살기좋은 지구를 만드는 53가지 이야기, 세상을 바꾸려 태어

난 나』, 명진출판, 2007

24. 사회통합위원회 경제·인문사회연구회 한국개발연구원, 『두 개의 시선 하나의 공감』, 중앙북스(주), 2011

기이하고 기이하구나

'奇哉 奇哉 此諸衆生云何具有如來智慧 愚癡迷惑 不知不見 我當敎以聖道 令其永離妄想執著 - 출처『大方廣佛華嚴經』)